每天看一点
《迷失》
轻松学地道口语

丛书主编　文　英
本书主编　吴　琼　宋令梅
参　　编　孙　喆　刘　美　卓张凤　王小玉　詹慧文
　　　　　崔明元　惠思源　王星誉　郑春晓　刘新芝
　　　　　裴俊玲　杨学梅　范琳琳

《迷失》（*Lost*）是由 ABC Studios 出品的一部科幻悬疑类电视连续剧，主要讲述的是大洋航空 815 客机坠落在太平洋的一个热带神秘孤岛上，48 名乘客侥幸生还。国籍、人种、文化背景、个性各异的生还者们在荒芜人烟的小岛上，战胜个人私欲、排除隔阂与分歧、同舟共济，求得生存的故事。

观众对剧中所展现的衍生命题、生物本能、宗教奥义、时空穿越、平行宇宙、伪科学等各种设定保持了高度的热情，《迷失》让人迷失，它的终结也代表着一个时代的终结。可以说，《迷失》改变了一部分人看世界的态度。

该剧主角之多、背景之繁杂，人物关系之复杂在美剧之中实属罕见。在《迷失》中，你能够听到不同的角色说着不同口音的英语——无论是年轻人还是老人，美国人、英国人、澳大利亚人或是苏格兰人。词汇多样、涉猎领域广泛，每个角色都有其独特的说话方式。这对英语学习，尤其是听力方面的训练有极大的帮助。

图书在版编目（CIP）数据

每天看一点《迷失》轻松学地道口语 / 吴琼，宋令梅主编.
—北京：机械工业出版社，2018.4
（每天看一点英美剧轻松学地道口语 / 文英主编）
ISBN 978-7-111-59890-9

Ⅰ. ①每…　Ⅱ. ①吴…　②宋…　Ⅲ. ①英语—口语—美国—自学参考资料　Ⅳ. ① H319.9

中国版本图书馆 CIP 数据核字（2018）第 092919 号

机械工业出版社（北京市百万庄大街 22 号　邮政编码 092919）
策划编辑：张若男　　责任编辑：张若男
版式设计：吴凯贤　　责任印制：张　博
三河市宏达印刷有限公司印刷
2018 年 6 月第 1 版第 1 次印刷
169mm×239mm・20.5 印张・369 千字
标准书号：ISBN 978-7-111-59890-9
定价：49.80 元

凡购本书，如有缺页、倒页、脱页，由本社发行部调换

电话服务　　　　　　　　　　网络服务
服务咨询热线：010-88361066　机工官网：www.cmpbook.com
读者购书热线：010-68326294　机工官博：weibo.com/cmp1952
　　　　　　　010-88379203　金 书 网：www.golden-book.com
封面无防伪标均为盗版　　　　教育服务网：www.cmpedu.com

前　言

　　老师常说，学英语得听新闻。那是因为要应试。而要练地道口语，自然是要看剧。所谓艺术来源于生活，英美剧中的情节多与我们的生活息息相关，所说的台词也都是我们在与人交流时真正需要用到的口语。因此，在欣赏英美剧的同时，我们就为自己营造了一个自然的、毫不做作的口语学习环境。

　　在跌宕起伏的情节中，我们可以追随那些富有感染力的人物，同时也能体会或幽默诙谐、或富有哲理的精彩语言。基于此种考量，我们为英美剧爱好者和英语学习者打造了这套轻松、愉快同时又紧凑、活泼的英美剧欣赏及口语学习系列丛书。

　　我们的**"每天看一点英美剧，轻松学地道口语"**丛书具有以下几大特点：

● **选材新颖，题材广泛**

　　基于对英语学习者和英美剧爱好者进行的广泛调查，我们力求选取最受欢迎、最受推崇的剧集，涉猎多种主题和题材，如生活、爱情、科学、魔幻。我们深知只有你喜欢的，才会成为你学习的动力，引发学习兴趣。我们还将继续聆听剧迷们的声音，选取更多的剧集，为你量身打造最适合你的图书。

● **单剧成册，量身打造学习重点**

　　每部剧的特点不同，欣赏和学习的侧重点也就不同。如果在一本书中同时包含多部剧集，看似丰富多彩，实则重点分散，不适合学习。所以我们用单剧成册的方法，针对每一部剧，用心分析、编写该部剧集最适合学习的内容，以求能充分达到寓学于乐的目的。

● **精心打造各个板块，学习和欣赏两不误**

　　每部剧选取最为经典的120～150个片段，"时间—地点—人物—事件"一应俱全，帮助你充分回味剧集内容；"精彩亮点"分析剧集片段中的经典——或为爆笑段子，或为哲理名句，或为真情流露……帮你解答心中的疑惑、说出你心中的声音；"知识点拨"帮助读者理解独具特色的表达方法、积累专业名词及了解特殊的文化概念；最后还有"词汇加油站"，生词和难词全在这里，单词虽小，也是英语学习中的重要"地基"，一砖一瓦，都不能忽视。

　　精彩的英美剧千千万万，经典的剧情层出不穷，我们将不断推出新剧、好剧，打造最适合大家的精彩剧集王国。好戏连连，敬请期待吧！

主要演员简介：

Jack Shephard

Matthew Fox（马修·福克斯）饰演

国籍：美国
生日：1966 年 7 月 14 日
星座：巨蟹座
身高：188 cm
职业：演员、模特
代表作品：《迷失》、《五口之家》

1966 年 7 月 14 日出生在怀俄明的马修·福克斯是当地一个农场主的儿子，他 6 岁的时候就成了一个熟练的骑师。大学毕业后，他在纽约音乐学院学习了两年的戏剧艺术，后来搬到洛杉矶开展自己的演艺事业。

演艺经历

1992 年，马修·福克斯在连续剧《Wings》和《Freshman Dorm》中获得演出机会。1993 年，他在电影处女作《等着你回来》中饰演 Buck Van Patten。

1994 年，他在美剧《五口之家》中饰演常驻角色 Charlie Salinger，一直在该片主演到 2000 年的第六季。

2004 年，马修·福克斯在 ABC 电视台的美剧《迷失》中饰演男主角 Jack Shephard，并一直在这部剧中出演到最终季。他也因为此剧获得了 2006 年美国金球奖连续剧最佳男演员和 2010 年黄金时段艾美奖连续剧杰出男主角的提名。

2006 年，马修·福克斯和马修·麦康纳共同主演了电影《加油！马歇尔》，他在剧中饰演男主角 Red Dawson；在同年上映的电影《五路追杀令》中也可以看到他的身影。

2008 年，他在电影《极速赛车手》中饰演男二号 Racer X；同年，他还和丹尼斯·奎德主演了动作片《刺杀据点》。

2012 年，马修·福克斯在彼得·韦伯执导、奥斯卡金像影帝汤米·李·琼斯主演的电影《天皇》里饰演了一位日本文化专家。同年，在电影《亚历克斯·克洛斯》里，他和泰勒·派瑞上演对手戏。

2013 年，他出演了布拉德·皮特主演的电影《僵尸世界大战》。

主要演员简介：

Kate Austen

Evangeline Lilly（伊万杰琳·莉莉）饰演

国籍：美国
出生地：加拿大萨斯喀彻温省
生日：1979年8月3日
身高：165 cm
职业：演员、模特
代表作品：《迷失》、《拆弹部队》、《铁甲钢拳》

伊万杰琳·莉莉出生在加拿大一个虔诚的基督教家庭。她的父亲是一位家政学老师，母亲是一位美容顾问。莉莉18岁的时候当过传教士，在菲律宾宣传基督教信仰。她在英属哥伦比亚大学学习国际关系学的时候参加了一个维护人权的世界性组织，还曾经在加拿大的航空公司当过空姐。

演艺经历

伊万杰琳·莉莉2002年开始参加电视剧的拍摄，2003年在恐怖片《弗莱迪大战杰森》中出演了一个小角色。2004年，莉莉出演了电视剧《迷失》之后走红。

2010年，伊万杰琳·莉莉在结束了《迷失》的拍摄后加盟休·杰克曼主演的梦工厂科幻片《铁甲钢拳》，在其中扮演杰克曼的朋友。

2011年，她加盟《霍比特人》系列电影，饰演幽暗密林的精灵护卫队队长塔瑞尔。

2014年2月，伊万杰琳·莉莉凭借《霍比特人：史矛革之战》被提名第40届土星奖最佳女配角。

主要演员简介：

John Locke

Terry O'Quinnr（特里·奥奎因）饰演

国籍： 美国
生日： 1952 年 7 月 15 日
身高： 187 cm
职业： 演员、吉他手、歌手
代表作品：《迷失》《继父》

1988 年《继父》（*The Stepfather*）为他赢得了独立精神奖的最佳男主角提名；2005 年因电视剧《迷失》获得艾美奖最佳剧情类电视剧男配角提名；2007 年因电视剧《迷失》获得艾美奖最佳剧情类电视剧男配角提名并获奖。

大学毕业后做过保镖的特里·奥奎因，因为与 Chris Carter 是好朋友，所以在他的大部分作品中亮相过，像《X-档案》（*X Files*）《残酷的国度》（*Harsh Realm*）和《千年追凶》《*Millennium*》等。

奥奎因从 20 多岁就开始败顶，所以他在影视作品中多以光头形象示人。J.J. Abrams 在两部热播剧《双面女间谍》（*Alias*）和《迷失》（*Lost*）中都启用了他，因为先前的合作关系，奥奎因成为《迷失》中少数几个未经试戏就拍板的演员。

作为一个志向高远的演员，奥奎因曾在爱荷华大学进修了三个学期的剧场表演。爱荷华大学剧场指导表演的名誉教授 David Schaal 在看过他的表演之后，用高额奖学金把奥奎因从密歇根中央大学收入到了自己的麾下。

主要演员简介：

Hugo Reyes

Jorge Garcia（乔治·加西亚）饰演

国籍： 美国
生日： 1973年4月28日
身高： 187 cm
职业： 演员
代表作品： 《迷失》Becker

乔治在南加利福尼亚长大，他的父亲是智利人，母亲是古巴后裔。乔治是《迷失》剧组中第一个被选中的演员，因为制作人开始招募演员的前一天正好看了他出演的《抑制热情》（Curb Your Enthusiasm）。编剧专门为他写了一个角色。

演艺经历

2004年，乔治在电影《Tales from the Crapper》中饰演了一个在爱情中遭遇不幸的年轻人。

2005年，乔治在《老爸老妈的浪漫史》中客串，饰演Steve Henry，他每次一离开就会有惊喜的事情发生，被大家叫作"The Blitz Guy"。

2011年在《童话镇》中饰演了Anton。

2012年在《恶魔岛》中饰演了Dr. Diego Soto。

出演的电影有《僵尸小屁孩》《滑稽六人组》《定制伴郎》等。

主要演员简介：

Sun-Hwa Kwon

김윤진（金允珍）饰演

国籍： 韩国
生日： 1973 年 11 月 7 日
身高： 171 cm
血型： O 型
职业： 演员
代表作品： 《迷失》

金允珍出生于首尔，10 岁时移民到美国，毕业于纽约艺术学校。她曾就读于纽约艺术高中，并在波士顿大学主修戏剧表演。此后，她还曾远赴英国戏剧学院深造，并活跃于美国的话剧舞台，1997 年左右因为渴望在祖国得到认可而回到韩国。

演艺经历

1996 年，凭借 MBC 电视剧《华丽的休假》出道。

1998 年，参演 MBC 电视剧《双色婚纱》。

1999 年，凭借首部电影《生死谍变》获得了第 36 届大钟奖新人女演员奖。

2000 年，出演电影《银杏树之床 II》。

2002 年，搭档李钟原主演电影《密爱》，凭借此片获得了第 23 届韩国电影青龙奖最佳女演员奖。

2004 年，与好莱坞著名的 WMA 威廉莫里斯经济公司签署合同。同年出演了美国 ABC 电台的电视剧《迷失》，在其中饰演白善华。

2005 年，出演电影《六月的日记》，这是金允珍扬名好莱坞后回韩国拍摄的第一部电影。

2007 年，主演电影《七天》，凭借悲情律师母亲刘智妍一角成功获得第 45 届韩国大钟奖最佳女演员奖。

2010 年，主演电影《和声》，饰演洪贞慧一角。

2011 年，与朴海日合作主演电影《跳动的心脏》，饰演蔡延熙。

2012 年，主演惊悚片《邻居》。

2013 年，出演美剧《情妇》，饰演心理医生 Karen Rhodes。

2014 年，出演《情妇》第二季，同年携手黄政民主演电影《国际市场》。

主要演员简介：

Sayid Jarrah

Naveen Andrews（纳威恩·安德鲁斯）**饰演**

国籍： 英国
生日： 1969年1月17日
星座： 摩羯座
职业： 演员
代表作品： 《迷失》

纳威恩出生在一个印度移民家庭，母亲是一名心理医生，父亲是一位商人。纳威恩在伦敦长大，他用"十分压抑"来形容自己的成长过程。纳威恩二十几岁的时候就沾上了毒品和酒精，差点儿毁掉自己的演艺生涯。因为伦敦留给纳威恩的满是悲伤的回忆，所以他移居到了美国，希望能够重新开始生活。

演艺经历

1991年，纳威恩在哈尼夫·库瑞斯（Hanif Kureshi）执导的电影《伦敦杀了我》（London Kills Me）中得到了自己的第一个角色。

1996年，他出演电影《英国病人》（The English Patient）中的克普（Kip），演艺事业得以发展。

2004年，他开始出演电视剧《迷失》中的萨伊德·贾拉哈（Sayid Jarrah）。因为这部作品，于2005年获得艾美奖剧情类最佳男配角奖提名，2006年获得金球奖电视剧、迷你剧或电视电影类最佳男配角奖提名。

主要演员简介：

James Sawyer Ford

Josh Holloway（乔什·哈洛威）饰演

国籍：美国
生日：1969 年 7 月 20 日
身高：187 cm
职业：演员、模特
爱好：划船、滑雪、武术、吉他、钓鱼
代表作品：《迷失》

乔什·哈洛威于 1969 年 7 月 20 日出生在美国加州圣何塞，两岁的时候，他搬到乔治亚州蓝岭山。在佐治亚州坎顿的切诺基高中毕业后，他进入佐治亚大学读书，入学后一年就辍学，成为一名模特。他的模特生涯还算成功，后来搬家到洛杉矶寻求演艺事业的发展。

演艺经历

1994 年，乔什·哈洛威在电影《Aerosmith: Big Ones You Can Look at》里饰演了一个小角色。1999 年，他在美剧《夜行天使》里有过客串演出。

2001 年，他和娜塔莎·金斯基、杰夫·费伊一起主演了电影《错位迷途》，片中饰演男主角 Sean。随后，他出演了《Moving August》《Mi amigo》和《Dr. Benny》等电影。

2004 年，乔什·哈洛威被 ABC 连续剧《迷失》的剧组选中，在剧中饰演亦正亦邪的 James "Sawyer" Ford，这个角色让他一举成名。

2007 年，在拍摄《迷失》期间，他在 EA 出品的《命令与征服Ⅲ：泰伯利亚之战》游戏动画里饰演了一位名叫 Nod 的情报官。同年，他还和莎拉·韦恩·卡丽丝一起出演了电影《低语》。

2009 年，乔什·哈洛威在希拉里·达夫和麦克·鲍力施主演的喜剧《保持冷静》里饰演一名文身艺术家 Wino。

2010 年 5 月 31 日，美国广播公司为即将播完的电视剧《迷失》在洛杉矶 UCLA 的 Royce Hall 举行了庆祝活动，乔什·哈洛威和其他演员和主持人一同出席。同年，获得土星奖电视剧最佳男演员奖。

2011 年，他在由布拉德·伯德执导、汤姆·克鲁斯主演的电影《碟中谍Ⅳ》里饰演 Hanaway，国际货币基金组织秘密小组的成员。同年，他还在美剧《废柴联盟》里有过短暂客串。

2013 年，乔什·哈洛威出演了歌舞电影《年度街舞大战》。

2014 年，他在 ABC 电视台播出的连续剧《超脑特工》里饰演男主角 Gabriel，此外，他还作为制片人参与剧集制作。同年，他还在阿诺德·施瓦辛格主演的电影《破坏者》中饰演了一名精英犯罪团伙的成员。

主要演员简介：

Benjamin Linus

Michael Emerson（迈克尔·爱默生）饰演

国籍： 美国
生日： 1954 年 9 月 7 日
身高： 173 cm
代表作品： 《迷失》《疑犯追踪》

迈克尔·爱默生 1978 年毕业于德雷克大学并取得戏剧艺术学位。1986 年，他搬到佛罗里达州的杰克逊维尔，在 1986 年到 1993 年之间，他在当地剧院制作的一些舞台剧中出演角色，并在弗拉格勒学院担任导演及教师。1995 年，他从阿拉巴马州莎士比亚戏剧节和阿拉巴马大学戏剧舞蹈学院共同组织的艺术专业硕士学位演员培训项目毕业，之后成为一位舞台剧演员并出现在电视和大荧幕上。

演艺经历

1990 年，迈克尔·爱默生在自己的影视处女作电视电影《Orpheus Descending》中扮演了一个小角色 Clown。

1997 年，他和妻子 Carrie Preston 一起参与拍摄了他的大荧幕处女作《旅程》。

1998 年，在电影《双傻出海》和《随心所欲》中也可以看到他的身影；1999 年上映的电影《棒球之爱》中，他和吉娜·马隆合作参与演出。

2000 年，迈克尔·爱默生客串出演了连续剧《律师本色》的第五季，凭借本次客串表演荣获 2001 年第 53 届艾美奖剧情类剧集最佳客串男演员奖。

2002 年，他在电影《不忠》中出演了配角 Josh；2003 年，在连续剧《寻人密探组》中有过客串演出。

2004 年，他在电影《电锯惊魂》中出演了配角 Zep Hindle；在 2005 年上映的电影《佐罗传奇》中，也可以见到他的身影。

2006 年，迈克尔·爱默生在美剧《迷失》第二季开始出演配角 Ben Linus，直到 2010 年此剧剧终，他一直留在这部连续剧中。迈克尔·爱默生凭借本剧在 2011 年获得第 67 届金球奖电视剧最佳男配角奖的提名，赢得 2009 年艾美奖剧情类剧集最佳男配角奖和另外三次此奖的提名，赢得 2008 年土星奖最佳电视男配角奖和另外四次此奖的提名。

2011 年，迈克尔·爱默生开始在连续剧《疑犯追踪》中出演主角 Harold Finch，他在本剧中和另一位主演詹姆斯·卡维泽上演对手戏。

在 2012 年的动画电影《蝙蝠侠：黑暗骑士归来（上）》和 2013 年的动画电影《蝙蝠侠：黑暗骑士归来（下）》中，迈克尔·爱默生为小丑配音。

Contents | 目录

前言
主要演员简介

惊恐背后不可预测的未来　/1

Season 1

- Scene 1 失事后的生存挑战 → Scene 2 寻求发射求救信号
- Scene 3 搬入山洞后的挑战 → Scene 4 克莱尔与孩子的坎坷经历
- Scene 5 建造木筏逃离荒岛 → Scene 6 十六年前科考队失事
- Scene 7 发现舱门试图打开 → Scene 8 众人帮查理戒毒
- Scene 9 幸存者之间的感情关系

与机尾幸存者合作求生　/57

Season 2

- Scene 1 机尾幸存者的发现与加入 → Scene 2 营地资源的管理与争夺
- Scene 3 迈克尔寻找和营救儿子 → Scene 4 被诅咒的数字
- Scene 5 岛上人物的感情 → Scene 6 发现并进入各个舱门
- Scene 7 与"其他人"的交锋
- Scene 8 查理因毒瘾与克莱尔的关系变化

被困神秘组织设法逃生　/107

Season 3

- Scene 1 杰克等人被困并试图逃脱 → Scene 2 洛克试图救埃克和杰克等人
- Scene 3 沙滩上领导的更换 → Scene 4 德斯蒙德预知未来的能力
- Scene 5 朱丽叶与本的关系变化 → Scene 6 想方设法离开岛屿
- Scene 7 岛上的真相 → Scene 8 岛上人物之间千丝万缕的关系

神秘船只驶向岛屿　/157

Season 4

- Scene 1 神秘船只驶向孤岛吉凶未卜 → Scene 2 目的不明的直升机降落孤岛
- Scene 3 孤岛获救后之现实生活 → Scene 4 穿梭时空向外界求救
- Scene 5 维德莫制作815航班假新闻 → Scene 6 炸弹未能拆除，船只爆炸
- Scene 7 孤岛位移杰克等人获救 → Scene 8 获救后隐瞒孤岛真相

岛屿之时空穿梭　　/207

- Scene 1 岛上建设科学站 ➡ Scene 2 孤岛上时空穿梭
- Scene 3 离开岛屿后的生活 ➡ Scene 4 本杰明设法带众人回岛
- Scene 5 众人回归岛屿 ➡ Scene 6 洛克生死真假难辨
- Scene 7 最终幕后者雅各布 ➡ Scene 8 将炸弹投向磁源

历史改变众人获救　　/257

- Scene 1 寻找神殿救萨伊德 ➡ Scene 2 飞机脱险从未坠毁
- Scene 3 保护岛屿的候选人 ➡ Scene 4 假洛克黑烟设法离开岛屿
- Scene 5 黑烟与雅各布的纠葛 ➡ Scene 6 岛外世界众人的生活
- Scene 7 德斯蒙德之神秘作用 ➡ Scene 8 摧毁与保护岛屿的争夺
- Scene 9 所有人寻回孤岛记忆

5 Season

6 Season

精彩抢先看：杰克请凯特帮助缝合伤口；杰克让大家团结起来；索耶被质问药品在何处

Scene 1 失事后的生存挑战

时间： 第 1 集 00:10:24 ～ 00:11:36
地点： 沙滩上
人物： 杰克，凯特
事件： 杰克请求凯特帮他缝合伤口，凯特刚开始觉得不能胜任，后来在杰克的鼓励下，克服了恐惧。

精彩亮点

1. 杰克询问凯特是否会用针，为了让凯特更明白，就以缝牛仔裤来打比方。可见杰克作为岛上唯一的医生，却不能救助自己，所以在特殊的环境下，杰克只能降低要求，让没有经验的凯特为自己缝伤口。

2. 凯特不敢相信杰克作出这样的要求，让一个只缝过窗帘的自己来缝伤口，这在现实生活中是完全不可能的，是对病人不负责的行为，而且凯特也不敢相信缝合伤口竟然像缝缝窗帘那么简单，所以才对杰克的建议感到诧异。

3. 凯特对自己能否胜任缝合伤口这件事很不自信，毕竟缝制对象是人体，难免很紧张。杰克以一个专业医生的自信给她打气，让她放松，告诉她很简单。

4. 在恐惧的状况下，凯特不忘幽默，同时通过幽默来让自己放松。缝合伤口时问杰克对线的颜色有没有特别癖好，杰克也很配合凯特，回答说选酷酷的黑色。

Jack: Did you ever patch a pair of jeans? ☺1

Kate: I uh…I made the drapes in my apartment.

Jack: That's fantastic①. Listen. Do you have a second? I could use a little help here.

Kate: Help with what?②

Jack: With this. I can do it myself. I'm a doctor. But I just can't reach it.

Kate: So you want me to sew that up? ☺2

Jack: Like the drapes.③

Kate: No. With drapes I used a sewing machine④.

Jack: No, you can do this. I'm telling you. If you wouldn't mind. ☺3

Kate: Of course. I will.

Jack: Thank you. It's for your hands. Save me some…for there…for the wound.

Kate: Any color preference? ☺4

Jack: No. Standard black.

Season 1 惊恐背后不可预测的未来 | Scene 1 失事后的生存挑战

译文

杰克：你缝过牛仔裤吗？

凯特：我……我在家做过窗帘。

杰克：好极了。听我说……有空吗？我这里需要你帮点儿忙。

凯特：什么忙？

杰克：帮这个。我可以自己干来着，我是个医生，可我够不到。

凯特：就跟缝窗帘一样吗？

杰克：就跟缝窗帘一样。

凯特：不，我是用缝纫机缝的窗帘。

杰克：不，你行的，真的。如果你不介意的话。

凯特：当然，我会做的。

杰克：多谢。这个给你的手消毒。给我留点儿，给伤口消毒。

凯特：对颜色有偏好吗？

杰克：没有，标准的黑色。

知识点拨

1. fantastic 这句话是一个省略句，省略了主语和谓语，句意为"极好的"，这句话在英语口语中的使用频率非常高。当你想表示某一件事很棒的时候，就可以这样说。

2. Help with what? 是省略句，完整的应该是 "What do you want me to help with?"。特别是在口语中，直接说出关键词，有时候会更省略，比如这句的回答 with this，连动词 help 也省略了。

3. Like the drapes. 是省略句，完整的表达应该是 "You think that is like sewing the drapes."。因为上文已经用过 sew，而且在此语境中大家都知道，所以省略了。

4. With drapes I used a sewing machine. 中将"缝窗帘"提前，这是强调句，突出强调，在凯特看来缝合伤口和缝窗帘是完全不同的。

词汇加油站

patch [pætʃ] v. 打补丁
drape [dreɪp] n.（厚长的）帘子，窗帘；帷幕
fantastic [fænˈtæstɪk] adj. 极好的
preference [ˈprefrəns] n. 偏爱；优先权；偏爱的事物
jeans [dʒiːnz] n. 牛仔裤
apartment [əˈpɑːrtmənt] n. 公寓；房间
sew [soʊ] v. 缝，缝纫

精彩抢先看：杰克请凯特帮助缝合伤口；杰克让大家团结起来；索耶被质问药品在何处

片段二

时间: 第5集 00:37:41 ~ 00:39:37
地点: 沙滩上
人物: 杰克，查理，布恩，凯特等所有人
事件: 布恩偷偷给克莱尔水喝，查理等人发现后认为他是小偷，便争论打起来。杰克过来劝大家放弃自私的想法，团结起来才能生存下去。

精彩亮点

1 克莱尔作为孕妇急需喝水，水却被人全部偷走了，而布恩偷偷给克莱尔喝水，查理等人自然认为布恩是偷水的人，而布恩辩解说他只是在管理水源，否则这样下去水很快会被喝完，双方的出发点不一样，所以才会产生分歧。

2 飞机失事已经过了六天，大家还一直等着救援，但是因为水源产生的矛盾反映了生存才是首要问题，所以杰克劝说大家放弃依赖救援的想法，而多关注如何依靠自己生存下去。

3 杰克告知大家自私自利的想法在岛上是不行的，这样只会让大家互相为敌，自相残杀；而依靠团队的智慧和力量才更利于共同生存下去，这也表现出了杰克作为领导的智慧，能更快地跳出问题，找到解决问题的方式。

4 杰克在演讲的最后再次提醒大家，如果依然坚持自私的想法，妄想凭借一己之力求生，最后只能在岛上孤独地死去；而如果想生存下去，唯一的出路是和平共处，团结起来，这么有力的结尾无疑给大家指明了岛上的生存法则。

Boone: It was just sitting in — it was just sitting in the tent, and Jack just took off①.
Charlie: Claire could've died②.
Boone: I tried to give her some sooner, but it just got out of hand③. No one would have understood.
Kate: What is going on?④
Boone: Someone had to take responsibility for⑤ it. It would have never lasted.☺1
Jack: Leave him alone⑥. It's been 6 days and we're all still waiting. Waiting for someone to come. But what if they don't? We have to stop waiting.☺2 We need to start figuring things out⑦. A woman died this morning just going for a swim and he tried to save her, and now you're about to crucify him? We can't do this. "Everyman for himself" is not going to work.☺3 It's time to start organizing. We need to figure out how we're going to survive here. Now, I found water. Fresh water, up in the valley. I'll take a group in at first light. If you don't want to go come then find another way to contribute. Last week most of us were strangers, but we're all here now. And God knows how long we're going to be here. But if we can't live together, we're going to die alone.☺4

Season 1 惊恐背后不可预测的未来 | Scene 1 失事后的生存挑战

译文

布恩：我坐在帐篷里面，杰克刚刚离开。

查理：克莱尔不喝水会死掉。

布恩：我打算稍后给她水的，但是我就是控制不住自己，没人能懂我！

凯特：发生什么事了？

布恩：总得有人负起责任来吧，水已经不够喝了！

杰克：放开他。已经6天了，可我们还在等……等着有人来救我们，但要是他们不来呢？我们不要再等了。我们得把事情想想清楚。今天早上，一位女士游泳死掉了，他曾努力地去救她，可现在你们却围攻他一个人？我们不能这么做，只为自己着想的人是没有用的，该是联合起来的时候了。我们该好好想想，如何才能生存下去。现在，我已经找到水了，淡水，山谷往上就是。明天一早我会带一队人上去取水，如果你不想来，那还可以想其他办法做些贡献。上星期，我们中的大部分人都还是形同陌路，但现在大家都走在一起了。天知道我们会在这儿待多久，如果大家不能和平相处，我们都会孤独地死去。

知识点拨

1. **take off=leave** 在这里是"离开"的意思，同时还有"起飞；脱掉；模仿；起跳"的意思。

2. **could have done** 是个常见的固定句式，是对过去的假设，这里表示过去可能发生的情况，而实际上没有发生，译为"本来可能；差点儿；好在没有"。

3. **get out of hand=get out of control=lose control of** 意为"失控，无法控制"；例句：The situation got out of hand. 局势已经发展到无法控制的地步。

4. **What is going on?** 是美语中的常用表达，意思是"怎么回事？发生了什么事"，一般指现场发生了些不同寻常的事，如交通事故、众人围观等；"What's the matter?"一般是对某人状况的询问；"What's up?"则是见面问候语，即"最近怎么样？"。

5. **take responsibility for** 意为"为……负责任"，for 后面可加名词、动名词，或者宾语从句，如 what you have done。

6. **leave him alone** 即"别管他，随他去"，leave sb. *adj.* 一般表示让某人保持一种状态。

7. **figure out** 的意思是"解决，想出；计算出；理解"，一般指通过思考来理解或解决问题。

词汇加油站

tent [tent] *n.* 帐篷
crucify ['kru:sɪfaɪ] *v.* 折磨；迫害
survive [sər'vaɪv] *v.* 生存
contribute [kən'trɪbju:t] *v.* 贡献
figure ['fɪgjər] *v.* 计算；认为
organize ['ɔ:rgənaɪz] *v.* 组织起来；成立组织
valley ['væli] *n.* 山谷
stranger ['streɪndʒər] *n.* 陌生人

精彩抢先看：杰克请凯特帮助缝合伤口；杰克让大家团结起来；索耶被质问药品在何处

时间： 第8集 00:27:27～00:29:45
地点： 树林里
人物： 凯特，索耶
事件： 索耶被萨伊德拷问药品在哪里，索耶说只能告诉凯特，凯特答应与他亲吻，亲吻完索耶之后他却说药品不在他那里。

精彩亮点

1 索耶说当得到吻后就会告诉凯特药品在哪里，其实之前在沙滩上当凯特念索耶的信时，索耶曾想亲吻凯特，这里索耶也是趁机再次提这样的要求。

2 凯特来见索耶，本来是想听他说出药品的下落的，可谁知索耶竟提出接吻的要求，这让凯特很诧异，不知索耶到底葫芦里卖的什么药。

3 香侬哮喘病发作急需药品，布恩提醒大家可能是索耶拿走了，可见当时的药品多么紧缺。索耶也是看重了凯特在急于帮香侬寻找药品，所以以此来说服凯特接受自己的亲吻请求。

4 索耶得到了吻，却告知凯特他并没有拿药，索耶的骗子本性又在这里暴露无遗，但为了骗个吻而甘愿忍受萨伊德的拷问和折磨，其实也是表明了他对凯特的感觉。

Kate: So I'm here. Where is it?

Sawyer: Happy to tell you, as soon as I get that kiss.☺1

Kate: What? Are you serious?☺2

Sawyer: Baby, I am tied to a tree in a jungle of mystery. I just got tortured② by a damn spinal surgeon and a genuine Iraqi. Of course, I'm serious. You're just not seeing the big picture here, Freckles. You really going to let that girl suffocate because you can't bring yourself to give me one little kiss☺3. Hell, it's only first base③. Lucky for you I ain't greedy.

Kate: Okay.

Sawyer: Okay. I don't have it.

Kate: What?

Sawyer: The medicine. I don't have it, never did.☺4

Kate: The book — they said you found it in their luggage.

Sawyer: The book washed up④ on shore, went in the drink with the rest of…

Season 1 惊恐背后不可预测的未来 | **Scene 1** 失事后的生存挑战

译文

凯特：我来了，它在哪？

索耶：我得到那个吻以后，我会很乐意告诉你。

凯特：什么？你是认真的？

索耶：宝贝，我被绑在一个神秘丛林的树上。刚被一个脊椎外科医生和一个纯种伊拉克人折磨过。我当然是认真的了，你还没看透吗，雀斑女？你真的想让那女孩窒息而死，只是因为你不想跟我接吻？只到一垒而已，你很幸运，我不贪心。

凯特：好吧。

索耶：好吧。我没有。

凯特：什么？

索耶：药我没有，我从没有过。

凯特：书呢，他们说你是从他们行李里拿的。

索耶：书是在岸边找到的，和饮料一起还有其他的……

知识点拨

1. 在 as soon as 连接的时间状语从句中，表示未发生的动作，译为"一……就，只要"。有两种情况：当主句是一般将来时，从句常用一般现在时代替将来时。例句：I will tell him the news as soon as he comes back. 如果是接连过去发生的两个动作，主从句都用一般过去时。例：He took out his English books as soon as he sat down. 他一落坐就拿出英语书。

2. get tortured 的意思是"受尽折磨"，get sth. done 常表示"使某事完成"，强调不是本人做的，而是找人、让别人做的，比如：get my hair cut "理发"，get my bike fixed "修自行车"。

3. the base "一垒的位置"，引申为初步成功。在美国，常常将恋爱中亲密接触的程度用棒球比赛做比喻，一垒代表接吻和拥抱。

4. washed up 表示"被冲上沙滩"，此外还有"失败；（事业、婚姻）告吹"的意思。

词汇加油站

serious ['sɪriəs] *adj.* 认真的；严重的
torture ['tɔːrtʃər] *v.* 折磨；拷问
surgeon ['sɜːrdʒən] *n.* 外科医生
freckle ['frekl] *n.* 雀斑；雀斑女
greedy ['griːdi] *adj.* 贪心的

mystery ['mɪstri] *n.* 神秘
spinal ['spaɪnl] *adj.* 脊椎的
genuine ['dʒenjuɪn] *adj.* 真正的
suffocate ['sʌfəkeɪt] *v.* （使）窒息而死
luggage ['lʌɡɪdʒ] *n.* 行李

精彩抢先看：收到法国人多年前发射的信号；用三角原理测量法国人的信号；海上雷达探测出信号

Scene 2 寻求发射求救信号

片段一

时间： 第3集 00:03:44～00:04:39
地点： 树林
人物： 索耶，凯特，布恩，香侬，萨伊德
事件： 萨伊德发射信号时，无意收到一个法国女人多年前发射的循环求救信号，大家对自己的处境颇为担忧，商量回去该如何向其他人交代。

精彩亮点

1 索耶说推理很精彩，实质带了讽刺意味，因为现在大家已经被困在岛上，再去讨论飞机失事的事已经于事无补，还不如多聊聊如何把握现在，如何改善困境，索耶及时把大家从对过去的沉迷中拉回现实，解决当下的问题。

2 面对大家的争论，萨伊德及时地结束了争论，要求大家不要告诉其他人他们所听到的，这样既解决了当下大家的意见分歧，又能避免因为告诉其他人而引起的恐慌。

3 萨伊德又解释，不告诉大家真相的原因，更重要的是为了不让大家丧失希望，因为岛上的人们还在期待通过发射信号来让搜救的人找到他们，脱离困境；这是大家目前想到的唯一办法，保留的仅存信念，如果连这个希望都没有了，那将会使大家绝望，而这种情绪将更不利于他们在这个岛上生存下去；况且发射信号当下不成功，不代表以后没希望，所以萨伊德建议大家暂时隐瞒真相。

Sawyer: Okay, really enjoyed the puppet show① . Fantastic.☺₁ But we're stuck in② the middle of damn nowhere. How about we talk about that other thing? You know that transmission Abdul picked up on his little radio? The French chick that said, "They're all dead." The transmission's been on a loop for… how long was it, Freckles③?

Kate: 16 years.

Sawyer: Right. Let's talk about that.

Boone: Well, we have to tell the others when we get back.

Shannon: Tell them what, exactly?

Boone: What we heard.

Shannon: You didn't hear anything. I'm not a stupid translator.

Sayid: No one's going to tell them anything.☺₂ To relay what we heard without fully understanding it ④ will cause a panic. If we tell them what we know, we take away their hope. And hope is a very dangerous thing to lose.☺₃

Season 1 惊恐背后不可预测的未来 | **Scene 2 寻求发射求救信号**

译文

索　耶：很好，戏做得不错，很好看。我们被困在了一个无人知晓的地方。我们谈谈别的怎么样？你知道萨伊德搜索到信号说什么吗？那法国女人说"他们都死了"。信号已经循环发射了……多长时间，雀斑女？

凯　特：16年。

索　耶：没错。我们谈谈这个吧！

布　恩：我们回去要把这些告诉大家。

香　侬：告诉他们什么？

布　恩：我们所听到的。

香　侬：你什么都没听见。我可不是个愚蠢的翻译。

萨伊德：谁也不可以告诉大家任何事。没有完全理解我们听到的东西就散播出去，会造成大家的恐慌。如果告诉他们我们知道的，我们就会带走他们的希望。失去希望是件很可怕的事情。

知识点拨

1. puppet show 本是一款堪称经典的侦探揭秘类游戏，在这里指代前面的推理很精彩。

2. be stuck in 即"陷于，困于"，例如：be stuck in bad situations "陷入困境中"；be stuck in such a mode "陷入某种模式中"；be stuck in the ruins "陷入一片废墟中"；be stuck in the past "沉迷于过去"。

3. freckle "雀斑"，因为Kate脸上有雀斑，所以索耶将她称之为雀斑女。

4. without doing sth "没有做某事"，表伴随，例如：She entered the room without knocking. 她没敲门就进了房间。

词汇加油站

puppet ['pʌpɪt] *n.* 木偶
transmission [træns'mɪʃn] *n.* （无线电）传送，传播，发送
chick [tʃɪk] *n.* 小妞
translator [træns'leɪtər] *n.* 译者
damn [dæm] *adv.* （表示厌烦）十足，完全
loop [lu:p] *n.* 循环
relay ['ri:leɪ] *v.* 传播，发送（信息、消息等）

精彩抢先看：收到法国人多年前发射的信号；用三角原理测量法国人的信号；海上雷达探测出信号

时间： 第7集 00:06:30 ～ 00:07:28
地点： 沙滩
人物： 萨伊德，布恩，凯特
事件： 萨伊德尝试用三根天线作为三角的三个点测量信号，但遇到一些困难以及相互之间传递信息的问题，于是大家想办法共同解决问题。

精彩亮点

1. 萨伊德利用三角原理测量那个法国信号，表现了他为了大家共同的求救希望，从未放弃去尝试，即使发射不了信号，也试图去接收那个法国信号，看能否从这里去寻求突破。

2. 有两个困难，一个是天线内的电池电量不多，另一个是接收机也没电了。面对第一个困难，大家试图通过就位后发射信号来节省电量；面对第二个困难，凯特通过去寻找其他可替代性零件来解决，这里很好地体现了大家的团结合作精神。

3. 在孤岛这种特殊的生存环境下，现实生活中的电话、手机等沟通方式已经不再适用，所以他们只能使用炮筒这种最原始的方式来沟通，这里也间接体现了孤岛的生活状态几乎把他们退回到了原始社会，资源极其匮乏，所以他们只能利用仅有的工具来解决当下的困境。

4. 萨伊德在这里开玩笑地说幸亏有人走私烟火，在孤岛这种环境下，他们正好能利用它，作为相互沟通的工具，可以说也是一种对现状的嘲讽。

Sayid: Three antenna. Three points of a triangle☺1. One here on the beach. Another, Kate will position in the jungle, roughly two kilometers in, and the third I'll take to high ground, up there①. If the French transmission is coming from somewhere from within our triangulation, I'll be able to② locate the source. But there are two complications.☺2

Boone: Of course there are.

Sayid: The power cells I grafted onto the antennas are dry③.There's no telling how long they'll last. A minute — maybe more, maybe less.

Kate: So we have to wait until we're in position before we turn them on④.

Boone: Wait. Wait a second. How are we going to be able to tell that we're actually in the right position? We have no way to communicate with each other.

Kate: Bottle rockets?☺3

Sayid: Thank God for fireworks smugglers.☺4 Now, when I'm in position I'll fire off⑤ my rocket. When you two see it, you fire yours. As soon as the last one has gone up we all switch on our antennas⑥.

10

Season 1 惊恐背后不可预测的未来 | Scene 2 寻求发射求救信号

译文

萨伊德：三根天线，作为三角形的三个点。一根插在海边。另一根，凯特将把它插在丛林内部大约2公里处。第三根，我会带到高地去，就那儿。如果那个法国信号是来自这个三角范围内的某个地方，我就能定位到这个信号发射地，但还是有两个难点。

布　恩：那是肯定的。

萨伊德：我安置在天线内的电量不多，我也不知道能维持多久。一分钟，或多或少。

凯　特：所以只有大家都就位了，才能启动天线装置！

布　恩：等等，等一下，我们怎么知道对方都已经就位了？我们相互之间没办法联系。

凯　特：炮筒？

萨伊德：感谢上帝有人走私烟火。听着，当我就位以后，我会发射炮筒，你俩看见以后，同时发射你们的。最后一个炮筒一升天，我们就迅速启动天线装置。

知识点拨

1. one，another，the third 表示一定范围内的三者；如果泛指另一个用 another；如果一定范围内的两个人（物），一个用 one，另一个用 the other；如果在一定范围内，除去一部分人/物，剩余的一部分或全部可用 the others。high ground 即"高地"。

2. be able to 意为"能够"，一般表示通过努力获得的能力，强调一种结果，有各种时态；区别于 can，can 强调自身已具有的能力，强调一种可能性，只有一般过去时和一般现在时两种时态。

3. power cell 意为"蓄电池"；graft onto 的意思是"嫁接支链，安置上去"。

4. until 意为"直到……时"；in position 即"在适当的位置"；turn on 意为"打开"。

5. fire off 在这里是"发射，开炮"，此外还有"发送（邮件）；起飞；熄灭"的意思。

6. Switch on=turn on 即"打开；接通"，例如：switch on a lamp / the light 打开灯，switch on the computer 打开电脑。

词汇加油站

antenna [æn'tenə] *n.* 天线
position [pə'zɪʃn] *v.* 安置
triangulation [traɪˌæŋgju'leɪʃn] *n.* 三角测量
source [sɔːrs] *n.* 来源；根源
graft [græft] *v.* 安装
actually ['æktʃuəli] *adv.* 事实上；实际上；竟然
rocket ['rɑːkɪt] *n.* 火箭筒，脱线冲天炮
smuggler ['smʌglər] *n.* 走私者

triangle ['traɪæŋgl] *n.* 三角形
roughly ['rʌfli] *adj.* 粗略的
locate ['loʊkeɪt] *v.* 找出……的准确位置
complication [ˌkɑːmplɪ'keɪʃn] *n.* 困难，难题
telling ['telɪŋ] *n.* 预料，知道，讲述
communicate [kə'mjuːnɪkeɪt] *v.* 联络；交流
firework ['faɪərwɜːrk] *n.* 烟火

精彩抢先看：收到法国人多年前发射的信号；用三角原理测量法国人的信号；海上雷达探测出信号

时间： 第25集 00:31:55～00:33:16
地点： 海上
人物： 索耶，迈克尔，沃尔特
事件： 索耶他们在木筏上通过雷达发现附近区域有信号，于是索耶说服迈克尔发射信号弹。

1 雷达探测出附近有信号，这是他们这么多天以来在海上第一次发现信号，索耶很激动，太兴奋了，他认为这一定是可以帮助他们的船只，所以迫不及待地想让迈克尔发射信号弹。

2 迈克尔面对雷达探测出的信号还是保持着一份冷静，毕竟谁也不知道这个信号可能意味着什么，可能只是舢板，而信号弹只有一个，万一浪费了，他们获救的希望就更渺茫了，所以迈克尔对发射信号弹表现得很谨慎，怀疑雷达有问题，同时也是为了想让索耶信服他的周全考虑。

3 索耶通过各种解释推翻迈克尔的种种怀疑，而迈克尔还是不为所动，双方争执不下，索耶情急之下便强硬地要求迈克尔把枪拿过来，双方为了信号弹剑拔弩张，气氛很紧张。

4 那个信号本来已经快离开雷达可探测的范围了，当信号弹发射出去后，它又重新出现了，这让小沃尔特很兴奋，可见小沃尔特是站在索耶那边的，并没有和父亲保持一致的看法。

Michael: Okay, what the hell am I supposed to do① about it?

Sawyer: Hey, Han, you and Chewie want to slow down② a second and talk to me here? We have to fire the flare.☺₁

Michael: We don't know what it is. It could be anything …a piece of floating junk. We don't even know if Sayid's radar works.☺₂

Sawyer: Have you ever known that guy to fix something up that don't work③?

Walt: It's moving away④.

Sawyer: Floating junk that knows how to steer, huh?

Michael: We're moving. It doesn't make…

Sawyer: Look, are you going to give me the damn gun, or am I going to have to take it?☺₃

Michael: What are you going to do? Shoot me?

Walt: It's almost⑤ gone. Come on.

Michael: Please, God.

Walt: It's coming back⑥. It's coming back.☺₄

Season 1 惊恐背后不可预测的未来 | Scene 2 寻求发射求救信号

译文

迈克尔：我到底该怎么做？
索 耶：嘿，汉，你和楚伊想再考虑一下再和我谈吗？我们必须发信号了。
迈克尔：我们还不知道那是什么。说不定是什么东西呢，也可能是个舢板。我们无法确定萨伊德的雷达是否好使。
索 耶：他修过的东西有不好的吗？
沃尔特：它远去了。
索 耶：舢板还会自己驾驶？
迈克尔：我们在移动，那并不意味着……
索 耶：你是主动把枪给我，还是让我抢过来？
迈克尔：你要干什么？开枪打我？
沃尔特：它就要消失了！快点儿！
迈克尔：拜托，上帝！
沃尔特：回来了！回来了！

知识点拨

1. what the hell 美语中的习惯用语，是一种发泄情绪的表达，也可译为"究竟"；be supposed to do 意思是"应该做什么"。

2. slow down 即"放慢速度"。例如：The increase of economy has now slowed down. 经济的增长速度现在已经在放缓。

3. 这是一个 have 为首的一般疑问句，陈述句为"You have ever known…"，have 作为助动词，陈述句变成疑问句时可直接提前。fix up 有"修理，修补，修缮"的意思。

4. move away 即"远离"；away 的意思是"离开"，常和表示移动的动词一起构成不及物短语动词，如：go away 走开，run away 跑开，fly away 飞走，move away 移开。

5. almost 是副词，意思是"几乎，差不多"，常形容动词和形容词，还可与 every, all, nothing, no one 连用。例如：I buy a newspaper almost every day. 我几乎每天都买报纸。/Almost all of the students passed the exam. 几乎所有的学生都通过了考试。/There's almost nothing in the fridge. 冰箱里面几乎什么都没有。/I was disappointed because almost no one came to my art exhibition. 几乎没什么人来参观我的画展，真让我沮丧。

6. come back 在句中是"回来"的意思，此外还有"想起来；恢复；又出现"的意思。

suppose [sə'poʊz] v. 假定，假设
flare [fler] n. 照明弹
junk [dʒʌŋk] n. (中国式平底) 帆船，舢板
steer [stɪr] v. 驾驶

fire ['faɪər] v. 射击；点火
floating ['floʊtɪŋ] adj. 流动的；浮动的
radar ['reɪdɑːr] n. 雷达

精彩抢先看：洞穴坍塌杰克被埋；查理和金在去山洞的路上遇见伊桑；杰克向查理传授接生要点

Scene 3 搬入山洞后的挑战

时间： 第7集 00:33:51 ~ 00:35:30
地点： 洞穴
人物： 杰克，查理
事件： 洞穴坍塌杰克被困，查理勇敢爬入救援，在危急时刻查理突然注意到一只刚刚破茧的飞蛾，他们随着飞蛾找到了一线光而得救。

精彩亮点

1 洛克为了帮查理戒毒，拿走了查理的毒品，查理被困之后毒瘾发作，注意力不集中，洞中环境又黑暗，查理看到杰克嘴在动，所以才问杰克在絮叨什么。

2 查理和杰克在洞中闲聊，在这种生死关头两个人也开始敞开心扉，查理向杰克表达了大家对他的偏见，而杰克也告诉查理他愿意帮助他戒毒，给予查理支持。

3 这里指的是一个小时之前，查理曾在树林向洛克要毒品，说完又否认，以为这一切不是真的，可见查理处在戒毒的阶段，神智有些不清，所以才分不清谈话是不是真的发生过，厘不清到底是和谁谈过话。

4 杰克感谢查理的英勇救助行为，查理开玩笑说杰克会在余生都记着他的恩情，杰克也以他们的现状来玩笑应对，说他们的余生要以氧气消耗的速度来计算了，可见他们在这样被困的环境中，仍以乐观的态度来面对。

Charlie: I don't know what you're going on about.① ☺1

Jack: How long since your last fix?

Charlie: Almost a day and a half.

Jack: How's the withdrawal treating you? Any hallucinations?

Charlie: Apart from② the conversation I had with you about an hour ago in the jungle, no, not really. ☺2

Jack: Why didn't you say anything? I could've helped③ you through this.

Charlie: Yeah, you think I'm useless, and a junkie to boot④. ☺3

Jack: Useless? You're not useless. That took a lot of guts getting in here and trying to rescue me. I won't forget that.

Charlie: For the rest of our lives?

Jack: At the rate we're using our oxygen in here, it won't be too long. ☺4

Charlie: This place, it reminds me of confession, those little claustrophobic booths.

Jack: I wouldn't have taken you for⑤ a religious man.

Season 1 惊恐背后不可预测的未来 | **Scene 3 搬入山洞后的挑战**

📖 译文

查理：我不知道你在说什么。

杰克：距离上一次吸毒已经多久了？

查理：差不多有一天半了。

杰克：没毒品吸，感觉怎样？有幻觉了吗？

查理：除了和你一小时前在丛林里的谈话，应该说没有。

杰克：你为什么不说出来？我可以帮你渡过这个难关的。

查理：是的，你一定认为我很没用，是彻头彻尾的瘾君子。

杰克：没用？你才不会没用。爬进来救我需要多么大的勇气，我不会忘记的。

查理：我们整个后半生都不会忘记吗？

杰克：以我们呼吸氧气的速度，后半生应该不会太久。

查理：这地方……让我想到了忏悔的时候，在这个狭小紧闭的空间。

杰克：我还不知道你是个有宗教信仰的人。

知识点拨

1. **go on about** 的意思是"絮絮叨叨地谈"的意思，例如：I know you don't like my smoking, but there's no need to go on about it. 我知道你不喜欢我抽烟，可也没必要老唠叨这事。

2. **apart from** 指"除了……之外"，有时可替代 except，except 表示"除了……之外，其余都……"，例如：We all went except him. 除了他（没去）以外，我们都去了。有时可替代 besides，besides 表示"除了……之外，还有"，例如：Three others also went besides him. 除了他（去了）以外，还去了三个人。

3. **could've helped** 意为"本来可以帮助"，这是一个虚拟句，省略了从句 if you had said that，主句常用 could / would / should / might+have done，表示对过去的虚拟。

4. **to boot** 是"并且，又"的意思，例如：He is dishonest, and a coward to boot! 他为人不诚实，还是个胆小鬼呢！

5. **take for** 有"以为……是……；把……误以为；抢劫；骗取"的意思，在本句中表示"以为……是"，常见的词组还有：take things for granted 即"自以为理所当然"，take sb. for example "就某人来说"。

词汇加油站

withdrawal [wɪðˈdrɔːəl] *v.* 收回，撤走
conversation [ˌkɑːnvərˈseɪʃn] *n.* 谈话
gut [ɡʌt] *n.* 勇气
confession [kənˈfeʃn] *n.* 忏悔
booth [buːð] *n.* 小室

hallucination [həˌluːsɪˈneɪʃn] *n.* 幻觉
junkie [ˈdʒʌŋki] *n.* 瘾君子
oxygen [ˈɑːksɪdʒən] *n.* 氧气
claustrophobic [ˌklɔːstrəˈfoʊbɪk] *adj.* 幽闭的
religious [rɪˈlɪdʒəs] *adj.* 宗教信仰的

精彩抢先看：洞穴坍塌杰克被埋；查理和金在去山洞的路上遇见伊桑；杰克向查理传授接生要点

时间： 第15集 00:09:14～00:11:09
地点： 树林里
片段二 人物： 查理，伊桑
事件： 查理与金准备进入洞中，却遇到伊桑。伊桑威胁查理，让查理把克莱尔带过来。

精彩亮点

1
金不懂英语，所以查理在这里自言自语，讲金不懂英语的各种好处，如避免了参与营地的各种纷争和决策，不用处理营地的各个问题和麻烦，他只需做自己要做的事情、照顾好妻子就可以了。查理在这里这么说既是打发不能和金对话的无聊，同时也是对比二人的情况，对金不懂英语有所羡慕。

2
伊桑曾经绑架过克莱尔，并且也将查理打得半死，而克莱尔后来也无意中被人释放逃脱了；这里伊桑将金打晕了，并对查理进行要挟，要求查理把克莱尔带来，以便他们能对孕妇继续进行试验和研究，可见伊桑的主要目标就是研究孕妇。

3
伊桑掐住查理的脖子进行要挟，如果不把克莱尔带过来，就要一个个杀死这些幸存者们，可见伊桑为了拿孕妇做实验，极其残忍，不择手段。

Charlie: Oh, Jin. You heading back to ① the caves? Safety in numbers ②, right? Of course, you have no idea what I'm talking about ③. How nice it must be to not be involved in ④ the bloody insanity that surrounds us at every turn ⑤. It's quite beautiful, really. You take care of ⑥ your wife. Everything else is someone else's problem. No need to ⑦ be involved in the decision-making process. ☺₁ No tree-shaking behemoths, French transmissions, just sweet, bloody ignorance.

Ethan: Charlie, I want her back.

Charlie: What? I...

Ethan: I want you to bring her back. ☺₂

Charlie: What did you do to her? What did you do?

Ethan: You bring her here. If you don't, I'm going to kill one of them. And then if you don't bring her back before sundown tomorrow I'll kill another, and another, another. ☺₃ One every day. And Charlie, I'll kill you last.

16

Season 1 惊恐背后不可预测的未来 | Scene 3 搬入山洞后的挑战

译文

查理：哦，金，你回山洞去？一块儿走更安全，对吧？当然……你根本不知道我在讲什么。要不是老出现这样的事，生活还是很美好的。这儿真的很美，你照顾你的妻子，其他问题也轮不到你，不必做什么决策，不会碰到能撼动大树的巨兽。法国人的求救信号，多好啊，也不会和你相干。

伊桑：查理，我要她回来。

查理：什么？我……

伊桑：我要你把她带回来。

查理：你对她做了什么？你做过什么？

伊桑：你把她带到这儿。如果你不带的话，我就杀一个人。明天太阳下山前你再不带来的话，我再杀一个人……再杀一个……再一个，每天一个。查理，我最后一个杀你。

知识点拨

1. head back to=come back=return 意为"朝……回走；返回"，例如：It's almost time to head back to school. 是时候回学校了。

2. in numbers 即"大量地"，这里指他们二人，常用的词组还有 in larger / huge numbers "大量地"；in small numbers "少数地，少量"。

3. talk about 指"谈论、涉及"；talk about sth. "谈论某事"；talk further about sth. "进一步谈论某事"；talk with sb. "和某人谈话"。

4. be involved in 即"卷入"。例如：be involved in several areas 参与几个领域；be involved in the gambling 卷入赌博。

5. at every turn 意为"经常，老是"，例如：She found her plans frustrated at every turn. 她觉得她的计划到处碰壁。

6. take care of=look after 意为"照顾"，例如：We've got to take care of him. 我们说好要照顾他的。

7. 这是个省略句，no need to 即"大可不必"，完整的表达是 there is no need to do sth. 即"没必要做某事"，例如：Everything is fine with me; there is no need for you to be concerned. 这里一切都好，不用牵挂。

insanity [ɪnˈsænəti] *n.* 精神失常
process [ˈprəʊses] *n.* 过程
ignorance [ˈɪɡnərəns] *n.* 忽视；忽略
surround [səˈraʊnd] *v.* 环绕
behemoth [bɪˈhiːmɔːθ] *n.* 巨兽
sundown [ˈsʌndaʊn] *n.* 太阳下山

17

精彩抢先看：洞穴坍塌杰克被埋；查理和金在去山洞的路上遇见伊桑；杰克向查理传授接生要点

时间： 第20集 00:17:30～00:18:36
地点： 山洞
人物： 杰克，查理，宋
事件： 金告诉杰克克莱尔快生了，杰克不能离开受伤的布恩，所以向查理传授接产要点，让他告知凯特来接生。

精彩亮点

1. 金告诉杰克，克莱尔好像快生了，杰克通过询问一系列生产前的症状，确认和了解克莱尔现在的状况，也正是经过这一系列的询问之后，杰克才觉得应该给查理传授接生要点。

2. 查理虽听不懂金说的韩语，可是当他一听到克莱尔的名字时，立刻紧张起来，为克莱尔生小孩而着急，所以迫不及待地要马上离开，去找克莱尔，可见查理对克莱尔非常在乎。

3. 这里杰克表现出了作为专业医生的淡定和自信，并将这种信心传递给了查理，给予查理信任，也帮助稳定查理的焦虑情绪。

4. 布恩受伤了，血流不止，杰克在为布恩输血，情况也很危急。作为唯一的一名医生，杰克分身无术，只能将接生的要点教给查理，这也是杰克的无奈之举。可见在岛上这种特殊环境中，医生资源稀缺，人们只能选择一些特殊的方式来应对。

Jack: Does he know how fast the **contractions** are coming?

Sun: Every 2 minutes.

Jack: Is she nauseous? Can she stand? Is there any bleeding? Did her water break? ☺1

Sun: No, none of ① that, but she can't move.

Charlie: We should go. ☺2 What do we need — towels, bandages, hot water? How do we take hot water?

Jack: I'm sure you'll figure all that out ② ☺3, alright. You tell Jin to take Charlie with him and go back to Claire.

Charlie: Uh, I know. That, that dilating thing — how do I look out for ③ that?

Jack: Charlie, listen to me. Okay, Charlie, look at me. Tell Kate to wait until ④ the contractions are 60 seconds apart, you got that? Now, she's going to need to make sure ⑤ that Claire pushes, but not too hard, not too fast — just until the head is clear. And then, as hard as she can ⑥. When the baby is out, make sure she clears its nose and its mouth.

Charlie: Yeah, but, you'll be there by then, right?

Jack: No, I'm not going anywhere. I need to stay here. ☺4 Now, you tell Kate she's going to have to deliver this baby.

译文

杰克：他知不知道宫缩的频率有多快?
宋：　每两分钟一次。
杰克：她有没有觉得恶心? 能站起来吗? 出血了吗? 她的羊水破了吗?
宋：　不，都没有，但她不能动了。
查理：我们应该现在就去。我们需要有什么? 毛巾、绷带、热水。我们怎么带热水过去?
杰克：我敢肯定你们一定能想出办法的，你让金把查理带去克莱尔那边。
查理：我知道，可是接生这事，我怎么会做?
杰克：查理，听我说，查理，看着我。告诉凯特一直等到宫缩，每次间隔大约 60 秒的时候，听懂了吗? 要她确保克莱尔在用力推，但不要太用力，也不要太快，等到头部出来，就可以尽全力推了。等孩子出生以后，就必须洗干净孩子的鼻子和嘴巴。
查理：好的，但到时候你会在那里，是吗?
杰克：不，我哪里也不去，我要留在这里。现在你去告诉凯特，只能由她来接生这个孩子。

知识点拨

1. none of 即"一个也没有"，一般指三者或三者以上之间都不；neither of 表示两个之间，一个都没有。

2. figure...out 有"计算出；弄清楚；想出；解决"的意思，在本句中表示"想出……的办法"。

3. look out for 有"寻找；照料；提防"的意思，在本句中意为"照料"，相当于 take care of。

4. wait until 即"等到"，until "直到……才"，例如：I would prefer to wait until tomorrow. 我宁愿等到明天。

5. make sure 即"确保"，后面常跟 that 引导的宾语从句，例如：Make sure that they were all asleep. 确保他们都睡着了。

6. as hard as she can 意为"尽她所能用力"，as... as..."与……一样"，第一个 as 是副词，后面常接形容词或副词（原级），第二个 as 可用作介词（后接名词或代词）或连词（后接从句），例如：I gave him as much as he could eat. 他能吃多少，我就给他多少。

词汇加油站

contraction [kən'trækʃn] n. 收缩
water ['wɑːtər] n. 此处指羊水
bandage ['bændɪdʒ] n. 绷带
deliver [dɪ'lɪvər] v. 递送；接生

nauseous ['nɔːsəs] adj. 恶心的
towel ['taʊəl] n. 毛巾
dilate [daɪ'leɪt] v. 扩张

精彩抢先看：克莱尔想摆脱噩梦缠绕；众人设陷阱抓伊桑；萨伊德说服丹妮尔交出偷走的孩子

Scene 4 克莱尔与孩子的坎坷经历

片段一
时间：第 10 集 00:22:58～00:24:00
地点：洞穴
人物：杰克，克莱尔
事件：杰克给了克莱尔一些镇静剂，希望能帮助她摆脱噩梦的纠缠。克莱尔坚持认为的确有人袭击她，那些噩梦并不只是幻觉。恼怒之下，克莱尔收拾东西搬回海滩。

精彩亮点

1
杰克他们无法验证克莱尔所说的情况，认为克莱尔所担心的事情也许是因为飞机失事后精神紧张造成的，加上岛上的混乱情况导致的幻觉，而这种幻觉本人会感觉很真实。杰克向克莱尔解释这些，也是希望克莱尔能对自己精神上的异常情况有所了解，而不会过度担忧。

2
杰克担心克莱尔如果继续这样下去会引起孩子早产，而如果早产要做手术的话，小岛上完全不具备条件，所以为了让克莱尔稳定情绪，只能给她先吃点儿镇静剂。

3
克莱尔坚持认为有人想要伤害她和孩子，而不是幻觉，所以听到杰克的解释后，认为他不相信她，这让她很受伤。

4
杰克向克莱尔解释这些不是安眠药，只是温和的镇静剂，其实也是想避开直接应对克莱尔的激烈态度，想让克莱尔先吃这些镇静剂来使她保持稳定的情绪，这样才利于孩子顺利生产。

Jack: Claire, this situation we're in — the crash, that no one's coming, this place, it, it can kind of mess with① your head a little, and maybe make you see things that aren't actually there. Now, I know it feels very real. ☺₁

Claire: I, I don't understand.

Jack: Your baby's coming, soon. And I can't even imagine how scary that must be for you②, but the more upset you are the more dangerous③ it is for you, and your baby. So, I want you to take these. ☺₂

Claire: What are they?

Jack: It's a sedative, very mild, commonly used in situations like yours④. It won't harm the baby, I promise.

Claire: You don't believe me. ☺₃

Jack: Claire.

Claire: You think I'm making this up⑤? I get attacked and you want to give me sleeping pills⑥?

Jack: They're not sleeping pills; look, it's a very mild sedative. ☺₄

Season 1 惊恐背后不可预测的未来 | Scene 4 克莱尔与孩子的坎坷经历

译文

杰　克：克莱尔，我们现在处在这种情况下——坠机，没有人来施救，在这种地方——也许会搅乱你的思想，也许会让你看到一些本来不存在的东西。现在我知道，那可能感觉很真实。

克莱尔：我不懂。

杰　克：你的孩子就快出生了，很快了。我甚至不能想象对你来说有多可怕。但你越不安的话，对你和孩子来说也就越危险……所以我得让你把这些吃了。

克莱尔：什么东西？

杰　克：镇静药，非常温和，一般用在你这种情况，我保证它对孩子没坏处。

克莱尔：你不相信我。

杰　克：克莱尔……

克莱尔：你以为这些是我编出来的吗？我被袭击了，你还要我吃安眠药？

杰　克：不是安眠药——看吧，只是很温和的镇静药。

知识点拨

1. kind of 意为"稍微，有点儿"，常用于口语中。例如：It seems kind of ridiculous. 看上去有点儿怪怪的。mess with 意为"打扰；胡乱摆弄"，例如：Don't mess with her. She's got a violent temper. 别干预她的事，她脾气很暴。He told his son not to mess with the radio. 他叫儿子不要乱摆弄收音机。

2. 这是一个感叹句，how + adj. / adv. + 主语 + 谓语，将形容词或副词提前，表示感叹，例如：How beautiful（形容词）the flowers are! 另一种感叹句 what + a / an + 形容词 + 名词 + 主语 + 谓语，主要感叹名词，例如：What a beautiful flower it is!

3. the more…the more… 表示"越……就越……"，本句是一个复合句，其中前面的句子是状语从句，后面的句子是主句，more 代表形容词或副词的比较级，前面用 the 修饰。例如：The more, the better. 多多益善。The sooner, the better. 越早越好。

4. 这是一个定语，对前面的 sedative 进行补充说明；in situations 意为"在……情况下"。

5. make up 有"弥补；起草；签订；化妆；编造"的意思，在这里表示"编造，虚构"，例如：make up fairy tales 编造童话故事，make up lies 编造谎言。

6. sleeping pill "安眠药"，例如：How long does a sleeping pill take to work? 一颗安眠药要多久开始见效？

crash [kræʃ] *n.* 坠机
scary ['skeri] *adj.* 可怕的
sedative ['sedətɪv] *n.* 镇静剂
commonly ['kɑ:mənli] *adv.* 一般

imagine [ɪ'mædʒɪn] *v.* 想象
upset [ʌp'set] *adj.* 烦乱的，不安的
mild [maɪld] *adj.* 温和的
attack [ə'tæk] *v.* 攻击，袭击

精彩抢先看：克莱尔想摆脱噩梦缠绕；众人设陷阱抓伊桑；萨伊德说服丹妮尔交出偷走的孩子

时间： 第 15 集 00:30:45 ~ 00:32:25
地点： 沙滩上
人物： 杰克，索耶，凯特，萨伊德
事件： 伊桑威胁要求交出克莱尔，否则会杀害无辜的幸存者。因此杰克请索耶帮忙，这大大出乎了他的意料，杰克分发枪支，全副武装共商对策，设法诱捕伊桑，解除危机。

精彩亮点

1 杰克偷偷藏了四把枪，为了捕获伊桑，把枪全部拿了出来，其中一把枪没人用，于是索耶成了人选，这样也能壮大捕获团队的力量，所以杰克在这里直接问索耶会不会用枪，邀请他加入抓捕伊桑的队伍中。

2 凯特也想加入追捕伊桑的团队中来，杰克表示已经没枪了，索耶借此机会将自己的另外一把枪借给凯特，既是在杰克面前向凯特示好，同时也是打击杰克对凯特的感情。

3 杰克面对索耶的自吹自擂，毫不客气地揭露了索耶那次射击实际上打偏了，使索耶在凯特面前出丑，同时也打击了索耶的嚣张气焰。

4 萨伊德将战争经验用在这次捕获行动中，对行动进行战略策划，以克莱尔为诱饵吸引伊桑，五个人各自站在克莱尔的视线范围内，想通过围剿来活捉伊桑，体现了他们对这次行动进行了周密的考虑，势在必得。

Jack: You know how to handle a gun or not? ☺1

Sawyer: Well, I know at least① one polar bear seems to think so. Where'd you get the hardware, hoss?

Kate: I wanna come.

Jack: Sorry. We're out of② guns. And no one goes out there unarmed.

Sawyer: How much ammo you got?

Jack: Hundred rounds, give or take③.

Sawyer: All nines, right? Nine millimeters? The guns?

Jack: Yeah. Why?

Sawyer: Cause if the lady wants to come… Lifted this off④ the marshal back in the old days. ☺2 You remember him, don't you? Surly guy, kind of a square jaw? Carried a Sig nine?

Jack: Yeah. I remember you shot him. And missed. ☺3

Sawyer: Yeah, well…bygones. And, hell…five guns are better than four.

Sayid: You'll be surrounded at five points. ☺4 Everyone will be in visual contact with you. Make sure⑤ you stay in the area I've shown you. And remember, the guns are a measure of the last resort. We want him alive.

22

Season 1 惊恐背后不可预测的未来 | **Scene 4 克莱尔与孩子的坎坷经历**

译文

杰　　克：你到底知道不知道怎么用枪？
索　　耶：哦，我想至少有只北极熊知道我会用。你从哪儿弄来的这家伙，老兄？
凯　　特：我也想去。
杰　　克：抱歉，没枪了。没有枪就不能去那儿。
索　　耶：你有多少子弹？
杰　　克：差不多100发。
索　　耶：都是9毫米的对吧？9毫米？这些枪都是吗？
杰　　克：是的。怎么了？
索　　耶：如果这位女士想去……这是我早些时候从长官那儿拿的。你还记得他吧？阴沉的家伙，下腭比较方的那个？别着一把9毫米西格手枪？
杰　　克：是的。我记得是你向他开的枪……并且打偏了。
索　　耶：是的。好吧……过去的事就不提了。不管怎样……五把枪总比四把枪好。
萨伊德：我们五个人分布在你的周围。每个人都会在你的视线范围之内。一定要待在我告诉你的那个地方。还要记住，不到最后时刻不要开枪，我们要抓活的。

知识点拨

1. at least 意为"至少；最起码"，例：At least I tried. 至少我试过了。At least let me explain to you. 至少让我解释一下。反义词一个是 at most，意为"至多，最多"，例：She's 25 years old, at most. 她最多25岁。另外一个反义词是 no more than，意为"只是，至多"，例如：It's no more than one mile to the shops. 到商业区不过一英里。

2. out of 有"在……外"，"从……当中"，"缺乏，脱离"等意思，在这里表示"没有，缺乏"，常见词组：out of balance "失去平衡"，out of control "失去控制"，out of doubt "无疑"，out of joint "脱节"，out of step "不同步，不一致"，out of work "失业"，out of practice "疏于练习"，out of touch "不接触"，out of comparison "无可比拟的"，out of date "过时"。

3. give or take 意为"允许有……的小误差；大约差不多，或多或少"，例如：The repairs will cost $200, give or take a few dollars. 修理费要花200美元，出入不过几美元。

4. lift off 有"起飞，发射；卸下，剥离"的意思，在这里表示"卸下"。

5. make sure "尽力做到，确保"，常用于祈使句，后面常接 that 宾语从句或 of 介词短语，即 make sure that…，make sure of + *pron. / n*。

词汇加油站

handle ['hændl] *v.* 控制；拿；处理
hardware ['hɑːrdwer] *n.* 硬件
unarmed [ʌn'ɑːrmd] *adj.* 不带武器的；非武装的
ammo ['æmoʊ] *n.* 弹药
millimeter ['mɪlimiːtər] *n.* 毫米
surly ['sɜːrli] *adj.* 阴沉的；脾气坏的
jaw [dʒɔː] *n.* 下巴，下腭
visual ['vɪʒuəl] *adj.* 视觉的
resort [rɪ'zɔːrt] *n.* 手段

polar ['poʊlər] *adj.* 极地的；南极（或北极）的
round [raʊnd] *n.* 一次射击；一发子弹
marshal ['mɑːrʃl] *n.* 陆军元帅；空军元帅
square [skwer] *adj.* 方形的
bygone ['baɪɡɔːn] *n.* 过去的事
measure ['meʒər] *n.* 衡量

精彩抢先看：克莱尔想摆脱噩梦缠绕；众人设陷阱抓伊桑；萨伊德说服丹妮尔交出偷走的孩子

时间： 第24集 00:25:24 ～ 00:27:32
地点： 黑岩石处
人物： 查理，萨伊德，丹妮尔
事件： 丹妮尔偷走了克莱尔的孩子，查理和萨伊德在黑岩石处找到了她，萨伊德说服丹妮尔交出孩子。

精彩亮点

1. 丹妮尔在黑岩石后藏身，这个地方正是"其他人"当初抢走她的孩子的地方，丹妮尔之前和萨伊德提到过，所以萨伊德带着查理找到了这个地方，没想到丹妮尔果然在这里。

2. 孩子现在在丹妮尔的手上，而且萨伊德了解丹妮尔的遭遇，丹妮尔对他也更熟悉，所以萨伊德及时制止了查理的粗暴行为，而采用温柔的方式与丹妮尔沟通，劝她把孩子交回来。

3. 丹妮尔的孩子正是被"其他人"掠夺走的，这么多年她都没有放弃寻找和解救孩子的机会，她也知道"其他人"想要的就是孩子，所以偷走克莱尔的孩子，试图以克莱尔的孩子来做交换，以换回她的孩子。

4. 查理认为丹妮尔为了找回孩子，不惜偷走别人的孩子来做交换，这种母爱已经不是单纯的母爱了，而变得自私而疯狂，这样的行为与那些当初抢她孩子的人的行为已无两样，让别人也同样承受了她曾受到的伤害，所以才让人感到可悲。

Charlie: She's here.☺1
Sayid: Danielle!
Charlie: You come out, right now!
Sayid: Calm down①. Danielle! I can hear you, come out. Please, he needs his mother.☺2
Danielle: They were not here.
Sayid: Danielle, you have to give us the baby.
Danielle: I just wanted my Alex back. I thought if I gave them the baby…☺3
Sayid: It's okay. I know. It's okay.
Charlie: I've got him. There never were any others. You started the fires② yourself.
Danielle: No, I heard them whispering③.
Charlie: You're a nut job④. You heard nothing.
Danielle: I heard them say they were coming for the child. The others said they were coming for⑤ the boy.
Charlie: You're pathetic.☺4

Season 1 惊恐背后不可预测的未来 | Scene 4 克莱尔与孩子的坎坷经历

译文

查　理：她就在这儿。
萨伊德：丹妮尔?
查　理：你出来！快出来！
萨伊德：冷静，丹妮尔，我能听到你，出来。求你了，他需要他妈妈。
丹妮尔：他们不在这儿。
萨伊德：丹妮尔，你必须把孩子给我们。
丹妮尔：我只想要回我的艾丽克丝。我想如果我给他们这孩子……
萨伊德：没事儿的。我知道。没事儿的。
查　理：我抱住他了。这里根本没有"那些人"。你自己惹火上身！
丹妮尔：不。我听到了"那些人"的低语声。
查　理：你像个疯子，你什么也没听到。
丹妮尔：我听到他们说要来抓孩子，"那些人"说要来抢孩子。
查　理：你真可悲。

知识点拨

1. calm down"平静下来"，比如在激烈的情境中，可以通过这样的暗示安抚人的情绪，使人情绪平静，才能更好地沟通和解决问题。

2. start the fires"生火，起火"。例如：A cigarette spark started the fire. 香烟的火星引起了这场火灾。

3. hear sb. doing"听到某人正在做某事"，强调动作的进行。例如：I heard someone singing when I passed by. 当我经过时听到有人在唱歌。而 hear sb. do sth. "听到某人做某事"，暗示过程完成。例如：I heard him turn off the TV. 我听到他关掉电视。

4. nut job"疯子，神经病"，典型的美国式俚语，一般带上 nut 的都是说某人像疯子一样，表示没有足够头脑或者缺乏对现实认识的人。

5. come for 意为"为某种目的而来取某物；来接人；对……进行袭击"。例如：Please come for your mail whenever it's convenient. 方便的时候来取你的邮件。

 **词汇加油站**

whisper ['wɪspər] v. 耳语
pathetic [pə'θetɪk] adj. 可悲的

nut [nʌt] n. 怪人，疯子

精彩抢先看：迈克尔提议建木筏；木筏着火，宋说英语为丈夫辩护；凯特向迈克尔争取木筏席位

Scene 5 建造木筏逃离荒岛

时间： 第14集 00:10:11 ～ 00:10:57
地点： 树林里
人物： 迈克尔，杰克，萨伊德，香侬
事件： 迈克尔主张建造木筏离开荒岛，萨伊德等人表示质疑。

片段一

 精彩亮点

1 迈克尔慢慢觉得儿子沃尔特不能在荒岛这样的环境中成长，这里落后的条件非常不利于孩子的发展，为了孩子的成长，他觉得离开荒岛的迫切性更强烈了，所以当大部分人对离开荒岛的希望不明朗时，迈克尔再次提出要离开荒岛的愿望。

2 当迈克尔看到萨伊德他们发射信号进展不顺利时，提出了一个想法——建造木筏，以改变被动等待救援的局面，试图通过主动改造的方式来离开荒岛。

3 当听到迈克尔建造木筏的建议时，萨伊德很吃惊，毕竟建造木筏的可行性是一个问题，木筏建造后能否在大海中顺利行驶更是问题，背后的风险很大，所以才会很吃惊。

4 面对大家的质疑，迈克尔为了说服众人支持他建造木筏的建议，甚至将计划具体化，通过列举已有的工具和材料来告诉他们建造木筏的可行性，想让大家对他的想法保持乐观。

Michael: What are we talking about doing now? Looking for another excuse to get chased down① and killed by whatever lives in the jungle? Guys, we can't keep doing this. Building water filtration systems? Playing golf? Making a sweet little home here? We need to get off this island. ☺1

Shannon: You think any of us wants to be here?

Michael: No, but I don't think anyone wants to get off as much as② I do right now.

Jack: So, are you suggesting something?

Michael: Yeah, we build a raft. ☺2

Sayid: A raft? ☺3

Michael: Look, don't say it like that, man. We need a little optimism here, okay? And we've got to do something because let's be honest③, no one's coming. Those seats we took off the fuselage, they float. We've got an axe, and a whole bunch of trees, bamboo. We can do this. ☺4

Sayid: The chances of④ surviving the rough waters? The odds of finding a shipping lane?

Shannon: And I get really sea-sick.

Season 1 惊恐背后不可预测的未来 | Scene 5 建造木筏逃离荒岛

译文

迈克尔：我们在谈论什么呢，寻找另一个在丛林中被不名生物追捕的借口？兄弟们，我们不能再这样了。建设水过滤系统、打高尔夫、在这里建一个小家？我们需要离开这座岛。

香侬：你认为我们都愿意待在这儿吗？

迈克尔：不，但我不认为现在这里还有谁比我更想离开这。

杰克：那你想给点儿什么建议吗？

迈克尔：是的，建一个筏子。

萨伊德：一个筏子？

迈克尔：听着，不要用那种语气。我们需要乐观的态度，好吗？我们需要做点儿什么，因为老实说，没人会来的。我们从机身里拿出来的座位——它们有浮力，我们还有斧子，还有大量的树，竹子，我们能办到的。

萨伊德：在风浪中存活的机会，找到航行路线的概率有多大？

香侬：我还会晕船。

知识点拨

1. look for an excuse 意为"找借口"，常用词组，例如：Don't look for an excuse for your mistakes. 不要为自己的错误找借口。chase down 意为"找出；追逐"。

2. as much as 表示数量时，有"与……差不多，多达，与……一样多"的意思；表达程度时，常用在 as... as possible (one can)，有"尽量，尽最大努力（可能）；像……一样（的程度）；几乎"等意思，例如：You ought to rest as much as possible. 你应当尽量多地休息。在这里的意思是"像……一样（的程度）"，例如：I like cats as much as dogs. 我喜欢猫和喜欢狗的程度相同。

3. be honest 意为"诚实"，常用的短语有 to be honest=honestly，一般在句首插入。例如：To be honest, you are not the best candidate. 老实说，你并不是最佳候选人。

4. the chances of doing sth. = the odds of doing sth. 意为"做某事的可能性 / 概率"，例句：Our chances of winning the game are slim. 我们赢得这场比赛的机会是微小的。

chase [tʃeɪs] v. 追逐；追捕
raft [ræft] n. 筏子
fuselage [ˈfjuːsəlɑːʒ] n. 机身
bunch [bʌntʃ] n. 束；串
odds [ɑːdz] n. 概率，胜算
sea-sick [ˈsiːsɪk] adj. 晕船的

filtration [fɪlˈtreɪʃn] n. 过滤
optimism [ˈɑːptɪmɪzəm] n. 乐观
axe [æks] n. 斧子
rough [rʌf] adj. 粗糙的，粗暴的
lane [leɪn] n. 小巷；行车路

精彩抢先看：迈克尔提议建木筏；木筏着火；宋说英语为丈夫辩护；凯特向迈克尔争取木筏席位

时间： 第17集 00:27:52 ～ 00:29:45
地点： 洞穴
人物： 宋，查理，迈克尔，杰克，赫尔利，索耶，洛克
事件： 迈克尔的木筏被烧毁，宋用英语解释不是金烧毁的，大家对宋会说英语表示惊讶，同时怀疑宋所说是否属实，洛克则认为有可能是"其他人"所为。

精彩亮点

1. 金因为手伤被迈克尔以为是烧木筏的人，再加上语言不通，被迈克尔狠狠地打，宋终于看不下去丈夫受这种凌辱，所以在几番纠结思虑后还是决定站出来为丈夫辩护。

2. 宋在现实生活中为了出国，偷偷向之前的相亲对象学习过英语，而在岛上为了向丈夫隐瞒自己会英语这件事，一直都用韩语交流，别人也误以为她听不懂英语，所以才感到非常惊讶。

3. 尽管金在岛上和其他人语言不通，但是看到迈克尔修建木筏时，还是默默地跟在后面帮忙，但当木筏被烧毁后，金之前的种种行为反而让迈克尔开始怀疑其意图，可见金因为语言问题多少引起了别人的误会。

4. 当大家都怀疑是金烧毁了木筏时，洛克却站出来提醒大家，这件事可能是"其他人"所为，既及时制止了大家内部的猜忌、怀疑和斗争，又将大家的注意力引向外部，关注外部真正可怕的敌人。

Sun: Stop it! Leave him alone! He didn't burn your raft. ☺1

Charlie: You speak English?

Hurley: Didn't see that coming. ①

Jack: You understood us? All this time why didn't you say anything? ☺2

Sun: Your raft was already on fire when he arrived. He burned his hands trying to put it out.

Micheal: Then why did he run? Exactly, that's what I thought.

Sun: My husband is many things, but he isn't a liar.

Sawyer: You're gonna lecture us about lying ②, Betty? From the look on his face, even your old man here didn't know you speak English. How do we know she's not covering him?

Locke: Because she isn't! Why would he burn the raft?

Micheal: He's been after me since day one! Everybody knows it! ☺3

Locke: Okay, it's personal. Why would any one of us block an attempt to ③ get home? We're so intent on pointing the finger at one another ④ that we're ignoring the simple undeniable truth that the problem isn't here, it's there! They've attacked us! Sabotaged us, abducted us, murdered us. Maybe it's time we stop blaming us, and start worrying about them! ☺4

译文

宋： 停下！放开他！他没有烧你的木筏。
查理： 你会说英文？
赫尔利： 真没想到。
杰克： 你能听懂我们说的？为什么一直以来你从来不讲？
宋： 他到的时候你的木筏已经着火了，为了灭火把手给烧伤了。
迈克尔： 那他为什么还要跑掉？没说错吧，和我想的一样。
宋： 说我先生什么都行，但他绝不是个骗子。
索耶： 你还想和我们谈谈谎，贝蒂？从他的表情来看，你的丈夫都不知道你会说英语。我们又怎么知道她是不是包庇他？
洛克： 因为她没有，他为什么要烧那船？
迈克尔： 他从第一天开始就缠着我！人人都知道！
洛克： 好吧，那是私人恩怨，但他为什么要放弃离开这岛的最好机会？我们谁会自断回家的路呢？我们急切地把矛头指向对方，却忽略了一个简单而不可否认的事实。那就是问题根本不在这里！在那里！他们袭击我们！破坏我们，绑架我们，谋杀我们。或许是时候停止相互责备了，担心一下他们吧！

知识点拨

1. Didn't see that coming. 英语中常用口语，意思是"没想到，没看出来"，see that coming 的意思是"料到某事会出现"。这里 that 指宋会说英语这件事。

2. lecture sb. about sth. 意为"由某事训斥某人"；常用表达还有 give sb. a lecture，例如：My father gave me a lecture for smoking. 我父亲对我吸烟的问题训斥了一顿。

3. block an attempt to 意为"阻止……的尝试/企图"，例如：Why would any one of us block an attempt to get home? 为什么我们中有人要阻止这个回家的尝试呢？

4. be intent on 意为"专心于……"，be intent on doing sth. 意为"有意做某事"；point the finger at=accuse of 意为"公开指责"，point the finger at one another 即"互相指责"。

词汇加油站

liar ['laɪər] *n.* 说谎者
block [blɑːk] *v.* 阻塞；阻碍
ignore [ɪɡ'nɔːr] *v.* 忽视
undeniable [ˌʌndɪ'naɪəbl] *adj.* 不可否认的；确凿的
sabotage ['sæbətɑːʒ] *v.* 蓄意破坏
murder ['mɜːrdər] *v.* 谋杀
lecture ['lektʃər] *v.* 演讲；训斥
attempt [ə'tempt] *n.* 尝试
abduct [æb'dʌkt] *v.* 绑架
blame [bleɪm] *v.* 责备

精彩抢先看：迈克尔提议建木筏；木筏着火；宋说英语为丈夫辩护；凯特向迈克尔争取木筏席位

片段三

时间： 第22集 00:05:23 ～ 00:06:35
地点： 沙滩上
人物： 凯特，迈克尔
事件： 凯特询问迈克尔的准备情况，试图替换掉索耶或沃尔特，向迈克尔争取木筏的席位。

精彩亮点

1 木筏已经建好了，凯特关切地询问迈克尔物资是否已准备就绪，关心的背后其实是打着算盘，看自己能否帮上什么忙，是否有机会加入航行。

2 木筏大概能承重四个人，迈克尔已经做好人选，除了他和儿子外，就是索耶和金，金之前一直和他建造木筏，而索耶又有充足的物资可以为他们做后盾，所以迈克尔说人已经满了。

3 当迈克尔说要带索耶航行时，凯特故意巧辩说那是他第一次建造木筏时的想法，以此来说服迈克尔重新考虑一下之前的想法，换掉索耶带她出海。

4 迈克尔最初建造木筏的主要原因就是为了儿子，尽管木筏有一定的危险，但为了儿子的成长他还是想方设法离开小岛，绝对不会为了凯特把儿子留在岛上，所以凯特在这里想打沃尔特的主意是根本没有机会的。

Kate: Supplies all set? You've got food, fresh water? ☺1

Michael: Kate, no offense①, but I've got work to do. Why the sudden interest?

Kate: Because I'm going with you.

Michael: Look, the raft's full …we need 4, we got 4. ☺2

Kate: Including Sawyer?

Michael: Including him. We needed the stuff he had so he brought his way on②.

Kate: To the first raft, which burned. ☺3

Michael: You know, I'm not going to get into semantics③ with you. I told the guy…

Kate: He doesn't even know how to sail.

Michael: And you do?

Kate: I spent 2 summers crewing J boats. I know my way around a sailboat.

Michael: Yeah, maybe so, but a deal's a deal④. I'm sorry.

Kate: You're bringing Walt, too? I'm just saying it's dangerous.

Michael: I decide what's best for my boy. And right now, what's best for him is to get the hell off this island. ☺4 The raft's full.

译文

凯　特：补给物品准备就绪了吗？带上食物和淡水了吗？

迈克尔：凯特，我没有冒犯的意思，但是我还有事要做。为什么突然这么有兴趣起来？

凯　特：因为我也想跟你一起走。

迈克尔：你看，船满了，已经有4个人了。

凯　特：包括索耶？

迈克尔：包括他。我们需要他的东西，所以有他那份。

凯　特：但那是造第一个筏子时的想法，就是烧掉的那个。

迈克尔：听我说，我不想跟你咬文嚼字。我告诉他……

凯　特：他连船都不会开。

迈克尔：那你会吗？

凯　特：我曾经有两个夏天都在J型船上做船员，所以我也知道帆船该如何驾驶。

迈克尔：是的，也许吧……但协议已经达成了。我很抱歉。

凯　特：你也带上沃尔特了？我说过这是很危险的。

迈克尔：我的决定是对我孩子的最好的选择。而现在，对他而言最好的就是赶紧离开这该死的岛。筏子已经满员了。

知识点拨

1. no offense 意为"无意冒犯，恕我直言"，常用在指出别人的缺点，或表达不同的观点的时候，为了不破坏彼此的关系，可以在前面加一句这样的话，后面常常用but转折，回答者常回答"None taken.（我不介意）"。

2. bring on 意为"引起；使发生"，本文中可理解为"所以他可以使自己走上这条路（即可以和他们一起走）"。

3. get into semantics 意为"陷入语义学的争论中"，即"咬文嚼字"，get into 有"陷入，卷入"意思，如：get into trouble / difficulties / debt 陷入困境 / 困难 / 债务中。

4. a deal's a deal 意为"一言为定；遵照规定执行"，美语中还常用"It's a deal."，译为："好，就这么办。"

词汇加油站

supply [sə'plaɪ] n. 补给
offense [ə'fens] n. 冒犯
stuff [stʌf] n. 原料；物品
crew [kru:] v. 当（尤指船上的）工作人员
set [set] v. 放置，设定
include [ɪn'klu:d] v. 包括
semantics [sɪ'mæntɪks] n. 语义学
sailboat ['seɪlbəːrd] n. 帆船

31

精彩抢先看：萨伊德被困丹妮尔的陷阱；丹妮尔向查理讲述科考队被数字吸引；法国女人详述船只触礁经历

Scene 6 十六年前科考队失事

片段一

时间： 第9集 00:22:39～00:25:14
地点： 丹妮尔的洞穴
人物： 丹妮尔，萨伊德
事件： 萨伊德发现正是这个名叫丹妮尔的法国女子发出的法语信号，她因为16年前的一场海难而流落在这个岛上。萨伊德为她修好一个破损的八音盒，并告诉她有46个空难幸存者也在这里。

精彩亮点

1. 萨伊德独自在树林里行走，不小心掉入了丹妮尔的陷阱中，并被注射了镇静剂带到了丹妮尔的住所，萨伊德醒来后自然要先探问和了解抓获自己的到底是什么人。

2. 丹妮尔以为萨伊德是"其他人"中的一员，所以抓获他后曾试图逼问他艾丽克丝的下落，因为丹妮尔的女儿艾丽克丝正是17年前被"其他人"抓走的，丹妮尔一直没有放弃寻找女儿，她不知道飞机失事有幸存者掉入这个岛上，自然对这个误陷入她的陷阱中的人十分警惕和怀疑。

3. 丹妮尔曾在信号塔上发射求救信号，这个信号一直循环播放了17年，萨伊德在营地中曾试图向外面发射信号的时候，无意中接收过这个信号，所以在这里向丹妮尔确认是否是她发射的。

4. 丹妮尔他们所在的科考队曾遭到了"其他人"的攻击，并带走了丹妮尔的孩子，丹妮尔只简单提到了"黑岩石"，而没有详细说明当时的状况，也为后面的故事留下了悬念。

Sayid: Then I want to know your name. Your first name.

Danielle: Danielle. My name is Danielle.

Sayid: And how did you come to be on this island, Danielle? ☺1

Danielle: We were part of a science team.

Sayid: A science team armed with ① rifles? Was Robert on the team?

Danielle: Yes.

Sayid: And Alex, was he, too? ☺2

Danielle: Our vessel was 3 days out of Tahiti when our instruments malfunctioned. It was night, a storm, the sounds. The ship slammed into ② rocks, ran aground, the hull breached beyond repair ③. So, we made camp, dug out this temporary shelter. Temporary. Nearly 2 months we survived here, 2 months before…

Sayid: Your? The message I heard, you said, "It killed them all." ☺3

Danielle: We were coming back from the Black Rock. It was them. They were the carriers. ☺4

Season 1 惊恐背后不可预测的未来 | Scene 6 十六年前科考队失事

译文

萨伊德：那我要知道你的名字，你的名。
丹妮尔：丹妮尔，我叫丹妮尔。
萨伊德：你为什么会在这座岛上，丹妮尔？
丹妮尔：我们是科考队的成员。
萨伊德：装备来复枪的科考队？罗伯特也是其中的一员？
丹妮尔：是的。
萨伊德：艾丽克丝呢……他也是？
丹妮尔：机器发生故障时，我们的船已经离开塔希提岛三天了。那是个夜晚，暴风骤雨……冷风呼啸……船撞向了岩石，搁浅了，船坏到了修不好的地步，然后……我们就扎营了，搭建了这临时的庇护所，临时的。我们在这生存了近两个月，两个月……
萨伊德：你的求救信号……我听到的信息……你说，"它把他们都杀了。"
丹妮尔：我们从黑岩石那回来，是他们，他们是带菌者。

知识点拨

1. armed with 意为"以……武装；备有"，例如：armed with warm clothes 穿着御寒衣服，armed with cannon 装备了大炮，armed with his assistance 在他的协助下。

2. slam into 意为"猛烈撞击"，例如：The plane slammed into the ground. 飞机猛烈地撞到地上。

3. beyond repair 意为"无法修理"，与 beyond 固定的搭配还有：beyond question / doubt "毫无问题"，beyond belief "有希望"，beyond comparison "无可比拟的"，beyond expression "无法表达"，beyond measure "极度，非常"，beyond reason "毫无道理"，beyond thought "意想不到"，beyond contro "无法控制"。

词汇加油站

arm [ɑːrm] v. 武装
vessel ['vesl] n. 船
malfunction [ˌmælˈfʌŋkʃn] v. 出故障
aground [əˈɡraʊnd] adv. 搁浅地，触礁地
breach [briːtʃ] v. 破坏
temporary ['tempərəri] adj. 临时的

rifle ['raɪfl] n. 来复枪
instrument ['ɪnstrəmənt] n. 仪器
slam [slæm] v. 猛然碰上
hull [hʌl] n. 船体
beyond [bɪˈjɑːnd] prep. 超出
shelter ['ʃeltər] n. 庇护所

33

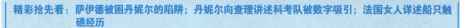

精彩抢先看：萨伊德被困丹妮尔的陷阱；丹妮尔向查理讲述科考队被数字吸引；法国女人详述船只触礁经历

时间： 第18集 00:34:08 ～ 00:35:51
地点： 丹妮尔的住所
人物： 丹妮尔，赫尔利
事件： 赫尔利询问杰克信号数字是怎么回事，丹妮尔告诉查理船只被神秘数字吸引来到岛上。

精彩亮点

1 丹妮尔曾向外面发射一串数字，而这串数字与赫尔利中彩票的数字是一样的，所以赫尔利想亲自过来询问丹妮尔关于这串数字的一些缘由。

2 这个信号塔也是丹妮尔当初发射求救信号的地方，一再出现和强调，其实也为后面对信号塔的利用做了铺垫，是幸存者们向外取得联系的重要手段。

3 赫尔利用这串数字中了彩票，可是之后生活中却接连出现了一系列不幸的事情，包括这次飞机失事，所以赫尔利觉得是这串数字造成的影响，认为这些数字被诅咒过。

4 当听了赫尔利的遭遇，丹妮尔回想当初科考队也是因为这串数字才来到了这座荒岛，之后生活也是遭遇各种变故，失去了她最在乎的人，由此说来，这些遭遇也可能都是由这些数字引起的。

Danielle: Our ship picked up① a transmission — a voice repeating those numbers.☺₁ We changed course to investigate. After the ship wrecked my team continued to search for② the transmission source. It was weeks before we found the radio tower.

Hurley: There's a radio tower on this island?☺₂

Danielle: Yes, up by the Black Rock. Some of us continued to search for the meaning of those numbers while③ we waited for rescue. But then the sickness came. When my team was gone, I went back up to the tower and changed the transmission.

Hurley: The distress signal we heard?

Danielle: Yes.

Hurley: But the numbers — did you ever find out anything about them? Do you know where they got their power?

Danielle: Power?

Hurley: They bring bad stuff to everyone around you. They're cursed.☺₃ You know that, right? The numbers, they're cursed.

Danielle: Numbers are what brought me here. As it appears④ they brought you. Since that time⑤ I've lost everything, everyone I cared about.☺₄ So yes, I suppose you're right. They are cursed.

Season 1 惊恐背后不可预测的未来 | Scene 6 十六年前科考队失事

译文

丹妮尔：我们的船收到了个无线电波，一个声音不停地重复那些数字。我们于是改变航向去调查。船失事后，我的队伍还在继续寻找电波的源头。直到几周后发现了那个电波塔。

赫尔利：在这个岛上有个电波塔？

丹妮尔：是的，在黑岩石上。我们中的一部分人继续寻找数字的意思，同时等着救援。但是后来遭受疾病袭击，我们队的人都死了之后，我就上了塔，改变了电波。

赫尔利：就是我们听到的那个求救信号？

丹妮尔：是的。

赫尔利：但是你找到关于那些数字哪怕是一点儿线索了吗？你知道它们从哪得到的力量吗？

丹妮尔：力量？

赫尔利：它们给你周围的每个人带来灾难。它们被诅咒了，你也知道的，是吧？那些数字，它们是被诅咒的。

丹妮尔：那些数字把我带到这儿，现在它们又把你带来了。从那时开始，我就失去了所有，我所在乎的每个人。所以，是的。我想你是对的，它们被诅咒了。

知识点拨

1. pick up 的意思有"捡起；探出；学会；接收"等意思，在本句中表示"接收到"。

2. search for=cast about for=seek for 意为"寻找；搜查"。要与 search 进行区分，search 指的是"搜寻的范围"，例如：search the dictionary "查字典"，search the Internet "查网络"，search the body "搜身"，而 search for 常指"搜寻的具体目标"，例如：search for a gun 搜寻一把枪。

3. while 有"虽然；然而；当……的时候"等意思，在这里表示"当……的时候"，引导两个并列句，例如：Who will present his show while he's away? 他不在时，将由谁主持播放他的节目？

4. as it appears 的意思有"似乎；看上去；在觉知中如其所现"，在这里取"在觉知中如其所现"的意思，胡塞尔说："世界的事物都是以经验主题的某种相关性呈现的。"在这里指丹妮尔因为那些数字来到岛上，而赫尔利因为数字而出现在丹妮尔身边。

5. since that time 意为"自从那时候"，since 有"因为；既然；从……以后"之意，在这里指"从……之后"。

词汇加油站

repeat [rɪˈpiːt] v. 重复
wreck [rek] v. 沉船
distress [dɪˈstres] n. 痛苦；窘迫
stuff [stʌf] n. 东西
investigate [ɪnˈvestɪgeɪt] v. 调查
sickness [ˈsɪknəs] n. 疾病
signal [ˈsɪgnəl] n. 求救信号

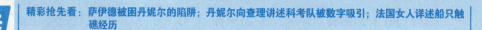

精彩抢先看：萨伊德被困丹妮尔的陷阱；丹妮尔向查理讲述科考队被数字吸引；法国女人详述船只触礁经历

片段三

时间： 第23集 00:04:51 ～ 00:06:04
地点： 丛林
人物： 丹妮尔，萨伊德，杰克，迈克尔，索耶，洛克
事件： 丹妮尔告诉杰克，"其他人"将要来临，他们只有三个选择：逃跑、躲藏或者死亡。

精彩亮点

1 丹妮尔突然出现在幸存者们的营地，其他人都对她充满戒备，萨伊德与丹妮尔更熟悉一些，自然更关心她此行的目的。

2 丹妮尔认为"其他人"就要来临，对于这些人她很了解他们有多残暴，所以给予幸存者们忠告，建议他们逃跑或藏起来，否则只有死路一条，这也是她经历过的血的教训。

3 对于杰克他们来说，从来没有看到过"其他人"，也没有遭遇过"其他人"的攻击，所以对丹妮尔的话非常怀疑，而且丹妮尔曾经偷过克莱尔的孩子，这也使营地的人对丹妮尔很不信任，所以认为丹妮尔所说是疯话。

4 洛克一向与杰克意见不同，对丹妮尔所说他保持开放的态度，虽然不确定她说的是否是真的，但洛克觉得至少可以听一听忠告，以防事情真的发生而措手不及。

Michael: Hey! Hey! Hey! Stop! Slow… slow down. Who is that?

Sawyer: She's got to be ① the French chick.

Sayid: Calm down, everyone. It's all right. Danielle? Danielle? What are you doing here? ①

Danielle: "The others" are coming. Our ship went aground on this island 16 years ago. There were six of us. My team, six. By that time, I was already seven months pregnant. I delivered the infant ② myself. The baby and I were together for only one week, when I saw black smoke. A pillar of black smoke five kilometers inland. That night…they came…they came, and took her, Alex, they took my baby. And now, they're coming again. They're coming for all of you.

Jack: Who's coming?

Danielle: The others. You have only three choices. Run…hide…or die. ②

Jack: This is a woman who blew up ③ her own shelter. Now she talks about black smoke and hearing whispers. She's not playing with a full deck ④. ③

Locke: That doesn't mean what she's saying isn't true. ④

Jack: If you wanna focus on ⑤ the "what if", be my guest ⑥. but I've got to stick with ⑦ what's tangible. and right now, that's the launching of the raft.

译文

迈克尔： 嘿！嘿！嘿！停！慢……慢点儿。那是谁？

索　耶： 肯定是那个法国女人。

萨伊德： 大家冷静。没什么。丹妮尔？丹妮尔？你来这儿干什么？

丹妮尔： "其他人"要来了。我们的船十六年前到达这个岛。我们有六个人。我们小组，六人。那时，我已经怀孕七个月了。我自己把孩子生下来。但是孩子和我在一起只有一个星期，然后我看到了黑烟。五公里远处冒出缕缕黑烟。那天晚上……他们来了……他们来了，带走了她，艾丽克丝，他们带走了我的孩子。现在，他们又要来了，冲着你们所有人。

杰　克： 谁要来了？

丹妮尔： 其他人。你们只有三个选择。逃跑……藏起来……或者死。

杰　克： 这个女人炸掉了自己的藏身之处。而现在她又在谈论什么看见黑烟和听见低声细语。我的意思是说，她是不是疯了。

洛　克： 那并不意味着她说的就不是真的。

杰　克： 那么，假如你相信她说的，随便你，但是我要去做些实际的事情。现在要做的就是让木筏下水。

知识点拨

1. have got to be 意为"肯定，应该"，美语中的常用口语，例如：You have got to be kidding me! 你一定是在捉弄我！

2. delivered the infant 即"接生小孩"，deliver 本身有"发表；递送；给……接生；履行"等意思，在这里是取"给……接生"这层意思。

3. blow up 有"充气；发火；炸毁"等意思，在句中是"毁掉"的意思，相当于 destroy 或 explode。

4. not play with a full deck 意为"神志不清，举止不正常"，这是美国口语中的习惯用语，字面意思是"打一副缺牌的扑克"，暗指这个人精神不正常。

5. focus on= concentrate on 意思有"使（光线等）聚焦于；以（某事物）为重点，集中讨论研究；集中注意力于……"，在本句中表示"以……为重点"。

6. be my guest 意为"请自便"，美语中常用口语。

7. stick with 有"坚持；继续做；保持联系"的意思，在这里表示"继续做"，相当于 go on doing sth.。

 词汇加油站

pregnant ['pregnənt] adj. 怀孕的
pillar ['pɪlər] n. 烟柱
tangible ['tændʒəbl] adj. 实实在在的
infant ['ɪnfənt] n. 婴儿
inland [ˌɪnˈlænd] adv. 向内陆
launch [lɔːntʃ] n. 下水

精彩抢先看：洛克和布恩发现舱门；布恩与洛克试图用投石机打开舱门；幸存者们用火药炸开舱门

Scene 7 发现舱门试图打开

时间： 第11集 00:40:01 ~ 00:41:27
地点： 树林里
人物： 布恩，洛克
事件： 布恩和洛克在追踪伊桑的踪迹，布恩正准备返回时，意外发现一个舱门。

精彩亮点

1 克莱尔和查理被绑架了，大家猜测是伊桑把他们带走了，所以兵分两路去追踪伊桑，洛克和布恩本来也是一起去追踪伊桑的足迹，可是一路走来都没有找到伊桑，所以布恩担心他们是迷路了。

2 洛克在寻找伊桑的路上，曾用红布条在树上做了标记，以便他们迷路了也能根据标记原路返回，这里布恩觉得迷路了，所以想依靠这些标记找回去。

3 洛克和布恩没有找到伊桑，正当布恩想原路返回时，他们却无意中发现了一些钢铁材质的东西，布恩于是猜测这些东西是飞机残骸。

4 洛克和布恩看到这些钢铁的东西很惊讶，而且有些东西不像是来自飞机残骸上的，所以洛克他们需要弄明白这些东西到底是什么。

Locke: No, Boone, we're not lost. ☺₁

Boone: Sorry, it's just I don't see how you can still be following this trail①. I think we should go back.

Locke: Don't you feel it?

Boone: Feel what?

Locke: It.

Boone: Alright, John. I'm going to follow the strips back. ☺₂

Locke: Suit yourself②. Boone, you need this more than③ I do.

Boone: What is that?

Locke: Steel.

Boone: Could that be part of the plane? Part of the wreckage? ☺₃ What is that?

Locke: That's what we're going to find out④. ☺₄

Season 1 惊恐背后不可预测的未来 | Scene 7 发现舱门试图打开

译文

洛克：不，布恩，我们没迷路。
布恩：抱歉，只是……我不知道你是怎么还能跟着他的足迹的。我想我们得回去了。
洛克：你没感觉到它吗？
布恩：感觉到什么？
洛克：它。
布恩：好了，约翰，我得跟着那些记号回去了。
洛克：随便你，布恩，你比我更需要这个。
布恩：这是什么？
洛克：钢铁。
布恩：会是飞机上的吗……飞机残骸的一部分？那是什么？
洛克：那就是我们所要找出来的东西。

知识点拨

1. follow this trail 意为"顺着足迹"，例如：follow the hiking trail "沿着登山的小径走"，follow the trail of "效法于人，萧规曹随"，例如：If we follow the trail of returning to sanity, they will wither. 如果我们遵循回归理智的道路，基地组织就会枯萎。

2. suit yourself 即"随便你"，例如：Suit yourself, but I had hoped that you would come and help. 请自便，不过我本来希望你能来帮忙。

3. more than 在这里跟从句，表示"超过……；难以……"，例如：It's more than flesh and blood can bear. 此非血肉之躯所能忍受。more than 后面如果跟形容词、动词、副词或介词，译为"非常，更加"，例如：She speaks French more than fluently. 她法语讲得十分流利。

4. find out 即"找出，查明"，例如：Find out what the cause is. 找出问题的原因。

词汇加油站

trail [treɪl] *n.* 痕迹
strip [strɪp] *n.* 条状物（指前面他们用红布条在树上做的标记）
steel [stiːl] *n.* 钢
wreckage [ˈrekɪdʒ] *n.* 残骸

精彩抢先看：洛克和布恩发现舱门；布恩与洛克试图用投石机打开舱门；幸存者们用火药炸开舱门

时间：第19集 00:01:54 ~ 00:03:45
地点：舱门外
人物：布恩，洛克
事件：布恩和洛克试图用投石机打开舱门，结果失败了，而且洛克腿受伤了。

精彩亮点

1 布恩和洛克发现那个钢铁材质的东西是个舱门，于是瞒着众人试图打开这个舱门，洛克想到用投石机做尝试，于是征求布恩的意见。

2 布恩对于洛克用投石机打开舱门的想法并不理解，听完洛克的解释，布恩调侃洛克既像个哲学家，又像个工程师。

3 飞机上的幸存者们在飞机失事前只是坐同一架飞机的过客，相互并不认识，而现在他们都在这个小岛上，一起生存，同时面对各种问题。他们在现实生活中的身份和过往经历都是个迷，每个人背后都有一个故事，所以布恩试图与洛克互相了解。

4 洛克在现实生活中的经历很复杂很辛酸，所以他觉得如果将他的经历讲给布恩听，布恩会感到厌烦，这里也为后面揭开洛克现实生活的真实经历留下了悬念。

Boone: You want my opinion?☺₁
Locke: Boone, you've got to have some faith①. All we've got to do is break the glass, and then we're in; trebuchet delivers a half a ton of force.
Boone: Why do they call it a trebuchet? It looks like a catapult.
Locke: It's called a trebuchet, Boone, because it's called a trebuchet.
Boone: I don't get you, man. One minute you're quoting Nietzsche, now all of the sudden② you're an engineer.☺₂ I don't think I can spell trebuchet.
Locke: There's a 't' on the end.
Boone: I'm serious, John. We've been coming out here every day for 2 weeks — you never talk about yourself. Everybody's got a story.☺₃
Locke: My story would bore you☺₄. 3, 2, 1. This was supposed to③ work. This was supposed to work!
Boone: John. Your leg, man. Are you okay?
Locke: Yeah, I'm fine.

Season 1 惊恐背后不可预测的未来 | Scene 7 发现舱门试图打开

译文

布恩：想知道我的想法吗？
洛克：布恩，你得有点儿信心，我们要做的只是把玻璃打破，然后就可以进去了，投石机可以产生半吨的打击力。
布恩：为什么把它叫投石机呢？它看起来像个弹弓。
洛克：它叫投石机，布恩，因为它就是。
布恩：我没理解，伙计，刚才你还是个哲学家，现在你又是个工程师了，我觉得我拼不出"trebuchet"。
洛克：结尾是个"t"。
布恩：我是认真的，约翰，我们两个礼拜以来每天都过来，但你从来都没提起过你自己的事。每个人背后都有一个故事。
洛克：我的故事会让你厌烦的。3，2，1，这应该能行的！这应该能行的！
布恩：约翰，你的腿！没事吧？
洛克：是的，我没事。

知识点拨

1. have some faith 的意思有"有点儿信心；虔诚些"，在这里表示"有点儿信心"，例如：Have some faith in yourself. 给自己点儿信心。

2. all of the sudden=suddenly 即"突然间"，例如：All of the sudden, he hit me on the back. 他突然打了我后背一下。

3. be supposed to 即"被期望；应该"。例如：What's the matter with you? You're supposed to be thrilled. 你怎么了？你应该为此感到高兴呀！

 词汇加油站

opinion [əˈpɪnjən] *n.* 想法，意见
deliver [dɪˈlɪvər] *v.* 给予打击，打
force [fɔːrs] *n.* 力量，力
quote [kwoʊt] *v.* 引用
Nietzsche [ˈniːtʃə] 尼采（德国哲学家，1844～1900）
engineer [ˌendʒɪˈnɪr] *n.* 工程师
bore [bɔːr] *v.* 使厌烦

trebuchet [ˌtrebjəˈʃet] *n.* 投石机
ton [tʌn] *n.* 吨
catapult [ˈkætəpʌlt] *n.* 弹弓
spell [spel] *v.* 拼写

精彩抢先看：洛克和布恩发现舱门；布恩与洛克试图用投石机打开舱门；幸存者们用火药炸开舱门

时间： 第24集 00:29:24～00:30:16
地点： 舱门外面
人物： 杰克，洛克，凯特，赫尔利
事件： 杰克和凯特为谁来炸开舱门而争论，赫尔利看到舱门上的数字要求停止炸舱门。

精彩亮点

1 杰克他们通过丹尼尔在黑岩石那儿找到了炸药，并将炸药带到了舱门处，准备用这些炸药炸开舱门，这样如果"其他人"来了，幸存者们也有机会躲在舱门里面。

2 在将炸药带到舱门之前，杰克、洛克和凯特三人都争先要冒着生命危险背炸药，争执不下三人决定抽一次签，抽中签的人要背炸药，结果洛克和凯特抽中了，凯特在这里也是想根据抽签结果去背炸药。

3 洛克和杰克两个人能力都很强，都愿意为大家奉献，就算杰克是营地的领导者，而洛克也经常不顾杰克的意见独立行事，比如洛克发现舱门已关了三周，在不得已的情况下才告诉杰克他们，这让杰克感到洛克对他的不信任，两个人相互之间也在暗中较量，所以杰克希望凯特能够支持他的领导和决策。

4 在洛克他们即将炸开舱门时，赫尔利看到舱门上有一串数字，这与他当初中彩票的数字是一样的，于是他很担心这串数字会给他们带来不幸，所以试图阻止炸舱门。

Kate: So, what was that about back there?
Jack: What was what about?
Kate: Putting the dynamite in your pack. ☺1
Jack: I made a judgment call①.
Kate: We drew straws②. ☺2
Jack: Sorry, I'm not going to let drawing straws make decisions like that for us, Kate.
Kate: You had no right to③ make that choice…
Jack: Everybody wants me to be a leader until④ I make a decision that they don't like. You want to keep second guessing me, Kate? That's your call.⑤ There's something that you need to know — if we survive this, if we survive tonight… we're going to have a Locke problem. I have to know that you've got my back⑥. ☺3
Kate: I've got your back.
Locke: Are we ready?
Hurley: Wait a sec, wait a sec. ☺4

42

Season 1 惊恐背后不可预测的未来　　Scene 7 发现舱门试图打开

译文

凯　特：后面的那是什么？
杰　克：什么有什么？
凯　特：把炸药放到你的包里。
杰　克：由我来定吧。
凯　特：我们抽签算了。
杰　克：对不起，我不想按那个抽签的结果，凯特。
凯　特：你没权力那样做。
杰　克：大家都想让我当领头的，直到我做了那个他们不喜欢的决定。你想重新评价我吗，凯特？那是你的事儿。有件事儿你得知道，如果这次我们能幸存，如果今晚我们能幸存，我们还有洛克的问题要处理，并且我得知道，你会重新支持我。
凯　特：我支持过你。
洛　克：大家都准备好了吗？
赫尔利：等一下。稍等。

知识点拨

1. make a judgment call 意为"做出决定"，judgment call 是美语中的惯用语，表示"只能用自己的想法和意见来做决定"，例如：It's a judgment call — do we go by plane or risk taking the car to the conference. 坐飞机去开会，还是冒险坐车，这只能看自己的决定了。Sometimes you have to make a judgment call. 有时你必须自己做出决定。

2. draw straws 意为"抓（稻草）阄，抽签"，例如：Let us draw straws.The one who draws the shortest straw will go back the town and get some food. 这样吧，我们现在抽签，谁抽到最短的签谁就到镇上买吃的。

3. have no right to do sth. 意为"没有权利做某事"，例如：No matter who you may be, you have no right to do such a thing. 无论你是谁，你都无权做这样的事。

4. until 即"直到……"，注意与 not...until 区分，例如：Mary finished all the housework until she went to bed. 直到玛丽睡觉时才做完所有家务。Mary did not go to bed until she had finished all the housework. 直到玛丽做完所有家务才去睡觉。

5. that's your call. 意为"那是你的决定。悉听尊便。""You call."表示"你来决定"。

6. get my back 意为"帮我；支持我"，back up sb. 即"支持某人"，例如：I've got to back him up. 我必须全力支持他。

dynamite [ˈdaɪnəmeɪt] *n.* 炸药
draw [drɔː] *n.* 抽签
judgment [ˈdʒʌdʒmənt] *n.* 判断
straw [strɔː] *n.* 麦秆

精彩抢先看：洛克说服查理交出毒品；洛克以破茧成蝶的故事启发查理克服毒瘾；杰克给查理阿司匹林戒毒瘾

Scene 8 众人帮查理戒毒

时间：第6集 00:32:44 ~ 00:34:20
地点：洞口外
人物：查理，洛克
事件：查理想吸毒，洛克以吉他作为交换条件，说服查理交出毒品。

精彩亮点

1 洛克看到查理准备吸毒，于是想要帮助查理戒毒，所以他试图说服查理将毒品交给他保管。查理如果能克服毒品的诱惑和欲望，那么就不用去戒毒所了，可见洛克的好心。

2 洛克曾经经历过残酷的身心上的伤痛，对他来说查理的这点痛苦并算不了什么，洛克以自己亲身战胜痛苦的经历来激励查理，榜样的力量总是无穷的。

3 洛克试图用吉他来吸引查理的注意，因为他知道查理原来是个歌手，喜欢弹吉他，如果查理对吉他的欲望多于对毒品的欲望，那么他便更容易克服眼前的痛苦。洛克在这里说这句话的意思，其实也是暗示查理，如果他想要获得吉他，就需要用毒品来换，洛克通过这种方式来说服查理交出毒品，帮他戒毒，可见洛克的良苦用心。

Charlie: Listen to me, you old git, I'm going in the jungle. A man has a right to some privacy.

Locke: Just hand it to me. You're going to run out①. ☺₁ My guess is sooner rather than② later. Painful detox is inevitable. Give it up now; at least it will be your choice.

Charlie: Don't talk to me like you know something about me.

Locke: I know a lot more about pain than you think. I don't envy what you're facing. ☺₂ But I want to help... Do you want your guitar? More than your drug?

Charlie: More than you know.

Locke: What I know is that this island might just give you what you're looking for, but you have to give the island something. ☺₃

Charlie: You really think you can find my guitar?

Locke: Look up③, Charlie.

Charlie: You're not going to ask me to pray or something.

Locke: I want you to look up.

Season 1 惊恐背后不可预测的未来 | Scene 8 众人帮查理戒毒

译文

查理：听我说，你这老笨蛋，我要去丛林，一个男人有权保护自己的隐私。

洛克：只要把它给我就行，毒品快把你的身体消耗殆尽了。我猜用不了多久，进戒毒所是在所难免的，但如果现在就开始戒毒，至少这是你自己的选择。

查理：不要这样跟我说话，好像你什么都知道似的。

洛克：我受过的苦，你难以想象。你现在所面对的，我并不嫉妒。但是我想帮助你，你想要你的吉他吗？多过于毒品？

查理：你想象不到（我有多么想要）。

洛克：据我所知，你在寻找什么，岛屿就可能会给你什么。但前提是，你也得付出点什么给岛屿。

查理：你真的能找到我的吉他？

洛克：往上看，查理。

查理：你不会是要我祈祷吧。

洛克：我要你往上看。

知识点拨

1. run out 有"耗尽；失效；精疲力竭"的意思，在这里表示"耗尽"，其主语通常是时间、金钱、食物等无生命名词，例如：His strength ran out. 他的力气用完了。run out of 意为"用完"，主语只能是人。例如：He has run out of red ink. 他的红墨水用完了。

2. rather than 在这里表示"而不是"，此外还有"宁可……也不愿"的意思，常见词组：prefer to do sth. rather than do sth. 宁愿做某事，而不愿做某事。例如：I prefer to watch TV rather than go out. 我宁愿看电视，也不想出去。

3. look up 在这里表示"抬头看"，此外还有"拜访；查阅；上涨"的意思，例如：look up old friends 看望老朋友，look up the word in the dictionary 查字典。Prices are looking up. 物价在上涨。

词汇加油站

git [gɪt] *n.* 饭桶；讨厌鬼
detox ['diːtɑːks] *n.* 戒毒所
envy ['envi] *v.* 嫉妒
pray [preɪ] *v.* 祈祷

privacy ['praɪvəsi] *n.* 隐私
inevitable [ɪn'evɪtəbl] *adj.* 不可避免的
guitar [gɪ'tɑːr] *n.* 吉他

45

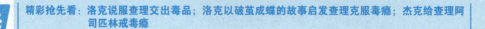

精彩抢先看：洛克说服查理交出毒品；洛克以破茧成蝶的故事启发查理克服毒瘾；杰克给查理阿司匹林戒毒瘾。

片段二

时间： 第7集 00:18:49 ~ 00:20:40
地点： 树林里
人物： 查理，洛克
事件： 查理在帮杰克挖洞时毒瘾又犯了，向洛克第二次要毒品，洛克以破茧成蝶的故事启发查理要坚持下去。

精彩亮点

1. 杰克和查理在洞中聊天，突然石头砸下来将杰克堵在了洞里面，查理去海边找了其他人帮忙救杰克，在救杰克的过程中查理的毒瘾又犯了，所以又一次过来向洛克要毒品。

2. 洛克曾将查理的毒品拿走，并和查理约定，如果查理第三次跟他要毒品，洛克就会将毒品给他，这是查理向洛克第二次要毒品。

3. 洛克以茧作为比喻，如果茧借外力的帮助摆脱了暂时的困境，那么它根本生存不下来；以此来暗示查理他现在的状态就如同茧一样，如果洛克将毒品马上给了查理，查理是暂时满足了吸毒的欲望，可是戒毒的努力也就功亏一篑。

4. 洛克为了帮助查理克服毒品的欲望，就此取材以蝴蝶作为比喻，想告诉查理，克服毒品的过程如同破茧成蝶，茧在变成蝴蝶之前都要经历一番挣扎的过程，也正是这段挣扎的过程使它变得更加强大而美丽，而查理目前的状态就处于茧挣扎的过程，如果能忍住吸毒的欲望，战胜这段挣扎的痛苦，便有机会戒毒成功，那个时候查理将会感受真正的自由。

Locke: Something wrong, Charlie?
Charlie: Yeah, Jack. He's a — there's been an accident at the caves. **Jack's trapped in a cave-in.** ☺₁
Locke: Is anyone trying to get him out?
Charlie: Yeah, there's a bunch of① people of there now.
Locke: Then why aren't you with them? You didn't come here to tell me about Jack, did you?
Charlie: I want my stash, Locke. I can't stand feeling like this. ☺₂
Locke: Come here. I'm going to show you something. What do you suppose in that cocoon, Charlie?
Charlie: I don't know, a butterfly, I guess?
Locke: No, it's much more beautiful than that. That's a moth cocoon. It's ironic; butterflies get all the attention②, but moths — they spin silk, they're stronger, they're faster.
Charlie: That's wonderful, but…
Locke: You see this little hole? This moth's just about to③ emerge. It's in there right now, struggling. It's digging it's way through the thick hide of the cocoon. **Now, I could help it, take my knife, gently widen the opening, and the moth would be free.** ☺₃ But it would be too weak to survive④. **The struggle is a nature's way of strengthening it.** ☺₄ Now this is the second time you've asked me for your drugs back. Ask me again and it's yours.

Season 1 惊恐背后不可预测的未来 | Scene 8 众人帮查理戒毒

译文

洛克：出事了？查理？
查理：是的，是杰克。他在洞里出了意外。杰克被困在洞里了。
洛克：有人在想法子弄他出来吗？
查理：有，那儿有一大堆人。
洛克：你为什么不和他们待在一块儿？你来不只是想告诉我杰克的事，是吧？
查理：我想要回我的东西，洛克。我受不了了。
洛克：过来，我给你看样东西。你认为茧里面是什么东西，查理？
查理：我不知道，蝴蝶吗？我猜的。
洛克：不是，比蝴蝶漂亮多了，这是一个蛾的茧。很讽刺是吧！蝴蝶很引人注目。但蛾——它们吐丝，它们更快更强壮。
查理：太奇妙了，但……
洛克：你看到这个小洞了吗？这蛾快破茧了。它现在在里面挣扎着，慢慢地挖出一条道穿破厚厚的保护层。现在，我可以帮它，用这把刀子轻轻地划出一道口子，蛾就自由了。但这样的话它就太弱了，以至于根本活不下来。挣扎是变得强大的一种自然方法。现在，这是你第二次向我要回毒品。再问我要一次，这就是你的了。

知识点拨

1. a bunch of 意为"一束（花）；一群（人）；一堆"，例如：a bunch of rubbishes "一堆垃圾"，a bunch of new techniques "一些新技术"，a bunch of male classmates "一群男同学"。

2. get all the attention 即"吸引了所有注意，引人注目"，例如：Why the Apple's suppliers get all the attention in China? 苹果的供应商为什么在中国引起巨大的关注？get...attention 即"吸引……注意"，例如：How to get the audience's attention? 如何吸引观众的注意力？

3. be about to 即"即将，正打算"，表最近的将来，后面不接时间状语，例如：The performance is about to begin. 演出就要开始了。此外，be just about to 表示"正要"；be going to 侧重于"打算、想法"的意思；be to do 侧重于"意志、计划、安排"，例如：I'm to meet him.（含双方事先约好的意思）。

4. too weak to survive 意为"太脆弱了以至于生存不了"，too... to... 意为"太……以至于不能……"，结构常常是 too+*adj.* / *adv.* + 动词原形，例如：He is too young to tell right from wrong. 他太小，还分不清是非。

 词汇加油站

trap [træp] *v.* 困住
stash [stæʃ] *n.* 隐藏处
moth [mɔ:θ] *n.* 蛾
spin [spɪn] *v.* 纺织
widen ['waɪdn] *v.* 加宽

cave-in [keɪvɪn] *n.* 塌陷
cocoon [kə'ku:n] *n.* 蚕茧
ironic [aɪ'rɑ:nɪk] *adj.* 讽刺的
emerge [i'mɜ:rdʒ] *v.* 出现
strengthen ['streŋθn] *v.* 加强

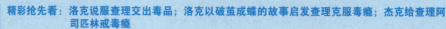

精彩抢先看：洛克说服查理交出毒品；洛克以破茧成蝶的故事启发查理克服毒瘾；杰克给查理阿司匹林戒毒瘾

时间： 第13集 00:31:12 ～ 00:32:29
地点： 沙滩上
人物： 杰克，查理
事件： 杰克帮查理搭火堆，并且询问查理的近况和对洛克的看法。

精彩亮点

1 杰克给了查理阿司匹林，同时看到查理在搭建火堆，所以询问他是否需要帮忙。

2 自从查理的毒品被洛克收走后，查理这三周都在克服对毒品的欲望，试图戒掉毒瘾，同时克莱尔被伊桑绑架后，大家都还没有找到伊桑的踪迹，查理也一直在为找克莱尔而奔波。

3 查理最初觉得洛克就是一个精神不正常的异类，但是在小岛上洛克一直在帮助查理戒毒瘾，做一些有利于大家的事情，这与查理给他留下的最初印象相差很大。幸存者们在飞机失事时都是陌生人，所以这个阶段也是大家互相熟悉和了解的时候。

4 杰克虽然被营地的人推崇为领导者，但实际上洛克的生存能力和毅力也非常强大，是个能和杰克相抗衡的对象，而且个性很固执，也有为大家奉献的爱心，所以查理觉得洛克值得信赖，是一个能够带领大家离开岛屿回到家的人。

Charlie: Cheers.
Jack: You need a hand①?☺₁
Charlie: Yeah, yeah, I'd love one.
Jack: Haven't seen you around the caves lately.
Charlie: I needed a change of scenery.
Jack: How are you doing, Charlie?
Charlie: How am I doing? With 3 weeks of heroin withdrawal? Or how am I doing with Claire being abducted by the freak who tried to kill me?☺₂
Jack: I gave you the aspirin for the heroin withdrawal. What do you think his story is?
Charlie: Who? Locke? The guy's a freak of nature②. Highly disturbed. Chances are he probably killed all his mates at the post office the day his mum forgot to put a cookie in his lunch tin. That was my first impression, anyway. Then he saved my life.☺₃
Jack: So you trust him?
Charlie: Trust him? No offense, mate, but if there's one person on this island I would put my absolute faith in③ to save us all it would be John Locke.☺₄

Season 1 惊恐背后不可预测的未来 | **Scene 8 众人帮查理戒毒**

译文

查理：干杯。
杰克：想要帮忙吗？
查理：是的，是的，我很乐意有人帮忙。
杰克：最近没有看见你在山洞那边。
查理：我得换个环境。
杰克：你干什么去了，查理？
查理：我干什么了？与连续戒毒三周做抗争，还有去处理那个想杀死我的疯子现在绑架了克莱尔的事？
杰克：我给你阿司匹林来抵抗毒瘾吧。你认为他有什么故事？
查理：谁的？洛克？那家伙天生就是个异类，很不正常。因为那天他妈妈忘了在他饭盒里面放甜饼他也许会把邮局的同事都杀了。不管怎样，这就是他给我的第一印象，但然后他救了我的命。
杰克：那么你信任他了？
查理：信任他？不是冒犯你，兄弟，但是如果在这岛上真有一个人，我能完全相信他能拯救我们的，只能是约翰•洛克了。

知识点拨

1. you need a hand? 意为"你需要帮助吗？"相当于"Can I do anything for you?"意为"我能为你做些什么事吗？"。通常在商场、饭店等场所服务生常会这么问。

2. a freak of nature 意为"天生是个异类，天生很怪"，freak 表示"怪胎"，行为反常且非常固执的人，口语中常用的短语还有 freak out，表示"疯了；崩溃了"，例如：I'm going to freak out. Please do something right now, Dad. 我要疯了，爸爸，请现在想想办法。

3. put my absolute faith in 意为"绝对相信"，put faith in=believe in 即"相信，对……有信心"，例如：Don't put faith in a single word he speaks. 他说的话，你一个字都不要信。

词汇加油站

cheers [tʃɪrz] *int.* 干杯
heroine [ˈheroʊɪn] *n.* 海洛因
aspirin [ˈæsprɪn] *n.* 阿司匹林
disturbed [dɪˈstɜːrbd] *adj.* 有精神病的
impression [ɪmˈpreʃn] *n.* 印象

scenery [ˈsiːnəri] *n.* 风景
freak [friːk] *n.* 疯子
nature [ˈneɪtʃər] *n.* 本性
mate [meɪt] *n.* 兄弟，伙伴

精彩抢先看：迈克尔救儿子沃尔特，隔阂消除；萨伊德未帮香侬哥哥报仇，香侬失望；宋送别金乘木筏离开，二人和解

Scene 9 幸存者之间的感情关系

片段一

时间： 第 14 集 00:36:05～00:38:32
地点： 树林里
人物： 迈克尔，沃尔特，洛克
事件： 沃尔特在森林里遇到了北极熊，洛克和迈克尔救了沃尔特，沃尔特与父亲的感情加深，隔阂消除。

精彩亮点

1 沃尔特在森林里遇到一只北极熊，迈克尔和洛克想方设法救沃尔特，迈克尔在营救儿子的过程中不顾自己的安危，跳下树去救沃尔特，沃尔特为自己给父亲带来的危险表示歉意。

2 迈克尔曾粗暴地撕毁了沃尔特的图书，迈克尔送给沃尔特这个礼物其实也是表示歉意和补偿，说明迈克尔也在洛克的提醒下反省了自己的行为，试着将沃尔特看作是一个特别的、成熟的孩子来对待。

3 沃尔特对父亲一直都很不满意，认为父亲从来没管过他，却在母亲去世之后突然出现，两个人之间本来就没什么感情基础，迈克尔还对沃尔特的教育非常简单粗暴，迈克尔将这八年来写给沃尔特的信拿给他看，也是为了消除两个人之间的隔阂，让沃尔特明白父亲对他的爱。

4 父亲迈克尔在救沃尔特的时候非常英勇，让沃尔特很受感动，这时他才慢慢接纳父亲，二人的心开始靠近。

Walt: I'm sorry. I'm sorry…☺1

Michael: No, no, no, it's okay. We're okay. I'm just glad you're safe.

Walt: But, Vincent. He ran off① again.

Locke: He found his way back to you once, Walt. He will again.

Michael: Hey, I've got a present for you. Since you like to look at pictures.☺2

Walt: What's this?

Michael: Go ahead②. Every card, every letter I sent you over the last 8 years.☺3

Walt: You wrote me?

Michael: Mmhmm.

Walt: I never saw these. Did my mom have these? Why didn't she give them to me?

Michael: I don't know. But she didn't throw them away③, either, which means, you know, somewhere inside she wanted you to have them.

Walt: So, you drew these?☺4

Season 1 惊恐背后不可预测的未来 | Scene 9 幸存者之间的感情关系

译文

沃尔特：真对不起，对不起……
迈克尔：不，不，不，没事的，我们没事了，真高兴你没事了。
沃尔特：但是文森特他又跑了。
洛　克：他找回过你一次了，沃尔特，他还会的。
迈克尔：嘿，我有个礼物给你，因为你喜欢看图画。
沃尔特：这是什么？
迈克尔：打开看看，这是在过去的八年里我寄给你的信和明信片。
沃尔特：你写过信给我吗？
迈克尔：嗯。
沃尔特：我从没见过，是我妈妈留着的吗？她为什么不给我看？
迈克尔：我不知道，但她也没扔掉，这意味着，你知道，她内心深处希望你看到它们。
沃尔特：你画了这些？

知识点拨

1. run off 有"逃走；复印；出轨"等意思，在本句中表示"逃走"的意思，相当于 run away。

2. go ahead 意思有"继续前进，继续做下去；发起进攻；请便、请讲"等，在这里表示"继续打开看下去"，口语对话中也常用，例如：A：Would you mind if I borrow your bike? B：Go ahead, please. A：介意我借一下自行车吗？B：请便。

3. throw them away 即"把他们扔出去"，throw away 有"抛弃；花费；拒绝（劝告）；失去（机会）"的意思，在这里表示"扔掉"，相当于 throw out。

present ['preznt] *n.* 礼物　　　**either** ['aɪðər] *adv.* 或者，也

51

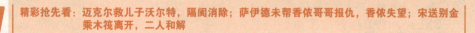

精彩抢先看：迈克尔救儿子沃尔特，隔阂消除；萨伊德未帮香侬哥哥报仇，香侬失望；宋送别金乘木筏离开，二人和解

时间： 第21集 00:30:14～00:30:49
地点： 沙滩上
人物： 萨伊德，香侬
事件： 香侬觉得哥哥的死与洛克有关，于是想让萨伊德替他哥哥报仇，萨伊德回来告诉香侬，她哥哥的死只是一个意外。

精彩亮点

1
香侬的哥哥布恩去世了，之前哥哥与洛克天天一起去森林里面，不知干什么事情，于是香侬认为哥哥的死与洛克有关，所以让萨伊德帮她报仇，萨伊德没有直接杀害洛克，而是用枪指着洛克拷问他，向洛克了解清楚事情的来龙去脉。

2
萨伊德用枪指着洛克，试图向洛克拷问出真相，于是洛克向萨伊德说明他们当时发现了一架飞机，布恩爬上去发生意外掉了下来，这里萨伊德也是向香侬解释事情的真实情况。

3
萨伊德认为不是洛克杀害了香侬的哥哥布恩，布恩的死是个意外，所以试图说服香侬放下对洛克的指责，劝他能够平静地看待这件事情。

4
香侬认为萨伊德并没有帮她报仇，没有在真正地帮助她，所以香侬对萨伊德很失望，让他忘记她曾提过的请求。

Sayid: How are you? Do you want to take a walk①?
Shannon: Sure.
Sayid: I spoke to Locke.☺1
Shannon: What did he say?
Sayid: He took me to the plane. I believe what happened was an accident.☺2
Shannon: Then why did he lie?
Sayid: I have no idea. But I don't believe he meant to② harm Boone.
Shannon: So that's it?
Sayid: I know how strong the need can be to find someone to blame.☺3
Shannon: You don't get it③, do you?
Sayid: Shannon.
Shannon: Just forget about it, okay?☺4

译文

萨伊德：你好吗？想去走走吗？
香 侬：可以。
萨伊德：我和洛克谈了。
香 侬：他说什么了？
萨伊德：他把我带到飞机那了，我相信所发生的只是个意外。
香 侬：那他为什么说谎？
萨伊德：我不清楚，但我不认为他想伤害布恩。
香 侬：就这些？
萨伊德：我知道你多需要找个人来负责。
香 侬：你没明白，是吧？
萨伊德：香侬……
香 侬：忘了吧，好吗？

知识点拨

1. **take a walk** 在这里表示"散步"，另外在美国口语中还有"走开，快走"的意思。

2. **mean to** 意为"打算；有意"，例如：I didn't mean to hurt you. 我并不是有意要伤害你。区别于 be meant to "应做；照规矩；注定"，例如：You are meant to leave a tip. 你得留下小费。Some birds aren't meant to be caged. 有些鸟注定是不能被关在笼子里的。

3. **get it** 意思是"明白了；做到"，在这里表示"明白了"，口语中常用。

lie [laɪ] v. 说谎　　　**harm** [hɑːrm] v. 伤害

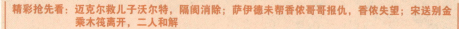

精彩抢先看：迈克尔救儿子沃尔特，隔阂消除；萨伊德未帮香侬哥哥报仇，香侬失望；宋送别金乘木筏离开，二人和解

时间：第 23 集 00:36:40 ～ 00:38:47
地点：沙滩上
人物：金，宋
事件：金将要乘着木筏离开，宋过来找金，金终于与宋说话，并互相表明爱意。

 精彩亮点

金将要和迈克尔等人一起乘着木筏离开，在离开之前宋过来看金，并为他做了一个"右舷"的英语全拼，用来帮助金与迈克尔他们进行语言沟通，避免危险。

1

自从金知道宋会讲英语后，两个人一直都处在冷战中，金不肯与宋说话了，他只是整天与迈克尔一起建造木筏；而宋也为自己欺骗了丈夫而懊悔，他以为丈夫是因为不肯原谅她曾欺骗了他的事，才想要离开小岛的。

2

金觉得自己做过一些错事，比如隐瞒自己的父亲是渔夫的身份等，他甚至觉得连飞机失事这件事也和他的错误有关，所以他想承担这一切，并想通过乘木筏先行冒险探索，来帮助妻子离开小岛，可见他对妻子的爱很深。

3

Sun: This is for you.①

Jin: Star… starboard. Star… Starboard.

Sun: Starboard. It's a list of simple English words spelled out① phonetically… I thought this would help you so I made it for you.

Jin: I'm sorry.

Sun: I am too. You don't have to go.②

Jin: No, don't you understand, Sun. I'm in this place because I'm being punished② .③ I made you suffer. You don't deserve any of this③.

Sun: Jin…

Jin: I have to go because I'm going to save you. Stay with Jack. He'll keep you safe④.

Sun: Who will keep you safe? I love you.

Jin: I'm so sorry.

Sun: It's okay.

54

Season 1 惊恐背后不可预测的未来 | Scene 9 幸存者之间的感情关系

译文

宋：给你的。

金：右……右舷，右……舷。

宋：右舷，一行简单的英语字母拼读。我想这也许能帮助你，所以我为你做的。

金：对不起。

宋：我也一样，你大可不去的。

金：不，你不明白吗？宋，我被困在这里一定是老天要惩罚我。是我让你遭了罪，你不应该遭这些罪的。

宋：金……

金：我去是因为我想救你们，跟杰克待在一块儿，他会保护你。

宋：谁来保护你？我爱你。

金：抱歉。

宋：没事。

知识点拨

1. spell out 有"详细说明；正式拼写"的意思。

2. be punished 意为"被惩罚"，例如：If you were to do such a thing again, you would be punished. 如果你再做这样的事，就会受到惩罚的。

3. deserve sth. 意思有"应受（赏罚/帮助等）；应得……"，例如：They deserve our praise and thanks. 他们值得得到我们的表扬和感谢。在这里表示"应受惩罚"。

4. keep sb. safe 即"保护某人的安全"，keep sb. + *adj.* 表示"使……处于一种状态"。

词汇加油站

starboard ['stɑːrbərd] *n.* 船、飞机的右侧
phonetically [fə'netɪkli] *adv.* 按照发音
suffer ['sʌfər] *v.* 遭罪
spell [spel] *v.* 拼读，拼写
punish ['pʌnɪʃ] *v.* 惩罚
deserve [dɪ'zɜːrv] *v.* 值得

精彩抢先看：机尾幸存者们释放索耶等人；安娜确认古德温是间谍，安娜误杀香侬，与欲报复的萨伊德深入交谈

Scene 1 机尾幸存者的发现与加入

片段一

时间： 第 4 集 00:19:07 ~ 00:20:14
地点： 树林
人物： 索耶，安娜，迈克尔
事件： 索耶被释放，得知安娜他们是飞机机尾的幸存者。

 精彩亮点

1
索耶和迈克尔乘着木筏返回小岛上之后，被机尾幸存者抓获并扔进了洞中，在这期间，安娜他们已经把迈克尔和金从洞中拉了出来，索耶不知道他们到底对迈克尔和金做了什么，所以他在这里要确认他们两个是否安全。

2
当索耶得知安娜他们也是失事飞机上的成员时，马上放松了，所以开玩笑说建议一起去告航空公司，同时这也能缓和他们之间的紧张气氛。

3
安娜原来也跟索耶他们一起在洞中，当她在洞中看到索耶有手枪时，安娜用计把索耶的手枪骗到了手，并被救出洞外，所以当安娜看到索耶准备拿石头时，第一反应就是索耶要报复她。

4
安娜虽然已经确认，他们都是失事飞机上的幸存者，但是鉴于他们之前遭遇过"其他人"的攻击，加上与索耶他们初次相识时的矛盾，所以心里提防着索耶。

Ana-Lucia: Grab the rope.
Sawyer: I ain't doing nothing 'til I know if my friends are okay①.
Michael: So, we're friends now, huh?
Ana-Lucia: Do it now, or the rope comes up②.
Sawyer: Howdy boys. Thanks for the rescue.
Michael: Everything's cool.③ We had a talk and they believe we were on the plane, too.
Sawyer: Swell, I guess we can all sue Oceanic together④.
Ana-Lucia: What you got there?
Sawyer: Nothing.
Ana-Lucia: You got a rock? You're looking for some revenge? You've got⑤ 3 seconds to drop it.1,2…
Sawyer: Now, hold on…Ow, you didn't say 3.
Ana-Lucia: Shut up. When I tell you to do something, you do it④. I say move, you move.

Season 2 与机尾幸存者合作求生 | **Scene 1 机尾幸存者的发现与加入**

译文

安　娜：抓住绳子。
索　耶：在我知道我的朋友们没事前我什么也不会做。
迈克尔：所以，我们现在成朋友了，哈？
安　娜：现在就上来，不然我收回绳子了。
索　耶：你们好啊，男孩们。感谢救助。
迈克尔：都没事了，我们谈了一会儿，他们已经相信我们也是那班飞机上的乘客了。
索　耶：我猜我们可以一起去告大洋航空公司了。
安　娜：你们在那儿发现了什么？
索　耶：什么也没发现。
安　娜：你拿着一块石头？你想找机会报复我？给你3秒时间扔了它。1，2……
索　耶：现在，等等。你还没说3。
安　娜：闭嘴。当我告诉你做什么，你就得做。我说走，你就得走。

知识点拨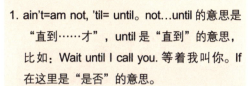

1. ain't=am not，'til= until。not…until 的意思是"直到……才"，until 是"直到"的意思，比如：Wait until I call you. 等着我叫你。If 在这里是"是否"的意思。
2. 这是一个祈使句，在祈使句后面加上"or/otherwise"，意思相当于"否则，要不然的话"，两个是并列句。例如：Come on, or we'll be late. 快点儿，否则我们要迟到了。
3. Everything's cool. 意为"一切都很好。"，美语中的常用表达，类似的还有"It's cool."既可表达"好棒"的意思，还可表示"没关系"的意思。例如：A: I'm so sorry that I dirtied your shirt. B: Don't worry about it; it's cool. A：我把你的衣服弄脏了，真不好意思。B：哦，没事，没关系的。
4. guess 引导的虚拟句，后面用一般现在时，表示根据眼前的情境进行的猜测。
5. have got 是常见的口语表达，用法等于 have，只不过在疑问句中要把 have 提前，否定句中在 have 后加 not。例如：I have a new book.= I have got a new book. Do you have a new book?=Have you got a new book? I don't have a new book.= I haven't got a new book.

词汇加油站

grab [græb] *v.* 抓住；攫取；（试图）抓住；抓住（机会）
howdy ['haʊdi] *int.* （招呼语）你好
rescue ['reskju:] *n.* 救援；抢救；营救；获救
swell [swel] *adj.* 很愉快的；极有趣的
sue [su:] *v.* 控告；提起诉讼；（尤指在法庭上）提出请求
rock [rɒk] *n.* 岩石；摇滚乐
revenge [rɪ'vendʒ] *n.* 报复；报仇；（曾经失败一方的）雪耻
shut [ʃʌt] *v.* 关上

精彩抢先看：机尾幸存者们释放索耶等人；安娜确认古德温是间谍；安娜误杀香依，与欲报复的萨伊德深入交谈

时间： 第7集 00:34:04 ～ 00:36:07
地点： 空旷的高地
人物： 安娜，古德温
事件： 机尾幸存者在碉堡中找到一部无限电台，尝试到高地上收信号，安娜发现古德温是间谍。

精彩亮点

1
安娜借着在高地上收信号的机会，单独与古德温相处，试图去验证她对古德温间谍身份的猜测，她从军刀开始和古德温闲聊，谈话中安娜发现古德温对军刀并不熟悉，这引起了安娜的怀疑，因为古德温之前曾说过他是军人出身，那他应该对军刀更熟悉才对，但古德温惊讶的表情让安娜对他的真实身份产生疑问。

2
当安娜询问古德温从丛林里跑出来是如何发现伯纳德的，古德温竟然回答说是听见从沙滩上传来了他的叫声，这明显不切实际，因为沙滩距离丛林那么远，是不大可能听到有人求救的，古德温的回答更加深了安娜对他的怀疑。

3
安娜注意到古德温从丛林里跑出来时身上不是湿的，而从飞机上坠入海中，乘客们不可能湿不了衣服，安娜通过这个观察，再加上前面的种种怀疑，都将安娜的假设推理指向了一个方向，即古德温是间谍，这也反映了安娜作为警察所具备的敏锐的观察力与严谨的逻辑思维能力。

Ana: The knife — It's U.S. military. Here. I'll show you. You see the TANG stamp? ☺1 This knife's probably 20 years old. You don't see these anymore, yet here it is ①, on this island. Weird, huh? Can I ask you something?

Goodwin: Sure, Ana.

Ana: When you ran out of the jungle, the day of the crash — how did you find Bernard up in the tree?

Goodwin: I heard him shouting from the beach②.

Ana: From the beach? ☺2

Goodwin: Why are you asking me about that, Ana?

Ana: Did he see you out there? Is that why you pretended to be ③ one of us? You ran out of the jungle 10 minutes after the crash; you weren't wet. ☺3 You were never even in the ocean. Where are they — your friends? Nathan — what did you…

Goodwin: If you had cut off his finger and he still told you he was on the plane, I think maybe you would have started to believe you had the wrong guy ④.

Season 2 与机尾幸存者合作求生 | Scene 1 机尾幸存者的发现与加入

译文

安　娜：那把刀是美国军刀。给我，我指给你看。你看见那个 TANG 标记了吗？这把刀应该有二十年了。这种刀都已经失传了，它却出现在这个岛上。很奇怪，对吧？我能问你个问题吗？

古德温：当然，安娜。

安　娜：坠机那天你从丛林里跑出来。你是怎么发现伯纳德在树上的？

古德温：我听见了从沙滩上传来了他的叫声。

安　娜：在沙滩上？

古德温：你问我这个做什么，安娜？

安　娜：他在那看见你了吗？那就是你为什么要假装是我们中的一员？你在坠机十分钟后跑出丛林。你身上竟然是干的，你都没到过海里。他们在哪？你的朋友呢？纳森，你们……

古德温：如果你切下了他的手指，他还是告诉你他在那架飞机上，我想到那时你就会开始相信你抓错了人。

知识点拨

1. not...anymore 的意思是"不再"，yet 的意思是"然而，可是"，表转折，注意与 but 的区别，yet 可放于句尾，而 but 不行，而且 yet 在表示"对照"或"对立"时，则往往比较强烈，时常出人意料。

2. hear sb. doing sth. 表示"听到某人正在做某事"，强调这个句子所描述的是瞬间正在发生的事；而 hear sb. do sth. 是"听见某人在干什么事情"，这个动作可能持续了很久，但是这个句子不强调你在这个过程的什么时候听见的。

3. pretend to be 的意思是"装扮成，假装是"，pretend to do sth. 则是"假装做某事"。

4. If 引导的虚拟句，从句谓语用过去完成时（had done），表示对过去的假设，主句谓语一般是 would / could / should/ might+have done 的形式。cut off 即"切下"，still 是"仍然"的意思，start to 表示"开始"。

词汇加油站

military ['mɪləteri] *n.* 军队；军方；军人
stamp [stæmp] *n.* 邮票；戳；印花；章
weird [wɪrd] *adj.* 怪异的；捉摸不定的；不可思议的；可怕的
jungle ['dʒʌŋgl] *n.* 密林；尔虞我诈的环境；危险地带
crash [kræʃ] *n.* 崩溃；坠毁；撞击
pretend [prɪ'tend] *v.* 假装；伪装；自称；模拟
island ['aɪlənd] *n.* 岛
shout [ʃaʊt] *v.* 喊叫
finger ['fɪŋgər] *n.* 手指

精彩抢先看：机尾幸存者们释放索耶等人；安娜确认古德温是间谍；安娜误杀香侬，与欲报复的萨伊德深入交谈

时间： 第8集 00:31:35～00:36:35
地点： 树林里
人物： 安娜，萨伊德
事件： 安娜误杀了香侬，萨伊德想为香侬报仇，安娜将萨伊德捆绑起来，等其他人都离开之后，两个人深入交谈了各自的经历与想法。

精彩亮点

1
萨伊德讲述了自己在小岛上折磨一个人的过程，包括他之前做拷问官的时候也折磨过很多人，这些经历让他的心理充满了深深的愧疚感和罪恶感，所以当他觉得安娜会杀死他时，他回想自己的过往经历，觉得自己即使死去也是罪有应得。

2
当听到萨伊德讲述了他的经历后，安娜也讲述了自己当警察时，在一次执行任务中，因轻信了敌人而遭到枪击，当时她怀着宝宝，宝宝自然保不住了，而她为了报复亲手杀死了枪击她的人，这件事也让她心怀罪恶感，所以她也觉得自己应该受到惩罚。

3
当萨伊德听了安娜的故事后，觉得他们两个人都曾犯下过不可饶恕的罪过，内心都活在深深的罪恶感中，于是他觉得两个人即使肉体没死，但是这种内心的惩罚已经相当于他们给自己判了死刑，所以他觉得再去向安娜报仇已经没有意义，因为两个人的心实质已经死了。

Sayid: Are you going to kill me? That's what you're thinking about, isn't it?

Ana: Should I?①

Sayid: Almost 40 days ago on this very island I tied a man to a tree and tortured him. I tortured him as I've tortured many men — men whose voices I still hear in the night. **Should you kill me? Maybe you should. Maybe you were meant to**②.☺₁

Ana: I'm a cop. Well… I was a cop. One night my partner and I responded to a burglary call. We were the first ones there. I covered the front and he went around the back. I was there a minute and then this kid comes right through the front door — I tell him to put his hands up and he says I'm making a mistake that he's a student and he wants to show me his I.D③. I believed him. I just — I let him reach. All I remember was a pop. By the time④ I hit the ground I thought I was dead. I feel dead.

Sayid: What happened to him — the man who shot you?

Ana: Nothing. They never found him. **Go ahead, pick it up, I deserve it**⑤.☺₂

Sayid: What good it would be to kill you if we're both already dead?☺₃

Season 2 与机尾幸存者合作求生 | Scene 1 机尾幸存者的发现与加入

译文

萨伊德： 你会杀了我吗？那就是你现在所想的，是吗？

安娜： 我应该吗？

萨伊德： 几乎 40 天以前，就在这个岛上，我把一个人绑在树上，折磨他。我折磨他，就像我以前折磨很多其他人一样。那些人，我在夜里仍然能听见他们的声音。你应该杀了我吗？也许你应该。也许你注定要这么做。

安娜： 我是个警察，我曾是个警察。有天晚上，我和我的搭档接了一个入室行窃的电话。我们是最先到那里的。我从前面堵截，他从后面绕过来。我在那里待了 1 分钟。然后这个孩子就从前门跑了出来，我叫他举起双手。他说他认错了，他是个学生，他想给我看他的身份证。我相信了他，我让他去拿。之后我只记得的是"砰"的一声，倒在地上的时候，我想我死了。我感觉到了死亡。

萨伊德： 他怎么样了？枪击你的那个人。

安娜： 没什么。他们没有抓住他。动手吧，捡起来，我罪有应得。

萨伊德： 杀了你有什么好处？如果我们都已经死了。

知识点拨

1. 这是个省略句，完整的表达是 "Should I kill you?"，在口语中喜欢使用省略句，这里是省略了谓语。

2. be meant to do 意为"应当要；注定要"；mean to do 是"打算；意图，企图"的意思。mean doing 是"意味着"的意思。

3. put...hands up 意为"举起手来"，make a mistake 意为"犯了个错"，这里指认错了人，mistake 作为先行词，后面引导的是同位语从句，是对 mistake 的说明。能引导同位语从句的常见词语有：idea, situation, thought, fact, evidence, belief, doubt, fear, hope, question, theory, news, order, ability 等。

4. by the time 意为"当……的时候"，在这里相当于 at the/that time，说的是过去某个时候的状况，用过去时；另一层意思是"到……时候为止"，主句表示在此时间之前某个事件已完成，例如：By the time I got to the station, the train had already gone. 当我到火车站时，火车已经开走了。

5 go ahead 本意是"前进"，用在口语中，常表示"开始吧，去吧，干吧"。例如：A: May I ask you a question? B: Yes, go ahead. A: 我可以问你一个问题吗？B: 可以，问吧！Pick up 意为"捡起来"；I deserve it. 有两种意思，一种是"这是我应得的"，另一种是"我罪有应得"，本句中代表第二种意思。

词汇加油站

torture ['tɔːrtʃər] v. 拷问
partner ['pɑːrtnər] n. 伙伴
burglary ['bɜːrgləri] n. 盗窃行为
kid [kɪd] n. 孩子
pop [pɑːp] n. 砰然声

cop [kɑːp] n. 警察
respond [rɪ'spɑːnd] v. 回答
cover ['kʌvər] v. 掩护
ID ['aɪ'diː] n. (=identification) 身份证
deserve [dɪ'zɜːrv] v. 值得；应得

精彩抢先看：赫尔利想炸毁仓储室；洛克与杰克协商如何管理枪支；凯特质问索耶是如何骗取枪支的

Scene 2 营地资源的管理与争夺

时间： 第4集 00:35:45 ～ 00:37:00
地点： 存储室
人物： 萝丝，赫尔利
事件： 赫尔利因管理食物影响人际关系而烦恼，想炸毁存储室。

精彩亮点

萝丝是被赫尔利拉进来一起管理仓储室的，却突然看到赫尔利准备引爆炸药，非常不理解，所以询问了解赫尔利这么做的原因，这样才有机会劝服赫尔利。

1

赫尔利准备炸毁仓储室，被萝丝看到后，仍然想只要不造成人员伤亡就继续实施他的计划，其实也是想通过炸毁仓储室来逃避作为仓储管理员带给他的各种困扰。

2

自从大家知道仓储室有食物以来，人们都想向赫尔利索要食品，而赫尔利作为仓储管理员又不能满足每个人的愿望，这影响了他与大家的关系，这让一直很在乎人际关系和谐的赫尔利感到很为难和痛苦，所以他只能将这种痛苦归咎于仓储室。

3

赫尔利因有仓储管理权，却因管理上的原则不统一而遭到大家的讨厌和嫉妒，这就像他在现实生活中因彩票中大奖而遭到别人的嫉妒一样，这种利益上的矛盾和冲突，让他陷入一种被大家讨厌的境地，这是赫尔利所不能忍受的。

4

Rose: Why are you doing this, honey?①
Hurley: Look, just get out of here, Rose.
Rose: But you're going to hurt somebody.
Hurley: Not if① I do it from outside the door. It's thick, and I'll make sure② there's nobody around first.② So, please, will you just go?
Rose: No, you hauled me off③ of the beach and you dragged me into this place. The least I can get is an explanation before you blow it up④.
Hurley: You don't get it⑤. This is going to mess it all up.⑥ ③ Let me tell you something, Rose. We were all fine before we had any. But now we've got these potato chips and everybody's going to want them. So Steve gets them, and Charlie's pissed — but he's not pissed at⑦ Steve, he's pissed at me. And I'm going to be in the middle of⑧ it. And then it's going to be:Well, what about us — why didn't I get any potato chips? Come on, help us out⑨, Hurley. Why did you give Kate the shampoo? And why didn't I get the peanut butter? Then, they'll get really mad and start asking: why does Hugo have everything — why should he get to decide? Then they'll all hate me.④ I don't know what to do.

Season 2 与机尾幸存者合作求生 | Scene 2 营地资源的管理与争夺

译文

萝　丝：你为什么这么做，亲爱的？
赫尔利：听着，离开这里，萝丝。
萝　丝：但是你会让别人受伤的。
赫尔利：如果我在门外面放这个就不会。这墙很厚，我也会先确认周围有没有人的。所以，你能离开这里吗？
萝　丝：不。你把我从海滩上拖走，又把我拽到这里。至少你该给我一个你为什么想炸这里的理由。
赫尔利：你不会明白的！这会毁了一切的！让我告诉你一些事，萝丝。我们在得到这些薯片之前大家都相处得很好。但是现在我们得到了这些薯片之后，每个人都想要。所以如果斯蒂夫得到了，查理就愤怒了，但是他不会向斯蒂夫发火，他会向我发火，我就会被卷进这件事里。然后他们会说：我们怎么了？为什么不是我得到薯片？拜托！帮帮我们，赫尔利。为什么你给凯特洗发水？然而我不能得到花生酱呢？然后，他们会真的发狂并开始问：为什么雨果拥有一切？为什么由他来决定？然后他们都会讨厌我。我不知道该怎么做。

知识点拨

1. not if 意为"如果……就不"。在这里指赫尔利如果把炸药放到门外就不会伤害到其他人。
2. make sure 意为"确保"，如果后面加名词可以用 make sure of，例如：Will you make sure of his return? 你能确保他会回来吗？make sure 后面也常跟从句，例如：Make sure everything is ready. 确保万事俱备。
3. haul off 有"撤退；转向避开；挥起手臂"的意思，在这里表示"拖走"。例如：You will be paid back if you don't haul off what you said. 如果你不收回你的话，你会得到报应的。
4. blow up=explode 意为"爆炸"，例如：You never knew what was going to blow up next. 你永远都不知道下一次会有什么东西爆炸。
5. get it 意为"明白了，知道了"。口语中常作为对别人话语的回应。
6. mess up 即"搞糟，搞乱"。口语中常说：Don't mess me up. 别惹我生气。/ 别给我添乱。
7. piss at 意为"向……发火"，表示发火的短语还有 lose one's temper, flare up, get angry。例句：Please don't get angry. 请不要发火。She flares up at the least thing. 她因一点儿小事而发火。Once he lost his temper and quarreled with us. 有一次他发火了，和我们吵了一架。
8. in the middle of 意为"在……中间；深深卷入"，此外还有"正忙于"的意思，例如：Are you in the middle of something? 你最近忙不忙？
9. help out 意为"帮……摆脱困境"，例如：We may be able to help you out in some way. 在某些方面我们或许可以帮助你。

词汇加油站

thick [θɪk] *adj.* 厚的
drag [dræɡ] *v.* 拖曳
piss [pɪs] *v.* 抱怨
peanut butter ['piːˌnʌt'bʌtər] *n.* 花生酱
haul [hɔːl] *v.* 拉
explanation [ˌeksplə'neɪʃn] *n.* 解释
shampoo [ʃæm'puː] *n.* 洗发水
mad [mæd] *adj.* 发疯的

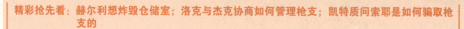

时间: 第13集 00:01:33 ～ 00:02:50
地点: 军械库
人物: 杰克, 洛克
事件: 杰克与洛克对枪支的管理达成共识, 只有两个人才能打开。

精彩亮点

1
查理有毒瘾, 洛克一直在帮查理戒毒, 所以打算把那几个装有毒品的雕像放在军械室, 认为当查理看不到毒品, 便会减少毒品对他的诱惑, 从而更有利于他戒毒, 可见他的良苦用心。

2
杰克同意将枪支放在军械室统一管理, 询问洛克密码, 洛克虽然觉得杰克有可能不信任他, 但还是以担心自己会掉下悬崖这种幽默感十足的理由来回应, 这里既表达了洛克的顾虑, 又表现了他对杰克的善意暗示, 其目的还是想让杰克信任他, 而不需要告诉杰克密码。

3
枪支虽存放在了军械库, 但杰克还是想知道密码来掌控对枪支的管理, 当听到洛克的一番言辞后, 顺势而为, 以担心洛克掉入悬崖作为解释自己知悉密码的理由, 既表达了杰克想要获知密码的合理理由, 又避免表现出对洛克的不信任。

Locke: Is that all of them?

Jack: All 6 of them. There's 1 box of ammo.

Locke: At least we don't have to worry about running out any time soon. Jack①, I'm grateful that you decided to keep them all in the same place. Oh, I had to take them from Charlie — his heroin stash. I figure it might have therapeutic value, if it ever came to that②. ☺₁

Jack: You're just going to leave it all in the statues?

Locke: You want to break 7 Virgin Maries, be my guest③. I'm superstitious.

Jack: John, the combination.

Locke: I'm going to go ahead and assume that you're asking me because you're worried that I might fall off a cliff. Or something — that it would be irresponsible for just one of us to have access to this room — Rather than this being an issue of trust.④ ☺₂

Jack: Well, there are a lot of cliffs on this island, John. ☺₃

Locke: Alright, but I think we should agree, Jack, that if either of us⑤ needs to open this door, we consult each other first.

Jack: Absolutely.

Season 2 与机尾幸存者合作求生 | Scene 2 营地资源的管理与争夺

译文

洛克：这是所有的手枪了？
杰克：所有 6 支都在这了，但是只有一盒子弹。
洛克：至少目前我们不用担心枪支弹药会很快用完。杰克，很感谢你决定把所有武器都放在同一个地方。哦，我必须把它们这放在查理拿不到的地方，这里面藏着他要的海洛因。我想如果他看不到这些的话，可能对他戒毒会有帮助。
杰克：你就打算一直把毒品藏在这些雕像里吗？
洛克：那你要敲碎这 7 个圣母玛利亚？你自便吧，我很迷信的。
杰克：约翰，把保险门的密码告诉我。
洛克：我会当作你问我是因为你担心我会摔下悬崖，或者是你觉得只有我们中的一个人能进入这房间是不太负责任的行为，而不会认为这是你不信任我。
杰克：呵呵，这个岛上确实有很多悬崖，约翰。
洛克：好吧，但是我觉得我们应该达成协议，杰克。如果我们中的任何一人需要打开这门，我们需要与对方商量。
杰克：没问题。

知识点拨

1. worry about 意为"为……而担心"；run out 即"用光，用完"；any time soon 意为"近期内"，例如：It is hard to believe that this will happen any time soon. 很难相信，这将很快发生。

2. 这是个由 if 引导的虚拟语句，是对将来的虚拟，if 从句用一般过去时或用 were to / should+ 动词原形，主句用 would / should / could / might+ 动词原形；figure 作为动词，有"认为、计算"的意思，在这里是"认为"的意思，相当于 think。come to 意为"恢复；结果是"，在这里表示"来到"。

3. be my guest 表示"请便，别客气"，口语中常用，例如：A: Can I try your new badminton racket? B: Sure, be my guest. A: 我可以试用一下你的羽毛球球拍吗？ B: 当然可以。

4. go ahead 意为"开始，进行"；assume"假定"；fall off "跌落"；be irresponsible for "对……不负责任"；have access to "可以进入……"；rather than "而不是"；an issue of "……的原因，……的问题"。

5. either of us 意为"我们中的任何一个（其中一个）"；注意区分 neither of us "我们两个都不"；both of us "我们两个都"。

词汇加油站

ammo ['æmoʊ] n. 弹药
heroin ['heroʊɪn] n. 海洛因
figure ['fɪgjər] v. 认为
statue ['stætʃuː] n. 雕像
superstitious [ˌsuːpərˈstɪʃəs] adj. 迷信的
combination [ˌkɑːmbɪˈneɪʃn] n. （保险锁等的）暗码
cliff [klɪf] n. 悬崖，峭壁
issue ['ɪʃuː] n. 发行；问题
absolutely ['æbsəluːtli] adv. 当然

grateful ['greɪtfl] adj. 感激的，感谢的
stash [stæʃ] n. 藏匿物
therapeutic [ˌθerəˈpjuːtɪk] adj. 治疗的
Virgin Mary [ˈvɜːrdʒɪn ˌmeri] n. 圣母玛利亚
irresponsible [ˌɪrɪˈspɑːnsəbl] adj. 不负责任的
consult [kənˈsʌlt] v. 与……商讨，商量

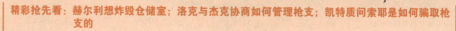

精彩抢先看：赫尔利想炸毁仓储室；洛克与杰克协商如何管理枪支；凯特质问索耶是如何骗取枪支的

时间：第13集 00:35:55～00:37:27
地点：沙滩上
人物：凯特，索耶
事件：索耶骗取了枪支，凯特询问索耶是如何做到的。

精彩亮点

1
凯特认为索耶能拿到枪支是通过欺骗了杰克、洛克和自己而得逞的。索耶抓住了杰克和洛克之间的矛盾而离间二人的关系，又利用凯特离间杰克和安娜的关系，还让查理帮他跟踪洛克以找到他藏枪支的地方，最终达成他的目的。

2
索耶小时候因为一个骗子对母亲的欺骗而变得家破人亡，这个人也是他一直痛恨和寻找的人，可谁知长大后他反而变成了自己曾经最讨厌的人，可潜意识中仍然对这类人很厌恶，所以会做一些事情让别人讨厌他，从而报复他所痛恨的人。

3
索耶因母亲曾受过欺骗，所以他对此形成的道德观是"别人不仁，他也不义"，而在现实生活中他本来也是个骗子，所以他在这里的意思是说自己只是依照现实中的身份那样做事，认为自己没有那么轻易改变喜欢欺骗别人的本质。

Kate: How'd you do it?
Sawyer: How'd I do what?
Kate: Locke said that he left you in the hatch when he went to hide the guns. And we both know you can't track worth a damn①. So, how'd you get them?
Sawyer: A magician never tells his secrets.
Kate: You played us. You played me.☺₁ All that stuff you said about Ana Lucia… You knew I'd② go to Jack; and you knew I'd ask you to go to Locke.
Sawyer: Now, how in the world③ would I know all that?
Kate: Did you have anything to do with④ Sun?
Sawyer: What kind of⑤ person do you think I am?
Kate: What kind of a person do I think you are? I don't think this has anything to do with guns, or with getting your stash back. I think you want people to hate you.☺₂
Sawyer: Good thing you don't hate me, Freckles.
Kate: Why do you have to do this?
Sawyer: You run. I con. Tigers don't change their stripes.⑥ ☺₃

译文

凯特：你是怎么做到的?

索耶：做什么?

凯特：洛克说他让你留守，他自己去藏枪的。而且谁都知道你根本不会去跟踪，那么，你是怎么弄到手的呢?

索耶：魔术师永远不会揭自己的底的。

凯特：你耍了我们，你还耍了我。你说的关于安娜·露西亚的一切也是假的……你早知道我会去找杰克，你也知道我会叫你去找洛克。

索耶：我怎么可能知道那么多?

凯特：你有没有对宋下手?

索耶：你把我当成什么人了?

凯特：我把你当成什么人? 我看这和枪无关，也和找回你的东西无关，我看你就是想让人们都恨你。

索耶：还好你不讨厌我，小雀斑。

凯特：你为什么非得这么做?

索耶：你不仁我不义。江山易改，本性难移。

知识点拨

1. worth a damn 意为"分文不值"，前面常常加否定词 not，例如：Their promises are not worth a damn. 他们的承诺分文不值。But I warn you, I can't cook worth a damn. 不过我警告你，我不会烹饪。

2. I'd= I would 有"我会；我愿意；我一定会"的意思，在句中表示"我一定会"。would like 表示"想要"的意思。例如：I would like to go home. 我想要回家。

3. in the world=on earth 意为"究竟"，例如：What in the world is that smell? 那究竟是什么味道？ Where in the world did you go just now? 你刚才究竟去哪儿了？

4. have anything to do with 意为"与……有关"，转换成陈述句即 have something to do with，例句：It might have something to do with your beliefs about yourself. 这可能和你对自己的信念有关。

5. what kind of 意为"哪一种，什么样的"，口语中常用。例如：What kind of girls this boy likes on earth? 这个男生到底喜欢什么样的女生？

6. You run. I con. 意为"你不仁我不义。"其他例句如：Tigers don't change their stripes. 江山易改，本性难移。

词汇加油站

track [træk] v. 追踪
secret ['siːkrət] n. 秘密
stuff [stʌf] n. 东西；话语
con [kɑːn] v. 蒙骗

magician [mə'dʒɪʃn] n. 魔术师
play [pleɪ] v. 戏弄
hate [heɪt] v. 憎恨
stripe [straɪp] n. 条纹

精彩抢先看：索耶推测抓住沃尔特的是"其他人"；迈克尔为救儿子闯入军械室；迈克尔为救儿子欺骗同伴去见"其他人"

Scene 3 迈克尔寻找和营救儿子

时间： 第2集 00:20:54～00:22:58
地点： 木筏
人物： 迈克尔，索耶
事件： 迈克尔推测掳走沃尔特的人是"其他人"，"其他人"完全是冲着孩子来的。

精彩亮点

1. 索耶冷静下来，思考掳走沃尔特的那些人到底是什么人。他从观察那些人的船的特征进行推理，那些人的船很简陋，禁不起暴风雨的袭击，航行范围也很有限，远远不具备远航的条件，所以猜测船很有可能是从附近的岛屿驶出来的。

2. 索耶联想到法国女人丹妮尔曾说她的孩子就是被"其他人"掳走的，而"其他人"也在小岛上，再加上前面的推理，船只有可能从附近岛屿驶出，所以索耶推论掳走沃尔特的也许是"其他人"，逻辑推理很严密。

3. 索耶在想那些人的来历的同时，埋怨迈克尔，怪罪他正是因为他的小孩才吸引了"其他人"过来，还炸毁了他们的船，并使他受伤。其实也是在暗示迈克尔，不要把责任都过度推到别人的身上，索耶也为救沃尔特付出了代价，造成的这些损失也并不是他所能预料的。

Sawyer: It wasn't the flare. I said it wasn't the flare. Those people that did this — at first ① thought they were fishermen or pirates or something. **Then I got a good look at ② their boat ☺₁**. You know anything about boats, Mike? A boat like that wasn't built for the open ocean ③ — Water's coming over ④ the side with the first little squall — maybe got a range of ⑤ 100 miles. Nope, a boat like that had to have left port from somewhere close — like the island. **French chick said the Others were coming for a kid ☺₂.** I think they came, Mike.

Michael: What?

Sawyer: He's the one they wanted — why I got a bullet ⑥ in my shoulder. Hell, Bluebeard blew us up ⑦ because they wanted your kid.

Michael: Are you saying this is my fault?

Sawyer: That's what I'm saying. ☺₃

Michael: They took my son because of you. They were sailing away ⑧.

Sawyer: They found us because they were looking for us, for Walt.

Michael: Don't you ever say his name again, ever. ⑨

Season 2 与机尾幸存者合作求生 | Scene 3 迈克尔寻找和营救儿子

译文

索 耶：不是信号的问题。我说过了，并不是发信号的问题。是那些人这样做的，一开始我还以为他们是渔人或者海盗什么的，然后我又好好看了一下他们的船。你对船了解吗，麦克？那样的船并不是用来远航的，一点儿小的暴风就能让船进水，也许航行范围也只有个一百英里吧。不对，像那样的船应该就是从没多远的码头出发的，可能就在某个岛上。法国女人说那些人来是为了要孩子。我想他们是来了，迈克尔。

迈克尔：什么？

索 耶：他就是他们想要找的人。这就是我肩膀被子弹打中的原因。该死，这些家伙炸掉了我们的筏子。做了这些，都是为了得到你的孩子。

迈克尔：你说这些都是我的错？

索 耶：是的。就是这样的。

迈克尔：因为你，他们才掳走了我的孩子。当时他们正要开走。

索 耶：他们找到我们是因为他们本来就在找我们，找沃尔特。

迈克尔：别再提这个名字了，永远别再提。

知识点拨

1. **at first=at the beginning=above all** 意为"起初，开始，首先"。

2. **get a good look at =have a good look at=look over carefully** 意为"仔细地观察"。

3. **built for** 意为"为……而建造，为……而建立"；**open ocean** 即"大海区，辽阔海域"。

4. **come over** 有"越过；顺便来访；改变主张投靠另一边；突然产生"的意思，在句中表示"越过"。

5. **a range of** 有"一系列；众多的；在……的范围"的意思，在句中的意思是"在……范围"；**a certain range of** 意为"在一定范围内"；**a wide range of** 即"广泛范围的"。

6. **get a bullet=be struck by a bullet** 即"中弹"。

7. **blow up** 有"爆发，爆炸；放大；使充气；发脾气"等意思，这里是"炸毁"的意思。

8. **sail away** 即"船开走，远航"，例如：We will sail away at dawn. 天一亮我们就起航了。

9. 这是一个祈使句，表请求、命令、叮嘱、邀请、劝告等，**ever** 在这里是"永远"的意思，放在句尾或疑问句中，多是加强语气，例如：Don't ever forget how much I love you! 永远不要忘了我是多么爱你！

词汇加油站

pirate [ˈpɑɪrət] *n.* 海盗
nope [noʊp] *adv.* 不，不是（=no）
chick [tʃɪk] *n.* 少女，少妇
squall [skwɔːl] *n.* 暴风，狂风（伴有雨、雪）
port [pɔːrt] *n.* 港口
ever [ˈevər] *adv.* 永远；曾经

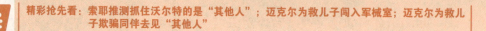

精彩抢先看：索耶推测抓住沃尔特的是"其他人"；迈克尔为救儿子闯入军械室；迈克尔为救儿子欺骗同伴去见"其他人"

时间： 第11集 00:03:48 ～ 00:04:42
地点： 军械室
人物： 杰克，迈克尔
事件： 迈克尔打晕洛克，用枪指着杰克，不听杰克的劝说，执意要一个人去救儿子沃尔特。

精彩亮点

1 迈克尔欺骗洛克进入了军械室，并且为了拿到枪，他把洛克打晕在地，杰克过来看到了，试图叫醒洛克。

2 迈克尔自从儿子被"其他人"掳走之后，一直试图去救儿子，还专门向洛克学习了如何使用手枪，而这次行动他也是蓄谋已久，为了拿到枪甚至不惜与营地人的对立，并且只想着依靠自己的力量去救儿子，为了救儿子完全不顾一切了。

3 迈克尔不愿意枪击杰克，所以以枪击电脑作为要挟手段，这台电脑按照德斯蒙德所说，为了"拯救世界"需要定时输入数字，如果毁坏了，后果会很严重。

4 杰克在迈克尔的威胁下，仍然想着和迈克尔一起去救他的儿子，担心迈克尔一个人去遇到危险无人照应，可见杰克作为领导者，总是从全局考虑和行动，并且不顾个人安危，为别人着想。

Jack: Locke! John.☺₁

Michael: Stay in there. Stay…

Jack: Michael, what are you…?

Michael: Stay in there, Jack!

Jack: Hey, whatever's going on①…

Michael: Look, I'm going after my son. I'm going after my son, and nobody is going to stop me, okay? Okay, that is my right. That is a father's right.☺₂

Jack: There's another way to go about② this…

Michael: Get in③ the damn room!

Jack: You going to shoot me, Michael?

Michael: No, but I'll shoot your damn computer.☺₃ That thing is not what you think it is anyway. You don't understand, man. You don't have any idea. Now get in there!

Jack: Michael, listen, we can do this together, okay? I'll come with you.☺₄

Michael: No, I have to do it. Now. I have to do it alone.

Season 2 与机尾幸存者合作求生 | **Scene 3** 迈克尔寻找和营救儿子

译文

杰　克：洛克！约翰。

迈克尔：别动！别动……

杰　克：迈克尔！你在……

迈克尔：别动，杰克！

杰　克：嘿，不管发生了什么……

迈克尔：听着，我要去找我的儿子。没人能阻止我，知道吗？好吧，那是我的权力，那是一个父亲的权力。

杰　克：还有其他解决方法……

迈克尔：待在这里！

杰　克：你真打算冲我开枪，迈克尔？

迈克尔：不，但是我会击中那台该死的电脑，事情不是你想的那样。你不明白，你完全不知道。马上进去！

杰　克：迈克尔！听着，我们可以一起去找，好吗？我跟你一起去。

迈克尔：不，我现在就去找。现在。我得独自行事。

知识点拨

1. **whatever** 在这里表示"无论什么"，例如：Whatever the weather, he sticks out walking outdoors. 无论天气好坏，他都坚持到户外散步。**be going on** 指"正在发生"，**go on** 指"发生，进行"，例如：There is a wedding going on at the church. 教堂正在举行一场婚礼。

2. **go about** 意为"着手干，做"，例如：go about my business, go about doing sth. 意为"着手做某事"。

3. **get in** 有"进入，陷入；到达；收获"的意思，在这里表示"进入"，例如：Get in the car. 请上车。

right [raɪt] *n.* 权利
shoot [ʃuːt] *v.* 开枪，射击
damn [dæm] *adj.* 该死的
anyway [ˈeniweɪ] *adv.* 无论如何

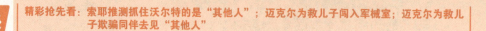

精彩抢先看：索耶推测抓住沃尔特的是"其他人"；迈克尔为救儿子闯入军械室；迈克尔为救儿子欺骗同伴去见"其他人"。

时间： 第22集 00:04:30 ～ 00:05:07
地点： 舱门里
人物： 杰克，索耶，迈克尔，赫尔利
事件： 安娜和利比都死了，迈克尔策划5个人去找"其他人"。

精彩亮点

1 安娜和利比被枪击身亡，迈克尔告知是"其他人"所为，这引起营地人的愤慨，决定去主动进攻"其他人"，并救出迈克尔的儿子沃尔特，所以杰克在这里询问去过"其他人"那里的迈克尔，去"其他人"那里得需要多长时间。

2 迈克尔为带儿子离开荒岛，同意与"其他人"进行交易，而"其他人"提出的要求是将名单上的5个人带到他们那里，所以这里迈克尔强调只要这5个人过去。

3 迈克尔为了不引起杰克他们的怀疑，为了让大家同意只让5个人过去，以害怕敌人发现为由来欺骗和说服大家，可见迈克尔和杰克他们早已不在一个阵线上，为了救儿子编制一个又一个谎言。

4 迈克尔只是迫不及待地带那5个人去"其他人"的营地，而完全不顾及安娜和利比的死，以及带给其他人的影响，其目的性太明确遭到了赫尔利的反感。

Jack: How many?
Sawyer: Rifles and pistols? 11 total.
Jack: That's it?
Sawyer: That's it. In case① you forgot, they took 5 of 'em right off us.
Jack: How long would it take us to② get to their camp?☺₁
Michael: We leave now, move fast, middle of the night tomorrow. Look, they have no idea③ I know where they are. They won't be expecting us. So we get the guns and we go. Right now. Just the 5 of us.☺₂
Jack: No, no, 5 is not enough. You said there's at least 20 of them. They've got our guns and we're not even sure if④ what you saw was...
Michael: Hey, I know I saw! We take too many people, they'll hear us coming. I'm not taking a damn army across the island, Jack.☺₃
Jack: Michael, you sure you're in the best place to be making decisions⑤ for all of us right now?
Michael: You got a son, Jack?
Hurley: They're dead! Ana Lucia and Libby are dead. I mean, we haven't even buried them yet⑥.☺₄

Season 2 与机尾幸存者合作求生 | **Scene 3 迈克尔寻找和营救儿子**

译文

杰　克：多少？
索　耶：来复枪加手枪吗？一共 11 支。
杰　克：就这些？
索　耶：就这些了。以防你忘记，他们从我们这儿拿走 5 支。
杰　克：我们要多久才能到他们的营地？
迈克尔：我们现在就连夜赶路的话，如果快点儿走明天午夜能到。他们根本不知道我知道他们的位置。他们不会欢迎我们的，所以我们要带上枪防身，现在就走，就我们五个人去。
杰　克：不行，不行，五个人不够。你说过他们至少有 20 个人，他们还有我们的枪，而且我们还不能确定你看到的……
迈克尔：嘿，我清楚我看到了什么！如果我们带太多的人去，他们就会发现的。我不会带支军队穿过小岛的，杰克。
杰　克：迈克尔，你肯定你做的决定对我们现在来说是正确的吗？
迈克尔：你有过儿子吗，杰克？
赫尔利：他们都死了！安娜·露西亚和利比死了。我是说，我们还没有把他们埋葬呢。

知识点拨

1. in case 在引导目的状语从句时，意为"免得，以防"，本句即用此意，常用 in case of+ 名词，或 in case that+ 句子；引导条件从句时，意为"如果，万一"，例如：In case we fail, we won't lose heart. 万一我们失败，我们也决不会失去信心。

2. How long would it take sb. to do sth.? 意为"某人干……要多久？"。例如：Do you know how long it would take to circle around the earth once? 你知道环绕地球一周要多久？

3. have no idea=I don' know. 意为"不知道"，口语中的常用表达，例如：I have no idea what to do. 我不知道该怎么办。

4. be not even sure if 意为"某人甚至都不确定是否……"，或者是 be not sure if 意为"某人不确定是否……"，常用表达，表示一种怀疑。

5. in the best place 意为"在最佳位置"，make decision 意为"做决定"。

6. yet 作为连词，意思是"然而，但是"；作为副词，意为"还，迄今为止"，常用在否定句和疑问句中。

词汇加油站

pistol ['pɪstl] *n.* 手枪
camp [kæmp] *n.* 营地
army ['ɑːrmi] *n.* 军队
total ['totl] *n.* 总数，共计
expect [ɪk'spekt] *v.* 期望
bury ['beri] *v.* 埋葬

精彩抢先看：赫尔利讲述数字带给他的遭遇；德斯蒙德讲述输入数字的原因；德斯蒙德讲述没按按钮与飞机失事的关系

Scene 4 被诅咒的数字

时间： 第 1 集 00:13:38 ～ 00:14:55
地点： 树林
人物： 杰克，赫尔利
事件： 杰克询问赫尔利看到舱门上的数字时，不让炸毁舱门的原因。

精彩亮点

1. 赫尔利曾在精神病院听一病友总重复一串数字，这串数字也深深地刻在他的脑海里；出院后的某天买东西的时候，赫尔利灵机一动，心想这串数字也许还有别的意义，就去买彩票碰碰运气，谁知却中了大奖，但也因福得祸。

2. 当赫尔利在舱口上又看到那串数字时，不禁联想到这串数字给自己带来的一系列不幸遭遇，于是认为这些数字可能被诅咒过，害怕这串数字继续带给大家不好的影响，所以试图去阻止大家靠近写有这些数字的舱门。

3. 当杰克听到赫尔利的故事之后，本就觉得这种事太不可思议了，而赫尔利又说自己曾在精神病院待过，杰克不禁对他说出的话表示怀疑，一个疯子说出的话怎么能相信呢？所以对这串数字的意义并不在意，也不相信赫尔利对这串数字的认知。

Hurley: A while ago① I was in this kind of psych ward, and there was this guy, Leonard — and all the time② I knew him all he ever said were these numbers—4, 8, 15, 16, 23, 42 — over and over and over again③. And they kind of got stuck in my head④. So, when I got out — well, actually a couple of months after I got out, I was buying a frozen burrito and I thought, hey, I should play the lottery.☺1 And I guess those numbers were still stuck in my head so I played them, and I won 114 million dollars. That's when it started happening⑤—my grandpa died, my house caught on fire, the chicken joint that I worked at got hit by⑥ a meteor, well, actually meteorite. Okay, so tonight I see the same freaking numbers on the hatch thing – just written on the side⑦ — and that's why I tried to stop it — because that thing is cursed, man.☺2

Jack: You were in a psych ward?⑧ ☺3

Hurley: I'm not crazy.

Jack: I'm not saying you are.

Season 2 与机尾幸存者合作求生 | Scene 4 被诅咒的数字

译文

赫尔利：以前，我曾在一家精神病院待过，里面有个叫莱纳德的家伙，从我认识他开始，他所说的话只有这些数字：4、8、15、16、23、42，一遍一遍不停地重复。它们就在我脑海里留下了很深的印象。当我出院的时候，实际上是我出去几个月后，我在买一个墨西哥玉米饼的时候想，嘿，我该去买彩票。那个时候那些数字可能还在我的脑海里面，所以我就买了那些数字，然后就中了一亿一千四百万美元。接下来事情发生了：我的祖父死了，我的房子被火烧了，我工作的鸡肉店被流星撞了，嗯，实际上是陨石。那么今天晚上我又在那舱口上看见了那些奇怪的数字，就写在边上，那就是我为什么想要阻止的原因：因为那些数字被诅咒了，伙计。

杰克：你曾经在一家精神病院待过？

赫尔利：我不是疯子。

杰克：我并没有说你是。

知识点拨

1. a while 意为"一会儿"，例如：He stumbled for a while and went back. 他迟疑了一会儿，然后回去了。a while ago 意为"一段时间以前"，a long while 意为"半响"。
2. all the time 意为"一直；始终"，例如：He must be nervous; he fusses about all the time. 她一定很紧张，一直团团转。for all the time 意为"永远"。
3. over and over again 意为"再三，反复不断地"，例如：think over and over again 反复思考；check over and over again 反复检查。
4. get stuck 的意思是"被卡住，被困住"，get stuck in the head 即"深深地印在脑海里"。
5. That's when it started happening... 这是一个以 when 作为连接词的表语从句，表语从句要用陈述语序。表语从句只能置于主句之后，而主句的动词只能是连系动词。
6. get hit by 意为"被……撞击"，例如：He's got hit by a car. 他被车撞了。
7. just written on the side 是过去分词短语，作为定语一般放在所修饰名词的后面。
8. You were in a psych ward? 用陈述句表达疑问，一般用在口语中。psych ward 即"精神病医院"。

词汇加油站

ward [wɔːrd] n. 病房
frozen ['froʊzn] adj. 冰封的；冰冻(以储藏)的；(资产等被)冻结的
burrito [bʊˈriːtoʊ] n. (墨西哥)肉馅(或豆馅)玉米粉圆饼
lottery [ˈlɑːtəri] n. 彩票；碰运气的事
joint [dʒɔɪnt] n. 公共场所(尤指价格低廉的饮食和娱乐场所)
meteor [ˈmiːtiər] n. 流星
freaking [ˈfriːkɪŋ] adj. 奇怪的
curse [kɜːrs] v. 诅咒
stick [stɪk] v. 卡住，陷住
meteorite [ˈmiːtiəraɪt] n. 陨石
hatch [hætʃ] n. 舱口

精彩抢先看：赫尔利讲述数字带给他的遭遇；德斯蒙德讲述输入数字的原因；德斯蒙德讲述没按按钮与飞机失事的关系

片段二

时间： 第3集 00:12:30 ~ 00:14:00
地点： 舱口内
人物： 德斯蒙德，杰克，洛克
事件： 德斯蒙德讲述经历，即输入数字的原因。

精彩亮点

1 德斯蒙德为了向喜欢的女人的父亲证明自己，也为了真正配得上佩妮，在得到一个女人用她死去的丈夫的船赞助了他航海之后，参加了单人环游世界的比赛。

2 凯文认为，在时间倒计时到来之前，将那些数字敲入电脑是为了拯救世界，并将这个目的告诉了德斯蒙德，与他一起拯救世界，去执行这个使命。

3 杰克听了德斯蒙德的说法，尤其是他拯救世界的目的后，站在现实的、理智的角度，不相信那个按键有什么意义，也不接受和相信德斯蒙德的说法。

4 德斯蒙德为了让杰克他们相信他所说的，让他们看一部电影，这部电影讲述了他们按那个按钮的目的和意义，以及这个舱口的一些来龙去脉，这也是德斯蒙德当初选择留在这里继续按那个按钮的原因。

Desmond: It was 3 years ago. I was on a solo race around the world①☺1, And my boat crashed into the reef②, and then Kelvin came.

Locke: Kelvin?

Desmond: Kelvin, he comes running out of the jungle③. "Hurry, hurry, and come with me." He brings me down here. The first thing he does —because there's beeping already—he types in the code, he pushes the button④, and it stops. What was all that about, I say? Just saving the world, he says.☺2

Jack: Saving the world?

Desmond: His words, not mine. So I started pushing the button, too. And we saved the world together for a while, and that was lovely. Then Kelvin died, and now here I am all alone. The end.

Jack: Don't tell me you believe this⑤.☺3 This is crazy. You think that makes sense⑥ — pushing a button? You're going to take his word for it⑦?

Locke: His word is all we have, Jack.

Desmond: You don't have to take my word for it. Watch the film.☺4

Jack: What?

Desmond: The bookcase — top shelf, behind *Turn of the Screw* — projector's in the pantry.

Season 2 与机尾幸存者合作求生 | **Scene 4 被诅咒的数字**

译文

德斯蒙德：这是三年前的事了。我在参加一个单人环游世界的比赛。后来我的船触礁了，这时凯文来了。

洛　克：凯文？

德斯蒙德：凯文。他从丛林里跑出来，说着："快，快，跟我来。"他把我带到了这里。到这儿他做的第一件事就是，因为这东西已经在叫了，然后它停止叫了。我说"为什么做这些？"，他回答"为了拯救整个世界"。

杰　克：拯救整个世界？

德斯蒙德：他这么说的，不是我。所以之后我也这么做了。我们一起拯救世界了一段时间，那时真是很美好。然后凯文死了，所以现在我独自一人在这儿，就是这样。

杰　克：别告诉我你相信这些话。简直是疯了。你认为按那个键会有什么意义吗？你真的相信他所说的？

洛　克：他的话是我们能倚赖的全部，杰克。

德斯蒙德：你也不必非要相信我说的话。去看那卷胶片就知道了。

杰　克：什么？

德斯蒙德：书柜里，最上层，在《螺旋丝》（歌剧名）后面，放映机在餐具室。

知识点拨

1. on a solo race 意为"参加一个单人比赛"，around the world 即"环游世界"。

2. crash into 意为"撞在……上"，crash into the reef 即"触礁"。

3. running out of the jungle 动名词短语修饰主语 he，run out of 即"从……跑出来"，另外还有层意思是"用尽，耗尽"。

4. type in 即"输入"，type in the code "输入代码"，push the button "按下按钮"。

5. 这是一个第二人称祈使句，省略了宾语 you，表示对对话者发出命令、提出要求或建议。

6. make sense 的意思是"讲得通，有意义；是明智的，是合情合理的"，口语常用词；另外在询问别人是否听懂时，可以说"Am I making sense?"比问"Do you understand?"要客气得多。

7. take someone's word for it 意思是"相信某人说的话"。

词汇加油站

solo ['souloʊ] *adj.* 独自的；单独的；独唱的；独奏的
reef [ri:f] *n.* 暗礁
bookcase ['bʊkkeɪs] *n.* 书架；书柜
screw [skru:] *n.* 螺丝；螺丝钉
pantry ['pæntri] *n.* 食品贮藏室
beep [bi:p] *n.* 嘟嘟声
shelf [ʃelf] *n.* 架子；书架；货架
projector [prə'dʒektər] *n.* 投影仪；放映机

精彩抢先看：赫尔利讲述数字带给他的遭遇；德斯蒙德讲述输入数字的原因；德斯蒙德讲述没按按钮与飞机失事的关系

时间： 第24集 00:25:05 ～ 00:29:05
地点： 舱内电脑室
人物： 洛克，德斯蒙德，查理
事件： 德斯蒙德向洛克解释他没按按钮和飞机失事之间的关系，并要求洛克继续按下数字和按钮。

精彩亮点

1 当德斯蒙德看到另一个舱口的打印室打印出来的内容后，发现他没有及时将数字敲入电脑的那天与飞机失事是同一天，由此推理是自己的原因造成的飞机失事，这也让他更加坚信了不按按钮的确会造成很大影响，所以要求洛克继续按按钮。

2 洛克认为不按按钮不会有什么影响，因为亨利那天跟他说过他并没有按按钮，而舱内也没有什么变化，腿受伤的洛克开始怀疑这个按钮的意义，所以想通过不按按钮证实一下他的猜测。

3 这里指洛克为了拉近和父亲的关系，一次次地讨好父亲，接近父亲，即使受到过伤害依然愿意再次信任父亲，可是父亲不仅未兑现诺言，竟然还把他扔出窗外，让他更加受伤，这让洛克对父亲的信念完全崩溃，所以在对按按钮是对是错这件事情上也开始怀疑最初的想法。

Desmond: We need to push the button. ☺1

Locke: No, we don't!

Desmond: Do you not hear me, brother? I crashed your bloody plane?

Locke: How did you manage to do① that?

Desmond: On that day, those numbers turned to② hieroglyphics. And when the last one came down③ this whole started to shake. That screen filled up with④ "System Failure", System Failure. And I know what they are 92204…September the 22nd, 2004, the day your plane crashed. It's real! It's all bloody real!! Now, push the damn button!!

Locke: I know what I saw! It's a lie; it's not real! None of⑤ it is real! ☺2

Desmond: You don't want to push the button? Then I will.

Locke: No!

Desmond: You killed us. You killed us all.

Locke: No. I just saved us all.

Charlie: Hey, Eko, wake up. Hey, can I get some help? Can you help me?

Desmond: I'm trying, brother. It's all gone. It's all gone!!

Locke: I've done everything you wanted me to do? Why did you do this? Why? ☺3

Season 2 与机尾幸存者合作求生 | **Scene 4 被诅咒的数字**

译文

德斯蒙德：我们得按下按钮！

洛　　克：不，我们不能按！

德斯蒙德：兄弟，你没听到我的话吗？是我使得飞机坠毁的。

洛　　克：你怎么做到的？

德斯蒙德：就在那一天，那些数字归零后变成了奇异的符号。当最后一个符号翻下来的时候，这整个地方开始剧烈摇晃。那个屏幕上全部都是"系统失败"的字样，系统失败！我知道92204指的是什么……9月22日，2004年，就是你们飞机坠毁的那一天。这一切都是真的！都是真的！赶快按按钮！

洛　　克：我清楚自己看到了什么！是个谎言！不是真的！这一切都不是真的！

德斯蒙德：你不按按钮？那我来按。

洛　　克：不！

德斯蒙德：你把我们都害死了，你把我们所有人都害死了。

洛　　克：不是的，我拯救了大家。

查　　理：嘿！埃克！醒醒！嘿！能帮我一下吗？你能帮我吗？

德斯蒙德：我正在努力帮你呢，兄弟。全都没了，全都没了。

洛　　克：我已经做了所有你要我做的事。你为什么要这么对我？为什么？

知识点拨

1. manage to do sth. 意为"设法；达成"，注意和 try to do sth. 区分，try to do sth. 表示"试图做某事"，可是不知道此事能否做成。例如：We tried to stop him smoking in bed but he would do it. 我们试图阻止他在床上吸烟，但他就是不听。manage to do sth. 表示"（设法）做成某事"，它含有"成功、办成"的意思。例如：The children manage to get the little duck out of the hole. 孩子们设法把小鸭子从洞中弄出来。

2. turn to 在句中是"转变成"的意思，此外，还有"转向；求助于；开始行动"的意思。例如：Please turn to Channel 4. 请转到四频道。He has nobody to turn to. 他无人可以求助。Please quit dawdling and just turn to work. 请停止闲逛开始工作。

3. come down 有"（物价、风雪、体温、飞机等）降落；落魄，败落；倒塌"的意思，句中取其基本的意思"降落"。

4. fill up with 意为"填满，充满"，注意与 be full of 区别，be full of =be filled up with 意为"被……充满"，表示一种被动，更侧重于状态；而 fill up with 则是主动的，更侧重于动作。例如：The bottle is full of water. 瓶里装满了水。He has filled up the tank with petrol. 他已给油箱装满了汽油。

5. none of 意为"一个都没有"，常表示三者或三者以上之间都不；neither of 则表示"两者都不"。

词汇加油站

bloody [ˈblʌdi] *adj.* 悲惨的，不幸的
hieroglyphic [ˌhaɪərəˈɡlɪfɪk] *n.* 象形文字
failure [ˈfeɪljər] *n.* 失败
save [seɪv] *v.* 拯救
turn [tɜːrn] *v.* 使变成
shake [ʃeɪk] *v.* 摇晃
none [nʌn] *pron.* 没有任何一个

精彩抢先看：洛克讲述被父亲骗肾的经历；萝丝的癌症在岛屿上被治愈；埃克讲述自己因弟弟而按按钮的意义

Scene 5 岛上人物的感情

时间： 第3集 00:03:53～00:05:33
地点： 心理互助社
人物： 洛克，海伦
事件： 洛克听到其他人抱怨时，忍不住说出了自己的经历，海伦对其产生好感，并过来搭讪。

精彩亮点

1 洛克出生时曾被父母抛弃，后来又被父亲偷走了肾，这种经历对他的伤害很大。洛克用自己的疮疤劝慰抱怨父母拿走她30美元的女孩，因为比起洛克的经历，女孩的经历真的不值一提，相比女孩想要回的那30美元，洛克失去的肾还不知道从哪里要回来。

2 海伦以乐观的玩笑方式，告诉洛克假如患上肾癌，他正好少了一颗免于受伤的肾了。这种塞翁失马焉知非福的乐观态度其实也是海伦暗示洛克要换个角度笑对过去经历，同时这种别样的思维方式也引起了洛克的注意。

3 这里海伦赞同了洛克的行为，告知洛克她早就想像他那样去做了，这种相似的态度和想法也迅速拉近了两个人的距离。

4 海伦倾听了洛克的遭遇，因两个人的态度和想法一致使海伦对洛克产生了好感，所以海伦主动走过搭讪，并继续试探，看还有没有机会继续和洛克接触。

Locke: Francine feels a little too much①, if you ask me. You all do. I mean, seriously — so-and-so② "never called me back" "my mother stole 30 dollars from me". I never even knew who my parents were. A couple of years③ ago my birth mother found me, and uh, she told me I was special. And through her I met my real father. Great news, right? Well, he pretended to love me just long enough to steal my kidney because he had to have a transplant. And then he dropped me back in the world like a piece of trash — Just like he did on the day that I was born④. **You want your damned 30 dollars back? I want my kidney back!** ☺1

Helen: **Probably a good idea. You know if you get kidney cancer, you've only got one.** ☺2

Locke: That's funny. I'm sorry if I ruined your meeting⑤.

Helen: Oh hell, you just said everything I've always wanted to say in there. **Most of the time I want to stand up and scream: get over it, freaks.** ☺3

Locke: Well, why don't you?

Helen: I have to keep a cork in. Once I get all hot and bothered there's no stopping me⑥. **I guess you won't be coming back next week, huh?** ☺4

Locke: No, not likely.

Season 2 与机尾幸存者合作求生 | Scene 5 岛上人物的感情

译文

洛克：我认为弗朗辛小题大做了，你们都是这样。我是说我是认真的，像是什么"从来没打电话给我"，"我妈从我这偷了30美元"，诸如此类的。我甚至都不知道我的亲生父母是谁。几年前，我的生母找到了我，然后，她告诉我，我很特别。然后，通过她，我见到了我的生父。似乎是个好消息，对吗？于是，他很长一段时间都假装很疼爱我。直到他偷走了我的肾！因为他需要做肾脏移植。然后就这样撒手而去了，把我像垃圾一样地丢掉了，就像我出生时他做的一样。你想要回的只是该死的30美元！而我想要回的是我自己的肾！

海伦：也许这并不是坏事。你想，如果得了肾癌，你就会少一颗有病的肾了。

洛克：有意思，很抱歉毁了你的讨论。

海伦：噢，天呐。你只是在那儿说了我一直想说的话。我经常有站起来大叫的冲动，忘了它吧，笨蛋。

洛克：那为什么你不呢？

海伦：呃，我必须克制一下。如果我感到很烦躁的时候，没有什么能阻拦我。我猜你下周可能不会来了，是吧？

洛克：不，不一定。

知识点拨

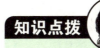

1. a little 的意思是"一些，少许"，too much 即"太多"，a little 修饰 too much，这里用 a little 是一种委婉的说法，为了使语气听起来不那么强烈，比如形容某人太胖，就说："I think he is a little too heavy."

2. so-and-so 作为名词，意为"某某人；某某物；讨厌鬼"，作为副词，表示"诸如此类地"，句中取第二层意思。例如：treat sb. so-and-so 如此这般地对待某人。

3. a couple of=a few 即"几个，两三个"，表虚指，a couple of years 即"几年"。例如：a couple of days 即"两三天"，a couple of weeks 即"两三周，几周"。

4. just like 的意思是"正如（几乎与……一样）"，后面可跟句子或短语，表示形容和修饰，多用于口语。

5. I'm sorry if… = I'm sorry to do… 表示"如果……对不起"，口语中表达歉意的常用表达方式。例如：I am sorry if I'm disturbing you.= I am sorry to disturb you. 对不起打扰你了。

6. keep a cork in 表示"忍一忍，克制一下"的意思，get all hot and bothered 的意思是"烦躁"。once=as soon as 即"一旦"，用作连词，once 引导的是时间状语从句，从句要用一般现在时代替将来时。

词汇加油站

through [θruː] *adv.* 通过

transplant ['trænsploent] *n.* 移植（器官、皮肤等）

trash [træʃ] *n.* 垃圾；废物

cancer ['kænsər] *n.* 癌；恶性肿瘤

kidney ['kɪdni] *n.* 肾；肾脏

damned [dæmd] *adj.* 该死的；该咒的

ruin ['ruːɪn] *v.* 毁灭；破坏

精彩抢先看：洛克讲述被父亲骗肾的经历；萝丝的癌症在岛屿上被治愈；埃克讲述自己因弟弟而按按钮的意义

片段二

时间： 第19集 00:34:47～00:37:48
地点： 沙滩上
人物： 伯纳德，萝丝
事件： 伯纳德搭建 SOS 信号，萝丝告知癌症因在岛上被治愈，伯纳德决定和萝丝留在岛上。

精彩亮点

1. 伯纳德曾在二人度蜜月的时候，带萝丝去澳大利亚见一个巫师艾萨克，想试图通过这种方式治疗萝丝的癌症，而实际上巫师告诉萝丝没办法治愈她，萝丝为了让丈夫不再去做这种无用功，好好珍惜与丈夫在一起的剩余时光，便欺骗丈夫说巫师治愈了她。

2. 萝丝本来患有无法治愈的癌症，而来到这个岛上之后，她不再有之前的症状，不再像患病时那样感到身体的异样，所以她认为是这个岛屿带给她这种改变。

3. 萝丝曾在登记前看到洛克坐着轮椅，而来到岛上之后，洛克却可以正常行走，这让萝丝更加确信自己的判断，相信是这个岛屿治愈了她的癌症。

4. 伯纳德本来为了获救，尝试用石头搭建 SOS 信号，而当他终于确信是这个岛屿治愈了萝丝的癌症后，他明白了萝丝并不想离开这个岛，所以爱着萝丝的他，愿意和萝丝留下来。

Rose: Where is everybody? I owe you an apology①.

Bernard: You don't have anything to be sorry for②. It's my own damn fault. I'm out here by myself.

Rose: That's not why I'm apologizing. I lied to you③. Back in Australia, Isaac — he didn't heal me.☺₁ He didn't do anything.

Bernard: Of course he did.

Rose: Bernard, he didn't heal me. But that doesn't mean I'm not healed.☺₂ When you're sick and you have got something inside you that doesn't belong there you can feel it. And after the crash I couldn't feel it anymore④. At first I thought it was just shock. But it wasn't. It's this place.

Bernard: But you said Isaac fixed you.

Rose: I told you that so that you wouldn't spend what time we had left trying to do something.

Bernard: Rose, you could just be in remission. How do you know it wasn't Isaac who healed you?

Rose: Bernard.

Bernard: How do you know that he didn't heal you?

Rose: I know, I know. Trust me. I know.☺₃

Bernard: You don't want to be rescued, do you? You think if you leave it'll come back. And if you can't leave, neither can me⑤. We won't ever leave, Rose. I would offer to take down the sign, but we didn't get very far.☺₄

Season 2 与机尾幸存者合作求生 | **Scene 5 岛上人物的感情**

译文

萝　丝：大伙都到哪里去了？我欠你一个道歉。

伯纳德：你不需要感到抱歉，该死的这都是我的错，是我一意孤行。

萝　丝：我并不是因为这个向你道歉，我骗了你。想想澳大利亚那次，艾萨克，他并没有治好我的病。他什么也没做。

伯纳德：他当然做了。

萝　丝：伯纳德，他并没有治好我，但这并不意味着我没救了。当你病的时候，你会感觉到原本在你身上没有的东西。来到这里后我再也感觉不到了。最初，我以为只是晕眩。但不是，是这个地方。

伯纳德：但你说过艾萨克治好了你。

萝　丝：我那样说，是不想让你再浪费剩下来的时间去干没用的事。

伯纳德：萝丝，你刚好了点。你怎么知道不是艾萨克治好了你？

萝　丝：伯纳德。

伯纳德：你怎么知道不是他治好了你？

萝　丝：我知道，我知道！相信我！我知道。

伯纳德：你不想被救离这里，是不是？你觉得如果离开这里，你的病会复发。那么如果你不离开，我也不离开。我们不会再分开了，萝丝。我会把这些标记拆掉，反正我们也才刚开始不久。

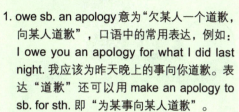

知识点拨

1. owe sb. an apology 意为"欠某人一个道歉，向某人道歉"，口语中的常用表达，例如：I owe you an apology for what I did last night. 我应该为昨天晚上的事向你道歉。表达"道歉"还可以用 make an apology to sb. for sth. 即"为某事向某人道歉"。

2. be sorry for 意思有"为某事感到难过；对……感到抱歉"，本句中的意思是"对……感到抱歉"。例如：I am so sorry for bothering / interrupting you. 很抱歉打扰了你。如果要加强语气可以用 be terribly sorry for that 即"真是对不起"；注意与 be sorry to do 的区分，sorry to do 即"对要做的事表示道歉"，例如：be sorry to tell you that…; be sorry for doing 对已经做的事表示道歉。

3. lie to sb. 即"向某人撒谎"。比如悬疑美剧名字；*Don't lie to me*《别对我说谎》。

4. not …anymore=no more 即"不再"，例如：I don't love you anymore. 我不再爱你了。

5. 这是一个倒装句，当一种情况也适用于另一个人时，即"我也这样"，可以采用倒装结构 so / neither+be / have / 助动词 / 情态动词 + 主语，其中 so 用在肯定句中，neither 用在否定句中。例如：Mary likes playing the piano, so does Jane. 玛丽喜欢弹钢琴，简也是。I have never been to Beijing, neither has my brother. 我从没有去过北京，我弟弟也是。

 词汇加油站

owe [oʊ] v. 欠（债、情）	**apology** [əˈpɑːlədʒi] n. 道歉
heal [hiːl] v. 治好	**belong** [bɪˈlɔːŋ] v. 属于
shock [ʃɑːk] n. 休克	**fix** [fɪks] v. 治好
remission [rɪˈmɪʃn] n. 病情有所好转	

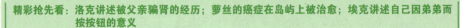

精彩抢先看：洛克讲述被父亲骗肾的经历；萝丝的癌症在岛屿上被治愈；埃克讲述自己因弟弟而按按钮的意义

时间： 第 21 集 00:37:05 ～ 00:41:15
地点： 舱口里
人物： 洛克，埃克
事件： 洛克不愿按按钮，埃克以对弟弟的感情说明自己按按钮的意义。

精彩亮点

1. 埃克认为，他们按那个按钮并不是因为电影里面要求他们做这件事，而是因为他们注定要做这些事，表面上只是定时按按钮这么简单，但是从另外一个角度看，这也可以看作是对他们的一个考验，考验他们是否能够坚持做到，考验他们对信念的坚定程度。

2. 洛克认为自己在现实世界中，被父亲一次次抛弃和伤害，他所尝试的对父亲的信任和爱被父亲一而再再而三地摧毁，这让他失去了对爱的信念，所以认为自己曾经的经历都没有了意义。

3. 埃克为了卖毒品赚钱，曾假装牧师，利用了弟弟，而后使弟弟被害身亡，埃克对弟弟充满了愧疚。

4. 埃克从弟弟身上取下了十字架，这个十字架也代表了弟弟耶米所秉持的信念。洛克受弟弟影响，也决定像弟弟那样坚守信念，所以他认为他按按钮这件事是一个庄重的事情，正是对他的一个考验和救赎。

Locke: Oh…well, then what is the reason, Mr. Eko?

Eko: **We do it because we believe we are meant to.** ☺1 Isn't that the reason you pushed it, John?

Locke: I was never meant to do ① anything. **Every single second of my pathetic little life is as useless as ② that button!** ☺2 You think it's important? You think it's necessary? It's nothing. It's nothing. It's meaningless. And who are you to tell me that it's not?

Eko: This cross was worn by my brother, Yemi. Yemi was a great man, a priest, a man of God. **And because I betrayed him he was shot and died** ☺3. He was placed on a plane which took off from an airstrip in Nigeria half a world from here. Then, the plane that I was on crashed on this island. And somehow ③, here, I found my brother again. I found him in the same plane that took off from Nigeria. In the same plane that lies above us now…that has concealed this place. **And I took this cross from around Yemi's neck and put it back on mine, just as ④ it was on the day I first took another man's life. So let me ask you…how can you say this is meaningless?** ☺4 I believe the work being done in the hatch is more important than anything. If you will not continue to ⑤ push the button, John, I will.

Season 2 与机尾幸存者合作求生 | Scene 5 岛上人物的感情

译文

洛克：好吧，好吧，那么，到底是为什么呢……埃克先生？

埃克：因为我们相信这是我们应该做的。当你按下那个按钮的时候，不也是这样想的吗，约翰？

洛克：我从来……就没有觉得……注定做任何事情！我生活中的每一刻，和那个按钮一样，什么用处都没有！它很重要吗？必须这样做吗？什么都没有，什么都不是。毫无意义可言。现在你又想说什么？

埃克：这个十字架我弟弟一直戴着，耶米。耶米是个好人，一个神父，上帝的使者。正因为我背叛了他，他中枪而死。他的遗体被搬到一架从尼日利亚起飞的飞机上，离这里有半个星球的距离。接着，我乘的飞机坠毁在这个岛上。在这里……我又找到了他。我亲眼看着他的遗体和那架从尼日利亚起飞的飞机一起飞走了，那架飞机现在就在我的眼前，这地方隐藏了很多秘密。我把耶米的十字架从脖子上取下来戴在自己身上，就好像从前我杀了另外一个人一样。让我问你……你怎么可以说按按钮一无是处？我觉得在舱口里面的工作比任何事情都重要。如果你不按下那个按钮的话，约翰，我会的。

知识点拨

1. **be meant to do** 意为"应做；照道理，照规矩应该做；注定要"；注意与 mean to do, mean doing 区分，mean to do 是"打算，企图"的意思，例如：I did not mean to hurt you. 我并不是故意得罪你。mean doing 表示"意味着"，例如：Missing the train means waiting for another hour. 赶不上火车预示着要再等一个小时。

2. **as useless as** 意为"与……一样没用"，as...as 常用于表示不同的人或物的同一性质的比较，意为"和……一样"，还常用于形象比喻中，例如：as light as a feather 像羽毛一样轻，as deep as a well 像井一样深。

3. **somehow** 的意思有"以某种方式；不知怎么地"，在本句中的意思是"不知怎么地，莫名其妙地"。

4. **just as** 的意思有"正当……时；正如"，在本句中表示"正如"，可与 just like 区分，like 后面只能接名词或短语，而 as 后面可以加从句。

5. **continue to** 意为"继续……"，例如：Land will continue to appreciate. 土地将继续增值。

词汇加油站

pathetic [pəˈθetɪk] *adj.* 可怜的，毫无希望的
meaningless [ˈmiːnɪŋləs] *adj.* 毫无意义的
wear [wer] *v.* 穿；戴
betray [bɪˈtreɪ] *v.* 背叛
conceal [kənˈsiːl] *v.* 隐藏，隐蔽
necessary [ˈnesəseri] *adj.* 必要的，必需的
cross [krɔːs] *n.* 十字架
priest [priːst] *n.* 神父
airstrip [ˈerstrɪp] *n.* 飞机跑道

精彩抢先看：舱门已炸开，杰克安抚大家暂时不要进去；克莱尔记忆恢复找到医疗站；洛克告诉德斯蒙德珍珠舱的情况

Scene 6 发现并进入各个舱门

片段一

时间： 第1集 00:17:54～00:19:23
地点： 沙滩
人物： 全部幸存者
事件： 杰克告诉大家舱门被打开，但暂时不能进去，大家陷入对其他人的恐慌中，杰克坚定的语言传递给大家信念和希望。

精彩亮点

1 洛克发现了一个舱门，但是已经是晚上了，舱门很深，杰克他们还不知道如何下去，为了安全着想，杰克想先告诉大家，等天亮了之后再来探索这个舱门。

2 香侬在树林里找狗时突然看到了沃尔特，但沃尔特又消失不见了，香侬觉得和"其他人"有关，阿茨特医生也去世了，所以香侬询问是否和"其他人"有关。

3 杰克作为医生曾是一个实事求是的人，但父亲教导他即使无法治愈，也要给病人希望。在小岛上，虽然威胁和恐惧无处不在，但杰克却带给大家信念和希望，让大家相信一切都很正常，让大家放松，这说明了杰克也在发生改变，而他这种信念的传递无疑也使他当之无愧地成为小岛上人们的精神领袖。

4 太阳一直都是希望的象征，在这里杰克告诉大家太阳会照常升起，每个人都将会看到太阳，这种坚定的语气无疑像给大家注射了安定剂，让大家放下担忧，对未来充满希望。

Jack: Uh, Locke found, uh, a hatch in the ground about a half a mile from here.☺1 We left to blow it open so that we could hide inside① — so all of us could hide inside, in case –but that doesn't matter now because it's not going to work. There's no way for all of us to get down in there tonight.

Charlie: Jack, where's Dr. Arzt?

Jack: Um, he didn't make it②.

Shannon: Did you see them? Did you see the others?☺2

Charlie: Hey, Shannon, there are no others; we've already had this conversation③.

Shannon: What the hell would you know about it — just because you didn't see anything?

Charlie: There's no one out there.

Shannon: You don't know.

Jack: Hey! Everything's going to be okay. Let's just take it easy④ ☺3. We're going to be alright. We're going to stay here tonight, okay, together. We've still got 4 guns; we'll put lookouts at all the entrances. We're all going to be safe as long as we stay together⑤. The sun comes up⑥ in 3 hours and we're all going to be here to see that happen. I promise☺4.

Season 2 与机尾幸存者合作求生 | Scene 6 发现并进入各个舱门

译文

杰克：啊，洛克发现了半里外地面上有一个舱门。我们出发去把它炸开，让我们都能藏在里面。这样我们大家都能藏在里面，以防……但现在已经不重要了，因为这方案行不通。我们今晚不可能藏在那里面。

查理：杰克，阿茨特医生呢？

杰克：啊，他出事牺牲了。

香侬：你看见"他们"了吗？你看见"那些人"了吗？

查理：香侬，没有"他们"！我们已经讨论过这个了！

香侬：你以为自己知道什么！还是因为你什么都没看见？

查理：那里没有人。

香侬：你不知道。

杰克：嘿！一切都会顺利的，大家放松点儿。我们都不会有事的。今晚我们就待在这儿，大家一起。我们还有4把枪，所有的入口都会派人看守。只要我们待在一起，就会很安全的，还有3个小时太阳就出来了，在这儿的所有人都能看到它，我保证。

知识点拨

1. so that 的意思是"以便，为了"，引导一个表示目的的状语从句，此时可与 in order that 换用；从句谓语中常用情态动词 may / might, can / could, should, would 等。blow sth. open 即"把某物炸开"。

2. make it 表示"做到；达到目的，获得成功"，美语中常用，在这里指阿茨特医生没能成功回来，即出事了。

3. have a conversation 即"谈话，闲聊"的意思，have 后面加名词，表示一个动作，比如：have an adventure "冒险"，have an idea "有个主意"，have a seat "坐下"。

4. take it easy 的意思是"别紧张；别着急；放轻松"，美语中常用表达。

5. as long as 的意思是"只要"，后面常跟条件状语从句。stay together 即"待在一起"的意思。

6. come up=happen / arise 的意思是"出现；上来；发生"，come up with 则有"赶上，想出（一个主意或计划）的意思"；come up to 的意思是"上前来；符合；达到"；come up for 则是"到……时候了"的意思。

词汇加油站

hide [haɪd] v. 藏；掩盖；躲避；遮住
conversation [ˌkɑːnvərˈseɪʃn] n. （非正式）交谈
gun [ɡʌn] n. 枪；炮；喷枪；喷射器
lookout [ˈlʊkaʊt] n. 瞭望台；守望；远景
entrance [ˈentrəns] n. 进入；出场；通道；大门（口）
promise [ˈprɑːmɪs] v. 承诺；保证；答应；许诺

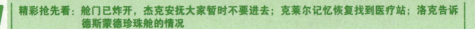

精彩抢先看：舱门已炸开，杰克安抚大家暂时不要进去；克莱尔记忆恢复找到医疗站；洛克告诉德斯蒙德珍珠舱的情况

时间：第15集 00:32:18 ～ 00:37:11
地点：医疗舱内
人物：克莱尔，丹妮尔
事件：克莱尔为了给孩子找疫苗，通过催眠恢复了以前的记忆，凭借碎片回忆找到了之前自己被关押的医疗舱，却没有找到她想要的东西。

精彩亮点

1 克莱尔看到丹妮尔手臂上的伤，突然回忆起来当她还是孕妇时曾被"其他人"中的伊桑带走，而丹妮尔看到她时曾把她带回营地，而克莱尔当时不理解，为了摆脱丹妮尔而抓伤了她，所以克莱尔现在才意识到丹妮尔当时其实是在帮她，而不是害她。

2 丹妮尔这里指的是克莱尔没有找到疫苗并安慰她说，她自己在16年前在孩子被"其他人"抓走，自此之后她从未放弃寻找孩子，可也一样没有发现过孩子的踪迹，丹妮尔在这里通过揭开自己的伤痛来安慰克莱尔。

3 克莱尔还是孕妇时，被伊桑带走做试验，并哄骗克莱尔让她以为是对孩子好，而有个女孩（正是艾丽克丝）曾帮克莱尔摆脱了伊桑的魔爪，这才救了她和孩子，克莱尔认为救她的那个女孩和丹妮尔很像，于是怀疑这个女孩正是丹妮尔的女儿，在这里也是想给丹妮尔希望，以报答丹妮尔对她的帮助。

Claire: It was in here. The vaccine was in here! The vaccine was in here! Where is it!! You were bringing me back here — where is it!! You know where it is, don't you? Tell me! Tell me where it is! Tell me! You weren't trying to take me back, were you? You were trying to save me.☺₁

Danielle: I carried you on my back① to your camp. I left you where they would find you.

Claire: I'm sorry. Where are you going?

Danielle: You're not the only one who didn't find what they were looking for.☺₂ This is as far as② I go.

Claire: Your baby — was it a girl?

Danielle: Yes.

Claire: What was her name?

Danielle: Alex, Alexandra.

Claire: I remember a girl — a girl with blue eyes. She helped me.☺₃ She saved me, just like③ you did. She wasn't like the others④. She was good.

Danielle: I'm sorry that you didn't find what you were looking for. I hope your baby's not infected. But if it is, I hope you know what must be done.

Season 2 与机尾幸存者合作求生 | **Scene 6 发现并进入各个舱门**

译文

克莱尔：曾经在这里的，疫苗曾经在这里的！曾经在这里的疫苗到哪儿去了？你不是想带我回他们那儿，对吧？你要把我带回去吗？哪去了？你知道在哪，对吧？告诉我！告诉我它在哪？告诉我！你是想救我。

丹妮尔：我背着你回到了你们的营地！把你放在了他们能找到的地方。

克莱尔：对不起，你要去哪里？

丹妮尔：你不是唯一没有找到自己想要的东西的人。我最多就送你到这里了。

克莱尔：你的孩子……是个女孩吗？

丹妮尔：是的。

克莱尔：她叫什么名字？

丹妮尔：艾丽克丝……艾丽克丝·安德拉。

克莱尔：我记得有个女孩——一个蓝眼睛的女孩。她帮了我，她救了我的命，就像你一样。她跟其他人不一样。她是好人。

丹妮尔：抱歉你没有找到想找的东西。我希望你的孩子没受到感染，但是如果真的感染了……我希望你知道该怎么做。

知识点拨

1. carry sb. on one's back 即"把某人背在背上"，on one's back 意为"在背上"例如：I've got an itch on my back. 我的背上很痒。jump on the back "跳到背上"；on my back 还有"找我麻烦，挑我毛病"的意思，口语中常用，例如：Whenever I come home late my wife is always on my back. 每当我回家晚了，我妻子总找我的麻烦。

2. as far as 本义是"与……一样远；一直到……"；引申义为"就……而言，从……来看；尽……所能；只要"，例如：as far as I know 就我所知，as far as I can see "据我看"。We'll help you as far as is possible. 我们会尽可能帮你。

3. just like 意为"就像，正如"，后面可跟名词或从句，例如：It was just like what you said. 情况正如你所说的那样。

4. the others 意为"其余的"，表示在一个范围内的其他全部；注意与other、others 和the other 的区分，other 泛指"其他的(人或物)"，例如：Do you have any other questions? 你还有其他问题吗？others 表示"另外几个"，并不包括全部。例如：Give me some others, please. 请给我点儿别的东西吧。the other 指代"两个中的另外一个"，例如：He has two daughters. One is a nurse, the other is a worker. 他有两个女儿，一个是护士，另一个是工人。

vaccine [væk'si:n] *n.* 疫苗
camp [kæmp] *n.* 帐篷
infected [ɪnˈfektɪd] *adj.* 被感染的

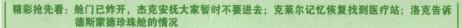

精彩抢先看：舱门已炸开，杰克安抚大家暂时不要进去；克莱尔记忆恢复找到医疗站；洛克告诉德斯蒙德珍珠舱的情况。

时间： 第24集 00:15:21 ～ 00:16:13
地点： 舱口内
人物： 德斯蒙德，洛克
事件： 德斯蒙德询问洛克新发现的珍珠舱内的情况。

精彩亮点

1
洛克和埃克无意中新发现一个舱口，这个舱口被称作珍珠号，所以德斯蒙德想让洛克给他讲一下这个舱口的情况，试图获得一些有用的信息。

2
洛克告诉德斯蒙德，珍珠号舱是个心理实验站，舱口里的人可以通过监视器监视和记录他们按数字按钮的那个舱口，也就是说洛克他们之前的所有行为都被别人记录下来进行研究，而德斯蒙德逆向思维，揣测也许珍珠号里的这些人才是被研究的对象。

3
对于洛克来说，珍珠号舱口内的那台电脑除了打印东西之外没有任何用处，而洛克所说的这台打印机的打印内容却让德斯蒙德受到启发，从而发现飞机失事的那一天，正是自己没有来得及按按钮的那一天，按按钮的作用得到验证。

Desmond: Tell me about this other hatch you found…this…Pearl. ☺1
Locke: What do you want to know?
Desmond: Details.
Locke: The Pearl is a psychological station full of TV monitors. And two men sat in viewing chairs and filled notebooks with observations① on what happens in here. And then they put the notebooks in pneumatic tubes and send them back② to their headquarters so they could evaluate us as an experiment. What?
Desmond: What if③ you've got it backwards? ☺2
Locke: Backwards?
Desmond: What if the experiment wasn't on the two men in here, but on the two men in there? I want to see that tape, John?
Locke: No, you can't. There's no way to④ see it down here.
Desmond: Well, was there anything else in that station? Was there a computer?
Locke: Yeah.
Desmond: So what did it do?
Locke: Nothing! It didn't do anything. It printed out numbers. ☺3 Lots and lots of numbers.

Season 2 与机尾幸存者合作求生 | Scene 6 发现并进入各个舱门

译文

德斯蒙德：跟我说说你找到的另外一个舱，这个……珍珠号。

洛　克：你想知道什么?

德斯蒙德：所有细节。

洛　克：珍珠舱是一个到处都是电视显示屏的心理测试站。还有两个人坐在观摩椅里，在笔记本里记下他们观察到的在这里发生的一切。然后他们把笔记本放进充气管里发送回总部，这样他们就可以把我们当实验品一样研究分析。还想知道什么?

德斯蒙德：如果你完全理解反了怎么办?

洛　克：全反了?

德斯蒙德：如果实验对象不是这里的两个人。而是那里的两个人? 我要看看那盒带子，约翰。

洛　克：不行，你看不了。这底下没法看。

德斯蒙德：那个站里还有其他东西吗? 有电脑吗?

洛　克：有。

德斯蒙德：那电脑是干什么用的?

洛　克：不干什么，什么也不干。只是打印数字，很多很多的数字。

知识点拨

1. fill notebooks with observations 即"笔记本上写满观察内容"，fill...with...意为"充满"，例　如：His mind was filled with dreadful thoughts. 他脑子里充满可怕的念头。

2. send back 有"送回；退还"的意思，在这里表示"送回"。

3. what if 意为"如果……将会怎么样"，在这里表示假设，例如：What if he doesn't agree? 如果他不同意该怎么办呢? 此外，what if 还可以表示"建议"或"邀请"，意为"如果……如何?"例如：What if you join us for lunch? 同我们一起吃午饭怎么样? 另外，what if 与 so 连用，意为"就算……那又怎样?"，例如：So what if we're a little late? 就算我们迟到一会儿那又怎样?

4. there's no way to 意为"没办法……"。例：There's no way to explain. 无须辩解。There's no way to measure. 没法衡量。

词汇加油站

psychological [ˌsaɪkəˈlɑːdʒɪkl] *adj.* 心理的，心理学的
station [ˈsteɪʃn] *n.* 站，台
headquarter [ˈhedkwɔːrtər] *n.* 总部
experiment [ɪkˈsperɪmənt] *n.* 实验
monitor [ˈmɑːnɪtər] *n.* 监视器
evaluate [ɪˈvæljueɪt] *v.* 评价，估价
backwards [ˈbækwərdz] *adv.* 向后地，倒向地

精彩抢先看：寻找迈克尔的途中遇到"其他人"；安娜拷问盖尔的真实身份；"其他人"抓获了四个人

Scene 7 与"其他人"的交锋

时间： 第 11 集 00:29:17 ~ 00:30:36
地点： 树林里
人物： 杰克，其他人
事件： 杰克一行人去找迈克尔，听到枪声后，与"其他人"相遇，"其他人"要求杰克他们回去，并以凯特作为要挟。

精彩亮点

1 沃尔特当初在竹筏上被掳走之后一直杳无音讯，这里"其他人"表示沃尔特很好，也验证了索耶之前的推测，即小沃尔特的确是被"其他人"给抓走的。

2 "其他人"讲这句名言，是想表达杰克他们的好奇心比较重，对这个岛一直不断地探索和寻找，其根本目的是想阻止杰克他们再继续找迈克尔，同时这句名言也暗示了凯特因为好奇心跟在杰克他们后面，而被"其他人"抓获。

3 "其他人"认为这个小岛是他们的，对他们来说杰克他们做的任何探索都是对他们的侵犯，前面讲的一系列比喻也是为了表达这一点，即向杰克他们宣示岛屿的主权，不允许飞机幸存者们做超越他们允许范围内的事情。

4 杰克看到他们只有一两个人，所以觉得"其他人"所说的只是在吓唬他们而已。

Mr. Friendly: Walt's fine. He's a very special boy. ☺1

Jack: Look, you said you wanted to talk. Talk.

Mr. Friendly: Let me ask you something. How long have you been here① on the island?

Jack: 50 days.

Mr. Friendly: Oh, 50 days. That's what … almost 2 whole months, huh? Tell me, you go over a man's house for the first time②, do you take off your shoes? Do you put your feet up on his coffee table? Do you walk in the kitchen, eat food that doesn't belong to③ you? Open the door to rooms you got no business④ opening? You know, somebody a whole lot smarter than anybody⑤ here once said: "Since the dawn of our species, man has been blessed with⑥ curiosity." ☺2 You know the other one about curiosity, don't you, Jack? This is not your island. This is our island. **And the only reason you're living on it is because we let you live on it.** ☺3

Jack: I don't believe you. ☺4

Mr. Friendly: You don't believe what?

Season 2 与机尾幸存者合作求生 | **Scene 7** 与"其他人"的交锋

译文

其他人：沃尔特很好，他是个很特别的孩子。
杰　克：听着，你说过你想谈谈。谈吧。
其他人：让我问问你。你来到这个岛上多久了？
杰　克：50天。
其他人：噢，50天，都快两个月了。告诉我，你第一次去别人家时，你会脱掉鞋子吗？你会把脚搁在他的咖啡桌上吗？会走进厨房，吃不属于你的食物吗？会打开你无权打开的门闯进他人房间吗？你知道，有位比在座的各位都聪明的哲人说过："人类自诞生之日起，就被赋予了好奇之心。"你知道另一个关于好奇心的例子，是吗？杰克。这不是你们的岛。这是我们的岛。你们之所以能生存下来是因为我们让你们生存。
杰　克：我不相信你。
其他人：你不相信什么？

知识点拨

1. How long have you been here…? 意为"你来这儿多久了？"，How long have you been…? 意为"你……多久了？"，常用句型，后面可以跟名词、介词短语、现在分词或过去分词。例如：How long have you been married? 你结婚多久了？ How long have you been working here? 你在这儿工作多久了？

2. for the first time 意为"第一次"，例如：I've been here for the first time. 我是第一次来这里。注意与 the first time 区分，the first time=as soon as，例如：I loved this picture the first time I saw it. 我第一次看到这幅画就喜欢上它了。

3. belong to 意为"属于"，例如：He belongs to Chicago. 他是芝加哥的居民。

4. get no business 意为"没有权利"，business 有"商业；生意；职责"等意思，在这里取"职责"之意。

5. a whole lot smarter than anybody 意为"比任何人都聪明"，a whole lot "很多；非常"，常修饰比较级，例如：a whole lot easier 更为简单。

6. be blessed with 的意思有"赋有（能力等）……；幸运地享有……"，在本句中表示"赋有好奇心这个能力"，另外一层意思常用在祝福中，例如：May you be blessed with love and happiness forever! 愿你们永远相爱，幸福永远！

词汇加油站

kitchen ['kɪtʃɪn] *n.* 厨房
business ['bɪznəs] *n.* （某人或某机构）管的事；职责
smart [smɑːrt] *adj.* 聪明的
species ['spiːʃiːz] *n.* 种类
curiosity [ˌkjʊriˈɑːsəti] *n.* 好奇心
dawn [dɔːn] *n.* 黎明
bless [bles] *v.* 祝福

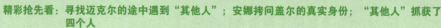

精彩抢先看：寻找迈克尔的途中遇到"其他人"；安娜拷问盖尔的真实身份；"其他人"抓获了四个人

片段二

时间： 第16集 00:11:28 ～ 00:12:40
地点： 军械库
人物： 安娜，盖尔
事件： 在萨伊德和洛克等人都拷问不出盖尔的真实身份时，洛克请警察出身的安娜来拷问盖尔。

精彩亮点

1
在安娜拷问之前，杰克、洛克、萨伊德都已经和盖尔谈过，萨伊德甚至对他进行了严刑逼供，尽管萨伊德对盖尔所说的身份有所怀疑，但是没有确凿的证据来证明；对于盖尔来说，他已重复讲了好几遍他的故事，每讲一次对他来说都是一种考验，因为他得讲得没有漏洞，并且前后保持一致。

2
"其他人"中曾有人假装是飞机失事人员混进了机尾幸存者中，并且协同"其他人"抓走了很多壮丁和小孩，安娜将她怀疑的内奸扔进了洞里，并告诉了盖尔这件事，也是想让盖尔知道自己一向处理问题的手段干净利落，从而不对安娜有轻视心理。

3
安娜怀疑的那个人却被人杀了，安娜后来才意识到抓错了人，安娜在这里说这样的话看似是宽慰盖尔，实质上是想给他个下马威，让盖尔意识到就算安娜判断错误，可是她对怀疑的对象却毫不留情，从而让盖尔对她有所畏惧，并且愿意跟她讲他的故事。

Gale: Were you on the plane, too?

Ana: I was in the tail section. We crashed on the other side of① the island.

Gale: You walked across all the way here? That must have been fun.

Ana: It had its moments. So, are you going to tell me your story, Henry?

Gale: Why bother, **I've already told it to everyone…Jack, Locke, the big black**☺₁ **guy that cut off**② **his** beard in front of me. Oh, yeah, and my buddy, Sayid. You can see how much he liked my story.

Ana: So how about you try me③?

Gale: I don't mean to be ungrateful, but why are you going to help me get out of here?

Ana: On the other side of the island there was this guy with us. I was 100 percent convinced that④ **he wasn't on the plane. So I** dug **a whole and I** threw **him in it.** ☺₂

Gale: And what happened?

Ana: I was wrong. And now he's dead. **But good news for you**⑤ **Henry…I don't make the same mistake twice. So how about you tell me your story?** ☺₃

Season 2 与机尾幸存者合作求生 | **Scene 7 与"其他人"的交锋**

译文

盖尔：你也曾在飞机上吗？
安娜：我在尾舱里，我们坠毁在小岛的另一边。
盖尔：你一直从那儿走过来的？那一定很有趣。
安娜：也算是有一些趣味。那么你准备跟我说说你的故事吗，亨利？
盖尔：为什么老烦我？我已经跟每个人说过了……杰克，洛克，那个在我面前剪胡子的黑大个儿。哦，是的，还有我的萨伊德老兄，你知道他有多喜欢我的故事。
安娜：那不如再跟我说说。
盖尔：我不是这么不领情，但是你为什么要帮我出去呢？
安娜：在岛的另一边有一个人跟我们在一起，我100%确定他不是那架飞机上的人，所以我挖了个坑，把他扔了进去。
盖尔：然后呢？
安娜：我错了，他死了。但是好消息是，亨利，我不会犯同一个错误。所以你跟我说说你的故事怎么样？

知识点拨

1. on the other side of 本义是"在……的另一边"，本句中即此义，引申义有"在……另一面"，例如：the other side of the coin 事情的另一面。

2. cut off 本义是"剪掉，切掉"，本句中即此义，引申义有"切断；中断；使隔绝；使夭折"。

3. try me 即"说来听听"，地道的口语表达，可以单独使用。

4. I was 100 percent convinced that... 意为"我百分之百地确信……"，be convinced that "确信……"，例如：The doctor is convinced that she does not need to lose weight. 医生确信她没有必要减肥。

5. 这是一个省略句，完整的表达是"I have got good news for you."，这里省略了主语和谓语。

词汇加油站

tail [teɪl] n. 尾部，尾巴
beard [bɪrd] n. 胡须
ungrateful [ʌnˈɡreɪtfl] adj. 不领情的，忘恩负义的
convince [kənˈvɪns] v. 说服；使确信
throw [θroʊ] v. 扔
section [ˈsekʃn] n. 部门；区
buddy [ˈbʌdi] n. 兄弟
dig [dɪɡ] v. 挖

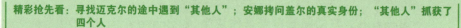

精彩抢先看：寻找迈克尔的途中遇到"其他人"；安娜拷问盖尔的真实身份；"其他人"抓获了四个人

时间： 第 24 集 00:22:35～00:23:58
地点： 码头
人物： "其他人"，索耶，凯特，盖尔
事件： 在迈克尔的欺骗下，杰克他们被"其他人"抓获。

精彩亮点

1 因迈克尔的欺骗，幸存者中的四个人被"其他人"击中后被掳，并戴上头套来到了码头，四个人被摘下头套且清醒过来，反应很激烈，所以汤姆让他们安静下来。

2 "其他人"中的汤姆曾在杰克他们寻找迈克尔的过程中抓过凯特一次，所以凯特一下便认出他来，也看出他的胡子是假的，凯特在这里也是揭穿他的伪装。

3 面对凯特对他假胡子的揭穿，汤姆非但不生气，还顺便把假胡子摘下来，因为已经抓获杰克他们，他也不用再伪装了，所以也和自己人开起了玩笑。

4 盖尔这里所说的正经事，指的是按照之前的约定，迈克尔将名单上指定的四个人带过来，盖尔便会兑现之前对迈克尔的承诺，即将他的儿子沃尔特放了，并送给他们船只，帮他们离开这座荒岛。

Sawyer: Son of bitch…

Mr. Friendly: Everybody just calm down①.☺₁

Kate: It's fake. I know that your beard is fake.☺₂

Mr. Friendly: Sorry, missy, I didn't get you.

Ms. Klugh: She says she knows your beard's fake, Tom.

Mr. Friendly: Well, thanks for pointing that out②, Kate. I can't tell you how much this thing itches③. And thanks for telling them my name.☺₃

Gale: Hello again. Where's your beard?

Mr. Friendly: I think they know.

Gale: Alright, let's take care of business, shall we④?☺₄

译文

索　　耶：该死的。
友好先生：嘿，大家都冷静一下。
凯　　特：是假的，我知道你的胡子是假的。
友好先生：抱歉，小姐，我没听懂你的话。
克鲁女士：她说她知道你的胡子是假的，汤姆。
友好先生：好吧，谢谢你把话挑明，凯特。这玩意实在太痒了。谢谢你告诉他们我的名字。
盖　　尔：再次打个招呼，你的胡子呢？
友好先生：我想他们知道（是假的）。
盖　　尔：好吧，我们开始干正经事，好吗？

知识点拨

1. calm down 意为"冷静下来"，例如：Calm down, there's nothing to worry about. 安静下来吧，没有什么值得焦虑的。

2. point out 意为"指出，指明"，例如：Can you point out the hotel on this map? 你能指出这家旅馆在地图上的位置吗？

3. 这是一个 how much 引导的宾语从句，从句中语序为陈述语序，例如：I can't imagine why he did that thing. 我不能想象他为什么做那件事。

4. 这是一个反意疑问句，一般是陈述部分肯定式 + 疑问部分否定式（即前肯后否），陈述部分否定式 + 疑问部分肯定式（即前否后肯），以 let's 开头的祈使句，疑问句用 shall we；take care of business=take charge of 意为"关注我们的事业"，即认真开始做正经事，例如：Who's going to take care of business while I am away? 我不在的时候谁负责？

词汇加油站

fake [feɪk] *adj.* 假的
itch [ɪtʃ] *v.* 痒，发痒

beard [bɪrd] *n.* 胡子

精彩抢先看：克莱尔询问查理雕像的事情；洛克跟踪查理，发现查理藏毒品；查理送克莱尔疫苗，与克莱尔关系改善

Scene 8 查理因毒瘾与克莱尔的关系变化

时间： 第2集 00:19:49～00:20:49
地点： 沙滩上
人物： 克莱尔，查理
事件： 克莱尔看到圣母玛利亚雕像，询问查理是怎么回事。

精彩亮点

1. 舱门已经被炸开，杰克告诉他们当天晚上先不要进去，而凯特和洛克还是进了舱内，杰克担心他们的安全也决定去舱口那儿，赫尔利对杰克的决定很担忧，于是克莱尔问查理对这个问题的看法。

2. 查理在树林里发现了飞机残骸，飞机上有一些圣母玛利亚雕像，这些雕像里藏有海洛因，这里查理只告诉了克莱尔一部分真相，而没告诉她里面藏有毒品，以掩饰自己还有毒瘾的事实。

3. 克莱尔看到查理的雕像，以为查理有宗教情结，才会将圣母玛利亚雕像留在身边。二人虽然在小岛上关系亲近，但是对对方现实生活的经历还不是很了解，所以克莱尔才会有这样的疑问。

4. 查理之前在洛克的帮助下毒瘾小了，可是当他发现雕像里的海洛因时，毒瘾又犯了，可见查理并没有彻底戒掉毒瘾，毒瘾还是会再犯。所以查理说将雕像留在身边，万一毒瘾又犯了，他还可以及时满足自己。

Claire: What do you suppose all that's about? ☺1

Charlie: I reckon Jack's going to do something heroic. What?

Claire: You always try to① be funny when you don't want to answer a question.

Charlie: Try to be funny?

Claire: What's this?

Charlie: Oh, I found it in the jungle. ☺2

Claire: You found it?

Charlie: Yeah. Be careful. Be careful② with it. Hey, take Aaron. You've got to be careful with it, you know. It's the Virgin Mary. She's holy.

Claire: I didn't realize you were so religious. ☺3

Charlie: I'm not. It's just, you know, it might come in handy③. ☺4 It'd be a nice thing to have around.

Season 2 与机尾幸存者合作求生 | **Scene 8** 查理因毒瘾与克莱尔的关系变化

译文

克莱尔：你认为是怎么回事？
查　理：我猜杰克会做些英勇的事。你觉得呢？
克莱尔：你不想回答问题的时候总是想表现得幽默一些。
查　理：想表现得幽默？
克莱尔：这是什么？
查　理：哦！在丛林里边找到的。
克莱尔：你找到的？
查　理：是的。小心，小心点儿。接住艾伦。你要小心对它，知道吗？这是圣母玛利亚，她是神圣的。
克莱尔：看不出来你还这么忠诚。
查　理：不。这只是，你知道的。有可能会派得上用场的，带在身上是个不错的东西。

知识点拨

1. **try to** 意为"试图"，例如：Mary is very quiet; try to fetch out at the party. 玛丽非常腼腆，设法鼓励她在聚会上开口说话。try best to "尽全力"；try not to "尽量不要"。

2. **be careful=take care** 即"小心"，be careful with sth. 表示"做某事很小心或仔细"，例如：Do be careful with this feature. 小心这个特性。注意区别于 be careful of 表示"当心，留意"，例如：Be careful of the dog; it sometimes bites people. 当心那条狗，它有时候咬人。

3. **come in handy** 即"迟早会派上用场"，例如：Do not throw that plastic bag away; it may come in handy. 别把那个塑料袋扔了，会用得着的。

词汇加油站

suppose [sə'pouz] v. 假定；认为
heroic [hə'rouɪk] adj. 英雄的
holy ['houli] adj. 神圣的
religious [rɪ'lɪdʒəs] adj. 宗教的，虔诚的
reckon ['rekən] v. 评估
jungle ['dʒʌŋɡl] n. 树林
realize ['riːəlaɪz] v. 了解

101

精彩抢先看：克莱尔询问查理雕像的事情；洛克跟踪查理，发现查理藏毒品；查理送克莱尔疫苗，与克莱尔关系改善

片段二

时间：第 12 集 00:27:01 ～ 00:28:16
地点：树林里
人物：查理，洛克
事件：洛克跟踪查理来到树林里，发现了查理还藏有毒品；查理本想扔掉毒品，而洛克以为查理还在吸食毒品。

精彩亮点

1. 查理之前和洛克说过，装有海洛因的雕像都已经被他销毁了，而现在洛克跟踪查理，却发现查理只是将他们藏了起来，这让洛克感觉受骗了；洛克本来一直都在帮助查理戒毒，他以为查理戒毒成功了，但是当他看到查理藏匿了毒品后，便对查理很失望。

2. 查理这次来到毒品的藏匿点，本来就是要打算销毁这些毒品的，但是洛克跟踪他，且看到了毒品，让他感觉到洛克对他的不信任，从而使他原本坚定的戒毒之心受到打击。

3. 洛克之前为了查理戒毒，曾给他讲过一个破茧成蝶的故事，是想启发查理知道在成功戒毒之前都要经历一些痛苦的过程，这些过程都是一种考验。洛克是一个有信仰的人，他相信命运，相信命运的安排都是有原因的，查理也受其影响。

4. 克莱尔已经知道雕像里面藏有毒品，因此与查理冷战，查理也想通过戒毒来挽回关系，如果让克莱尔知道他还没完全戒毒，他便很难再次赢得克莱尔的信任，所以查理请求洛克不要将雕像还存在的事实告诉克莱尔。

Locke: **You said you destroyed them all, and yet here they are.** ☺₁ How is that the wrong idea?

Charlie: I came out here to finish the job. I'm going to get rid of① these right now.

Locke: Yeah, that's very convenient now that I found you.

Charlie: What are you doing?

Locke: There was a time when I let you choose whether or not you were going to do this to yourself. Now I'm making that choice for you②.

Charlie: **Oh, you don't believe me?** ☺₂ Give them to me. Give them to me right now; I'll destroy them. Look. I'll throw them in the sodding wind③. Look, John, I know I lied, alright. Wait, wait, wait. Remember all those talks we had, you and me? **You said everything happens for a reason — this island tests us.** ☺₃ That's what this is, John, a test. This is my test. That's why these are here.

Locke: These are here because you put them here, Charlie.

Charlie: Wait, John, wait. What are you going to do? Are you going to tell Claire? You can't. If she sees them, I'm done. **She'll never trust me again** ☺₄, and she has to, John. It's about the baby, alright? Aaron's in danger. You have to believe me.

Locke: You've given up④ the right to be believed, Charlie.

Season 2 与机尾幸存者合作求生 | **Scene 8** 查理因毒瘾与克莱尔的关系变化

译文

洛克：你说你全给毁了，那这是什么？我怎么误会了？

查理：我来这就是要完成这件事的，我现在就来解决它们。

洛克：是啊，既然我发现了，解决就很方便了。

查理：你干什么？

洛克：从前我给你时间，让你选择要不要自己解决，现在我替你拿主意了。

查理：你不相信我？给我，现在就给我。我这就毁了它们。你看！我这就把它们给扔了！听着，约翰！我知道我说谎了，等等，等等，等一下，约翰！记得我们的谈话吗？你和我。是你说的事情发生都是有原因的，这座岛在考验我们。这就是了，约翰，至少这是一场考验。这是对我的考验，所以它们还在这。

洛克：它们还在这是因为你放这儿的，查理。

查理：等等！约翰，等一下！你想怎么办？告诉克莱尔？不行。如果她看见了，我就完了。她就再也不会相信我了，而她必须相信我，约翰。这关系到那孩子，明白吗？艾伦有危险，你必须相信我。

洛克：你已经放弃被相信的权利了，查理。

知识点拨

1. get rid of 有"甩掉，摆脱；除掉"的意思，在这里表示"扔掉，甩掉"。

2. make that choice for you 意为"为你做出选择"，例如：You need to make a right choice for you, not a choice that simply follows the desires of others. 你需要为自己做一个正确的决定，而不是简单的人云亦云。

3. throw in the sodding wind 意为"扔得远远的"。

4. give up "放弃"，例如：How silly it was of you to give up such a good chance. 你放弃如此好的机会是多么的愚蠢啊！

destroy [dɪˈstrɔɪ] v. 销毁
sod [sɑːd] n. 草皮

convenient [kənˈviːniənt] adj. 方便的

精彩抢先看：克莱尔询问查理雕像的事情；洛克跟踪查理，发现查理藏毒品；查理送克莱尔疫苗，与克莱尔关系改善

时间： 第22集 00:11:57～00:13:14
地点： 沙滩上
人物： 克莱尔，查理
事件： 查理帮克莱尔的孩子找到一些疫苗，并亲自试验过才给克莱尔，借此机会也来改善一下两个人的关系。

精彩亮点

1 自从克莱尔知道查理一直有毒瘾之后，便对查理失去了信任，加上查理因毒瘾出现了幻觉，对克莱尔的孩子差点儿造成伤害，二人的关系几乎破裂，所以当克莱尔看到查理走过来，便客气地询问他是否有什么事，害怕他对孩子造成伤害。

2 克莱尔之前回想起了被伊桑抓捕的经历，并且想起伊桑曾在她怀孕的时候给她注射过什么东西，所以克莱尔认为孩子需要注射疫苗。她曾试图去医疗站寻找，却没有找到，而查理对克莱尔和孩子一直都很关心，所以将找到的疫苗给克莱尔。

3 查理亲自试验疫苗，以保证孩子注射疫苗后没有异常反应，查理这么用心除了为孩子着想之外，其实也是想借此机会挽回一下二人的关系，以再次赢得克莱尔的好感和信任。

Claire: Is there something you want, Charlie? ☺1

Charlie: Yeah, I found something on the pallet I thought you might need.

Claire: Vaccine?

Charlie: I don't know what we need a vaccine for, but I figured if anyone should have it, you and the baby should① ☺2. It's alright. It's a…it's a pneumatic injector. You just put into your leg and it goes right in. Quite painless, really.

Claire: You seem to know a lot about it.

Charlie: I tried it. I wanted to make sure② it was safe before giving it to you and the baby.

Claire: Well, how do you feel? I mean, did it do anything? What did it, what did it do?

Charlie: I feel fine. Anyway, it says you're supposed to give yourself a shot③ every 9 days. Alright? So, there's enough here for you and the baby for a while④. That's it. I'll put it…I'll put it…

Claire: Thank you.

Charlie: Welcome.

Claire: I should really feed him.

Charlie: Yeah. Hey, Claire, did you think that maybe you and I could… ☺3

104

Season 2 与机尾幸存者合作求生 | Scene 8 查理因毒瘾与克莱尔的关系变化

译文

克莱尔：查理，你想要什么？
查　理：嗯。我在货架上发现了些东西，我想你或许需要。
克莱尔：牛痘苗？
查　理：我不知道我们需要牛痘苗做什么。不过我想有什么人需要它的话，应该是你和婴儿吧。没关系，这个是……这个是气动注射器。你只要在腿部注射，然后针液就会流入体内。真的不会很痛。
克莱尔：你好像对这个蛮了解。
查　理：我已经试过了，给你和孩子之前我要确保它是安全的。
克莱尔：那么你感觉怎么样？我是说，有什么反应吗？有效吗？
查　理：我感觉不错。总之，说明书说你要连续9天每天给自己注射。清楚吗？这够你和孩子用一段时间的。好了，我把它放在……
克莱尔：谢谢你。
查　理：不用谢。
克莱尔：我真的要喂他了。
查　理：哦，好的。克莱尔，你觉不觉得我和你可以……

知识点拨

1. 宾语从句是一个虚拟语句，figure 在这里是"认为；估计"的意思。

2. make sure 意为"确保"，例如：You must make sure that every door and window had been locked. 你必须确保所有门窗都关了。

3. give yourself a shot 意为"给自己注射"，give a shoot 意为"打针"，give it a shoot（俚语）意为"试一试"，例如：I think I should give it a shot. 我觉得我应该试一试。

4. for a while 意为"一会儿"，例如：stay for a while 意为"再留一会"，just for a while 意为"只要一会儿"，for the present 意为"暂时，目前"。

 词汇加油站

pallet ['pælət] *n.* 托盘，货架
pneumatic [nu:mætɪk] *adj.* 充气的
painless ['peɪnləs] *adj.* 无痛的
shot [ʃɑːt] *n.* [美国英语]（疫苗等的）注射；（麻醉剂等的）一次注射；一服
feed [fiːd] *v.* 喂养，为……提供食物
vaccine [væk'siːn] *n.* 疫苗，痘苗
injector [ɪn'dʒektə] *n.* 注射器

精彩抢先看： 本利用起搏器控制索耶；本试图说服杰克为他治疗；杰克离间"其他人"关系来帮凯特和索耶逃跑

Scene 1 杰克等人被困并试图逃脱

时间： 第4集 00:14:57～00:16:35
地点： 关押索耶的牢房
人物： 索耶，本
事件： 本向索耶演示兔子被安装了起搏器后，因激动而死亡，并告知索耶他身上也安装了类似的东西，需要小心注意。

精彩亮点

1 本在索耶面前不断地抖动兔子所在的笼子，就这样不到一分钟兔子便没有了动静，所以索耶怀疑是本把兔子杀死了，只是不知道他是如何杀死兔子的。

2 索耶被抓到手术室，并被注射了什么东西昏迷了过去，醒来后本便告知索耶，他身上已经像兔子那样被安装了起搏器，本在这里向索耶解释起搏器是什么。

3 本安装的起搏器是为了监视索耶的脉搏，控制索耶的心率，如果他的心脏跳动超过了起搏器的承受范围，他就会因此死亡。本以这种方式来控制索耶，使索耶处于被动境地，可见索耶被关押后生理和心理都被控制，本的手段极其残忍。

4 本知道索耶和凯特的关系，为了测试索耶对凯特的感情，故意要求他不要告诉凯特实情，同时避免凯特知道后做出一些不利于他们的举动。

Sawyer: Did you just kill that bunny? ☺₁
Ben: You know what a pacemaker is?
Sawyer: What?
Ben: They stick them in ① the tickers of people who've had by-pass work who's heart need just a little jump—a kick-start. ☺₂ The rabbit had a small pacemaker set to deliver its kickstart should it get too excited, or anxious, or frightened — or should it try to escape ②. Assuming ③ you were telling the truth about your age and weight, your resting heartrate should be about 70 beats per minute. Your active heart rate, however, that would be about 140 — which is the point at which your pacemaker will cause your heart to explode. ④ Which is how I know that you're going to start behaving now? The watch monitors your pulse. If you get within 15 beats of your danger zone it'll start to beep. ⑤ ☺₃.If and when it beeps, you're going to want to relax yourself. Do some deep breathing, some yoga.
Sawyer: If you want me dead, why don't you just shoot me and get it over with?
Ben: Because we're not killers, James. Oh, and one other thing — Kate… ☺₄

Season 3 被困神秘组织设法逃生 | Scene 1 杰克等人被困并试图逃脱

译文

索耶：你杀了那只兔子？
本：你知道什么是起搏器吗？
索耶：什么意思？
本：他们将起搏器放置在做过搭桥手术的人，心脏只需要一个小刺激就能运作。那只兔子装了个小小的起搏器，慢慢刺激它的心脏跳动。要是它变得太兴奋，或者焦虑，或者恐惧……或想要逃跑（起搏器会让它的心脏爆炸）。如果你的年龄和体重属实，你平常的心率应该是每分钟 70 跳。兴奋时会达到大约 140 跳，你的起搏器就会让你的心脏爆炸。我觉得你要从现在起好好表现，这个手表监视着你的脉搏。如果你达到了危险区域的 15 跳以内，它就会鸣叫。如果它叫了，你就要想办法让自己平静下来，做些深呼吸，做些瑜伽。
索耶：如果你要我死，为什么不朝我开枪，一了百了？
本：因为我们不是杀手，詹姆斯。哦，还有一件事，凯特……

知识点拨

1. stick in 在这里表示"插入；陷入"，例如：to stick a needle in one's finger "把针刺入手指"，stick in my mind "刻在我的脑海里"；stick in the mud "保守，墨守成规"（俚语）。

2. should it... 这是一个 if 被省略的倒装句，全句应该是 if it should...，是一个条件状语从句，也是一个虚拟语气，意思是"如果它……"。

3. assume 是引导条件从句的连词，相当于 if，后面引导虚拟语句，主语后面跟 could/would/should/might do/be sth.。

4. 这是一个复合句。however 表转折，常放在句中；第一个 which 引导的是定语从句，先行词是 140；第二个 which 引导定语从句，先行词是 the point。

5. if 引导的条件状语从句，意思是"如果……"，在复合句中，主句用将来时，从句用一般现在时，例如：If it doesn't rain, we will go to the park next Sunday. 如果不下雨，我们下周日去公园。

词汇加油站

pacemaker ['peɪsmeɪkər] *n.* 起搏器
ticker ['tɪkər] *n.* （美国俚语）心脏
kick-start [kɪkstɑːrt] *n.* 启动器
anxious ['æŋkʃəs] *adj.* 焦虑的

stick [stɪk] *v.* 插入；刺
by-pass ['baɪpɑːs] *n.* 搭桥
deliver [dɪ'lɪvər] *v.* 传递

精彩抢先看：本利用起搏器控制索耶；本试图说服杰克为他治疗；杰克离间"其他人"关系来帮凯特和索耶逃跑

时间： 第5集 00:21:06 ～ 00:22:57
地点： 关杰克的舱内
人物： 本，杰克
事件： 本告诉杰克曾经对付他的计划，试图通过坦白来说服杰克去为他治疗。

精彩亮点

1. 本最擅长的事情，就是通过各种方式达到自己想要的目的，并让参与者觉得这是他们自己的主意和选择，本也想利用朱丽叶，使杰克对她产生感情，从而使杰克愿意主动帮他们做事情，由此可见本的心思太缜密，心机太重了。

2. 朱丽叶曾故意将本的X光片挂在手术室外面，从而使杰克得以看到并诊断出本的病情，而这也破坏了本的完美计划，本需要治疗成为当下最重要的事情，本将这一切坦白地告诉杰克，其实也是想以一种诚意赢得杰克为他治疗。

3. 本的背部长了致命的肿瘤，如果不马上做手术，会有生命危险，而这时遇到医生杰克，对本来说简直是救命稻草，本在这里说是上帝的安排，其实也是为了激发杰克作为医生治病救人的意识，从而说服杰克能够帮他进行手术。

Ben: We had such a wonderful plan to break you, Jack.

Jack: Break me?

Ben: Wear you down until you were convinced we weren't your enemies①. Get you to trust us. And then, of course, we'd lead you to believe that you were choosing to do whatever we asked you to do.☺₁ All of this assumed, of course, that you would get invested②.

Jack: Invested in what?

Ben: Has it not occurred to③ you that Juliet bears a striking resemblance to your ex-wife?

Jack: Why are you telling me this?

Ben: I'm telling you this, Jack, because my wonderful plan… got shot to sunshine when you saw my damned x-rays and figured out I was dying④.☺₂

Jack: All of this… you brought me here to operate on you⑤. You want me to save your life.

Ben: No, I want you to want to save my life. But we're beyond that now, so… All I can ask is that you think about it. Do you believe in God, Jack?

Jack: Do you?

Ben: Two days after I found out I had a fatal tumor on my spine; a spinal surgeon fell out of the sky. And if that's not proof of God, I don't know what is.☺₃

110

Season 3 被困神秘组织设法逃生 | **Scene 1** 杰克等人被困并试图逃脱

译文

本：我们曾有过一个完美的计划来攻克你，杰克。

杰克：攻克我?

本：跟你一直磨下去，到你相信我们不是敌人为止。让你相信我们。然后，当然，我们会让你相信是你自己选择做任何我们叫你做的事。这一切，显然，是假设你会投入感情作为前提。

杰克：对什么投入感情?

本：你难道不觉得朱丽叶和你的前妻惊人地相似吗?

杰克：你为什么要跟我提这个?

本：我告诉你这个，杰克，是因为我完美的计划……在你看到我那该死的 X 光片，发现我就要死了的那一刻彻底泡汤了。

杰克：这一切……你带我来这里是为了给你做手术。你想要我救你的命。

本：不，我想要你自愿救我的命，但我们现在是不能了，所以……我能说的就是请你考虑一下。你信上帝吗，杰克?

杰克：你呢?

本：在我发现脊柱上有个致命肿瘤的两天后，一个脊柱外科医生从天而降，如果这都不算是上帝的安排的话，我不知道什么才是。

知识点拨

1. wear down 的意思是"消磨，磨损"，until 在这里是连词，表示"……时候为止"；如果谓语动词为否定，则 until 应译为"到……时候才"，即"在……以前不"，例如：I did not watch TV until she came back. 直到她回来我才开始看电视。

2. whatever 的意思是"无论什么"，后面引导宾语从句；assume 的意思是"假定，假设"，表虚拟，后面跟宾语从句。

3. occur 的基本意思是"呈现在视野、思想和意识中"。occur 常与介词 to 连用，意为"发生；想起"等；occur 一般只用作不及物动词，含有"出乎意料"的意思。It occurs to sb. that 表示"某人突然想起"；bear resemblance to 意思是"与……相似"，bear a striking resemblance to 即"与……非常相似"，是常用词组。

4. get shot 的本意是"被击中"，get shot to sunshine 意思是"曝光；泡汤"，figure out 的意思是"解决；弄明白"。

5. operate on sb. 即"给某人做手术"的意思，例如：When is the doctor to operate on you? 医生什么时候给你做手术?

词汇加油站

assume [əˈsuːm] _v._ 假装，假定
fatal [ˈfeɪtl] _adj._ 致命的
spinal [ˈspaɪnl] _adj._ 脊髓的

invest [ɪnˈvest] _v._ 投资
tumor [ˈtuːmər] _n._ 肿瘤
surgeon [ˈsɜːrdʒən] _n._ 外科医生

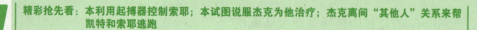

精彩抢先看：本利用起搏器控制索耶；本试图说服杰克为他治疗；杰克离间"其他人"关系来帮凯特和索耶逃跑

片段三

时间： 第7集 00:08:25～00:09:33
地点： 手术室
人物： 朱丽叶，杰克，汤姆
事件： 朱丽叶指出杰克计划的漏洞，杰克告知汤姆朱丽叶的计划，离间两个人的关系。

精彩亮点

1
"其他人"所在的岛屿与飞机失事的幸存者们所在的岛屿不是同一个，中间还相隔几英里，这是杰克之前万万没有想到的，朱丽叶向杰克提醒这一点，并不只是善意的提醒，而是想与杰克达成某种交易，以便实现她最初的目的。

2
杰克对朱丽叶始终抱有戒备之心，所以当朱丽叶说出她的交易意图后，杰克趁机揭穿她想利用杰克杀死本的计划，这样就使汤姆和朱丽叶之间产生对立，迅速转移了矛盾，从而使杰克有时间去思考使索耶和凯特离开的对策。

3
杰克的话让汤姆感到震惊，汤姆虽然没有完全相信杰克的话，但杰克所说的话还是让他对朱丽叶产生了怀疑和不信任，忠诚于本的汤姆为了不使情况恶化，要求担任手术助手的朱丽叶离开，这样无意中也为杰克减少了一个敌人。

Juliet: Your friends aren't going to make it back to your side of the island because we're not on that island. **We're on a smaller island two miles offshore.** ☺1

Tom: Afraid so.

Juliet: So why don't we see if we can come up with some kind of peaceful resolution①?

Jack: A peaceful resolution?

Juliet: That's right.

Jack: Is that what you call asking me to kill Ben while on the operating table? Make it look like an accident② ? ☺2

Juliet: That's ridiculous.

Jack: She wants Ben to die. She said if I did it that she would protect me.

Juliet: Tom! He's lying! I don't know what you're trying to do, Jack, but…

Tom: Enough! Juliet, get out.

Juliet: Tom, he's lying!

Tom: You said you can't stitch him up③… then you don't need to be in here. Go, Julie. ☺3

Juliet: Don't let him fool you.④ He'll never let a patient just die.

112

Season 3 被困神秘组织设法逃生 | Scene 1 杰克等人被困并试图逃脱

译文

朱丽叶：你的朋友们不可能回到你们的营地，因为我们不在那个岛上。我们在一个更小的岛上，离海岸两英里。

汤　姆：恐怕是的。

朱丽叶：为什么我们就不能想出一个和平的解决方法呢？

杰　克：和平的解决方法？

朱丽叶：是的。

杰　克：是指你让我在手术台上杀了本？并做得像一场意外？

朱丽叶：太荒谬了。

杰　克：她想要本死。她说如果我这么做，她就会保护我。

朱丽叶：汤姆！他在说谎！我不知道你要怎样，杰克，但是……

汤　姆：够了！朱丽叶，出去！

朱丽叶：汤姆，他在说谎。

汤　姆：你说你不能缝合他，那你也没有必要在这里了。出去，朱丽叶。

朱丽叶：不要被他愚弄了。他是绝不会眼睁睁地让一个病人死去的。

知识点拨

1. Why don't we...? 是反问句，意思是"我们为什么不……？"，表建议。come up with 意思是"提出，想出"，peaceful resolution 即"和平的解决方案"。

2. ask sb. to do sth. 即"请求某人做某事"；while 表示"当……时候"；operating table 即"手术台"；look like 即"看起来像……"。

3. stitch up 有"缝补；算计"的意思，在这里既表示"缝补"，又暗示"算计"，其实是一种双关的用法。

4. 这是一个祈使句，don't 后面要接动词原形，表示"建议；要求；命令"等。

词汇加油站

island ['aɪlənd] *n.* 岛，岛屿
peaceful ['piːsfl] *adj.* 和平的
accident ['æksɪdənt] *n.* 事故，意外遭遇
lie [laɪ] *v.* 躺；撒谎；欺骗；位于
fool [fuːl] *v.* 愚弄
offshore [ˌɔːfˈʃɔːr] *adv.* 离海岸
resolution [ˌrezəˈluːʃn] *n.* 解决方法
ridiculous [rɪˈdɪkjələs] *adj.* 荒谬的
stitch [stɪtʃ] *v./n.* 缝
patient ['peɪʃnt] *n.* 病人

113

精彩抢先看：洛克带营地人员去珍珠号；萨伊德他们发现火焰站；洛克等人为是否要救杰克产生分歧

Scene 2 洛克试图救埃克和杰克等人

时间： 第5集 00:14:57～00:15:49
地点： 沙滩上
人物： 营地幸存者们
事件： 洛克号召大家去珍珠站舱口，同时去救埃克，大家调整适应洛克的领导方式。

精彩亮点

1 杰克作为营地之前的领导者，常常要带领大家寻找资源，对抗"敌人"，他经常单独行动，或者是带着洛克、凯特和萨伊德去冒险，而使大家得到保护，这是杰克的领导方式，大家还习惯于之前的这种方式，所以才对洛克的举动不太理解和适应。

2 杰克现在被"其他人"抓走了，下落不明，所以营地暂时没有领导，而洛克要带领大家找杰克，在洛克看来，认为人多力量大，他希望大家都能积极参与行动，这种作风和杰克的领导方式不太一样，也需要大家的适应和支持。

3 自从发现了珍珠号舱口，洛克觉得这对寻找杰克他们有帮助，所以想继续去那里挖掘更多有用的信息；而埃克正好也坠毁在珍珠站的入口上面，这与洛克的计划不冲突，所以洛克说这一行程正好能一举两得，可见洛克能够充分利用时间和资源去办事情。

Hurley: Yeah, see, Jack would go and do stuff① alone. Or he'd take Sayid or Kate. ☺₁

Locke: Yeah, well. I'm not Jack. The more the merrier②. ☺₂

Nikki: I'll go.

Locke: Great!

Paulo: What?

Locke: Anybody else want to come, meet us at the tree line in 10 minutes. Bring water.

Paulo: You're not serious.

Nikki: What? You always whine about③ not being included. Now's our chance.

Desmond: Would you mind if④ I asked you a question, Brother?

Locke: Shoot.

Desmond: Are we off to poke at a computer, or are we going after your man Eko?

Locke: Two birds, one stone.⑤ Eko's heading for⑥ the plane that crashed on top of the entrance to⑦ the Pearl station. ☺₃

Season 3 被困神秘组织设法逃生 | Scene 2 洛克试图救埃克和杰克等人

译文

赫尔利：好的，看见了吧，如果是杰克他一般会单独行动，或者带上萨伊德或是凯特。

洛　克：是的，好吧，但我不是杰克，我认为人越多越好。

尼　基：我去。

洛　克：很好！

保　罗：什么？

洛　克：还有人想一起去的话，十分钟后在林木线那里跟我们汇合。带上水。

保　罗：你不是认真的吧？

尼　基：什么？你总是抱怨从来没你的份。现在就是我们的机会啊。

德斯蒙德：介不介意我问你个问题，兄弟？

洛　克：说吧。

德斯蒙德：我们是去摆弄电脑，还是去找埃克？

洛　克：一石二鸟。埃克是去了坠毁在珍珠号入口上面的飞机那里。

知识点拨

1. do stuff alone 即"单独行动"，do stuff 有"显身手"的意思，例如：It's your turn to sing now, so do your stuff. 现在轮到你唱了，露一手吧。

2. the more the merrier 表示"越多越好"

3. whine about=complain 意为"发牢骚，抱怨"，例如：Never whine about how bad it is, but to spend time focusing on what you are going do with it, how you can turn things around. 不要浪费时间抱怨情况有多糟，而是想一想你能够如何处理，怎样才能改变这个局面。

4. Would you mind if... 后面接从句时，从句中的谓语动词常为过去式，用来表示委婉的语气。

5. Two birds, one stone. 是谚语，表示"一石二鸟，一举两得"，也经常用"To kill two birds with one stone."，例如：Mr. Wang wants to kill two birds with one stone by visiting relatives in Shanghai and looking into a business possibility. 王先生回上海，既探亲，又打听经商机会，真是一举两得。

6. head for 即"走向，朝……前进"，例如：He headed for me after I called him. 叫了他一声之后，他朝我走了过来。

7. entrance to 即"……的入口"。

词汇加油站

stuff [stʌf] n. 东西；物品
serious ['sɪrɪəs] adj. 认真的，严肃的
shoot [ʃuːt] int. [口] 说吧，请讲
merry ['meri] adj. 愉快的，高兴的
whine [waɪn] v. 哭哭啼啼；哀鸣；哭嚷；惨叫
poke [poʊk] v. 戳；伸出；捅；推

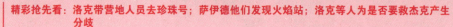

精彩抢先看：洛克带营地人员去珍珠号；萨伊德他们发现火焰站；洛克等人为是否要救杰克产生分歧

时间： 第11集 00:19:45～00:20:42
地点： 火焰站
人物： 萨伊德，凯特，米哈伊尔
事件： 萨伊德他们救杰克的路上，发现了"火焰站"舱口，萨伊德询问米哈伊尔舱口情况。

 精彩亮点

1 萨伊德他们在营救杰克等人的路途中，突然看到了一座房子，于是便设计闯进了米哈伊尔的住所，米哈伊尔却很淡定地和他们聊天，互相询问情况。

2 萨伊德他们在进入"火焰站"之前，先观察了解了一下周围的情况，由此来推断这个地方的危险情况，所以无意中也看到了这些电线。

3 米哈伊尔曾参过军，退伍后看到报纸上的招聘信息，所以来到了这个小岛上，那批创始者也正是带他来到这个岛上的人。

4 迈克尔曾带着杰克等五个人去"其他人"的营地，萨伊德和金、宋一起驾驶着德斯蒙德的帆船进行支援，后来船只还是被"其他人"给劫走了，这里萨伊德以为"其他人"也是米哈伊尔说的敌人。

Mikhail: I grow the tea myself. So pardon its bitterness①. ☺1

Sayid: Any tea is good tea.

Kate: You know how long it's been since we've seen ice?

Sayid: I noticed a series of② thick wires as I walked around③ the station. ☺2

Mikhail: This is the hub. But they go around to various stations on the island.

Sayid: And these cables, do any of them run into④ the ocean?

Mikhail: Yes. There is an underwater beacon that emits sonlar pings to help guide in the vessels.

Sayid: By vessels, you mean submarines.

Mikhail: Yes. The Initiative used it to bring us to the island ☺3. But I can only imagine that The Hostiles have either destroyed it or decommissioned it by now⑤.

Sayid: That explains how they are able to get around⑥ my position and capture our sailboat.

Mikhail: You have a sailboat?

Sayid: Until we lost it to your Hostiles. ☺4

Mikhail: That's very unfortunate.

Sayid: Well, at least we were able to kill one of them.

Season 3 被困神秘组织设法逃生 | **Scene 2 洛克试图救埃克和杰克等人**

译文

米哈伊尔：我自己种的茶，所以如果苦的话请包涵。
萨伊德：有茶就很好了。
凯　特：你知道我们有多久没见过冰了吗？
萨伊德：我看了看，发现站周围有很多电线啊。
米哈伊尔：这里有集线器，但那些线通向岛上的各个站点。
萨伊德：这些电缆中有通向海底的吗？
米哈伊尔：有，水下有探照灯用来发射声呐波给船导航。
萨伊德：你说的船是潜水艇？
米哈伊尔：是的，第一批人就是坐潜水艇过来的。但我觉得现在敌人们，要不已经把它摧毁了要不就是不再使用它了。
萨伊德：那就是为什么他们能绕开我的位点，捕获了我们的帆船。
米哈伊尔：你们有帆船？
萨伊德：你的敌人把它抢走了。
米哈伊尔：真不幸。
萨伊德：其实，至少我们杀了他们中的一个人了。

知识点拨

1. pardon 有"请再说一遍；对不起；请原谅"的意思，例如：Pardon? Could you say it a little slower? 对不起，你能稍微说得慢一点儿吗？ Pardon me for what I said. 请原谅我所说的话。Beg your pardon. 请原谅。

2. a series of 意为"一连串；许多"，例如：a random series of numbers 一系列随机数字。

3. walk around=go around 意为"在……随便转转"，例如：If you are able to stand, get up and walk around slowly. 如果你能站立，起来然后四处走走。

4. run into 有"冲进；撞上；到达；注入（海）"的意思，这里指电缆通向海里。

5. either … or 表示"要么……要么……；或者……，或者……"，例如：You can have either this one or that one. 你拿这个或那个都可以。如果连接的两个成分是主语，谓语动词通常与靠近的主语保持一致，例如：Either he or you are right. 要么他对，要么你对。by now 意为"至此"。

6. get around 有"到处走动；规避；有办法应付"的意思，在这里表示"规避"。

词汇加油站

bitterness ['bɪtərnəs] n. 苦味
cable ['keɪbl] n. 电缆
beacon ['biːkən] n. （用作警告或导航的）信号灯
submarine ['sʌbməˌriːn] n. 潜水艇
hostile ['hɑːstaɪl] n. 敌人
hub [hʌb] n. 集线器
underwater [ˌʌndərˈwɔːtər] adj. 水下的
vessel ['vesl] n. 船只
initiative [ɪˈnɪʃətɪv] n. 创始，主动权
decommission [ˌdiːkəˈmɪʃn] v. 停止使用

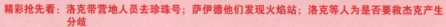

精彩抢先看：洛克带营地人员去珍珠号；萨伊德他们发现火焰站；洛克等人为是否要救杰克产生分歧

片段三

时间： 第13集 00:03:56～00:05:10
地点： "其他人"住宅区外面
人物： 洛克，萨伊德，凯特
事件： 洛克一行人来到了"其他人"的住宅区，却看到杰克与"其他人"的头领握手，三人对是否要救杰克产生争论。

精彩亮点

1
洛克等人历尽艰辛找到了"其他人"的住宅区，本以为直接救出杰克就好了，然而却看到杰克在这里活动自由，还与"其他人"中的头领亨利握手交谈，这让洛克他们开始怀疑杰克投靠了"其他人"，这是他们来之前万万没有想到的，所以说情况比他们想象的复杂。

2
萨伊德也觉得现在还不确定杰克到底出于何种原因与亨利握手，万一杰克真的投靠了"其他人"，那他也许真的不需要被救走，甚至可能联合"其他人"来对付他们，如果他们搞不清楚状况而贸然行动，只会让大家陷入被动境地。

3
洛克虽然也对杰克目前的立场开始怀疑，但他从杰克之前大义凛然的为人处事态度，推断杰克不是那么容易叛变的人，更愿意相信杰克有可能有他自己的原因，所以想通过与杰克进行一次沟通来了解真实状况，而不是贸然下判断。

Locke: This is going to be more complicated than① we thought.☺1

Sayid: So what exactly are you saying? We simply start shooting people and hope for② the best?

Kate: We came here to rescue Jack and that's what we're going to do.

Sayid: Obviously the circumstances have changed. He may not want to be rescued.

Kate: That is not him. That is not Jack. They must have done something to him. When they captured us, they drugged us.

Sayid: He did not appear to be③ drugged, Kate.

Kate: They kidnapped him! Held him prisoner! He wouldn't just forget that④!

Sayid: I agree. But until we know why, we're putting our lives at risk⑤.☺2

Kate: I'm not leaving him, Sayid.

Sayid: You may not have a choice.

Locke: It's Jack. The first time I saw him he was risking his life pulling people out of burning airplane wreckage. If he's shaking hands with the others, I'm sure he has a good reason. We just have to go down there and find out what it is.☺3

Sayid: What do you suggest?

Locke: We wait until it's dark. We approach Jack when he's alone. And if he wants out, we get him out.

Season 3 被困神秘组织设法逃生 | Scene 2 洛克试图救埃克和杰克等人

译文

洛　克：这可能比我们想象的要复杂得多。
萨伊德：你到底想说什么？我们就这样朝着他们开枪然后希望有个好的结局？
凯　特：我们是来这里是为了要救杰克的，这就是我们要做的。
萨伊德：很明显现在情况有变了，他可能不想我们去救他。
凯　特：那不是他，那不是杰克。他们肯定对他做过些什么，他们之前抓住我们的时候曾经麻醉过我们。
萨伊德：他看起来不像是被麻醉了，凯特。
凯　特：他们绑架过他！他们把他关在牢房里面！他不会忘了的！
萨伊德：我同意。但除非我们知道他为什么要这样做，否则我们就是拿小命开玩笑。
凯　特：我不会不管他的，萨伊德。
萨伊德：你可能没有选择。
洛　克：那可是杰克。我第一次见他时，他正冒着生命危险从冒着火光的飞机残骸里把人拉出来。如果他跟他们握手，我肯定他有他的理由，我们潜进去查清楚到底是怎么回事。
萨伊德：你有什么好建议？
洛　克：我们等到天黑了再行动，当杰克自己一个人出去的时候我们就去找他。如果他想走的话，我们就带他走。

知识点拨

1. more … than … 比……多，更，例如：Francis Bacon once said "A wise man will make more opportunities than he find." 弗朗西斯·培根曾说，智者创造的机会比他得到的机会要多。

2. hope for=expect 意为"期望"，后面常跟名词或名词性短语。

3. appear to be 即"好像是，仿佛"，appear to be reluctant "不情愿；勉强"，appear to be improving "好转"，appear to be stalling "蓄意拖延"。

4. 这里 wouldn't 表示过去将来时，would 是 will 的过去式形式。加 not 后，就构成了否定式。

5. put something at risk 有"使陷入险境；使冒风险"，在这里表示"使冒风险"。

词汇加油站

complicated [ˈkɑːmplɪkeɪtɪd] *adj.* 复杂的
obviously [ˈɑːbviəsli] *adv.* 明显地
drug [drʌg] *v.* 使服麻醉药
hold [hoʊld] *v.* 禁锢
wreckage [ˈrekɪdʒ] *n.* 残骸，废墟

rescue [ˈreskjuː] *v.* 救援，解救
circumstance [ˈsɜːrkəmstæns] *n.* 情况，状况
kidnap [ˈkɪdnæp] *v.* 绑架，拐卖
prisoner [ˈprɪznər] *n.* 囚犯
approach [əˈproʊtʃ] *v.* 接近，逼近

精彩抢先看：杰克被抓洛克主动担任营地领导；赫尔利说服索耶担任领导；杰克回来继续领导赢得大家信任

Scene 3 沙滩上领导的更换

时间： 第 03 集 00:39:35 ～ 00:40:26
地点： 沙滩上
片段一
人物： 营地所有人
事件： 埃克受伤被带回营地，大家对杰克等人的状况担忧，洛克发表演说，主动担任营地领导。

精彩亮点

1 埃克受伤了，大家看到此情境，习惯地寻求医生及杰克的帮助，可见杰克在营地中的重要性以及大家对杰克的依赖。

2 杰克一行人因被迈克尔欺骗和诱导，在去营救迈克尔儿子的路途中被"其他人"抓获了，赫尔利因不是他们名单中的人，被抓获后又被释放了，并让他告诉营地的人不要过来找他们，所以赫尔利在这里告诉大家杰克他们的遭遇和情况。

3 自杰克等人被"其他人"抓获后，营地没有了领导者，而几个能干的人也都不见了踪影，大家在对杰克等人的状况进行担忧的同时，回家的信念也开始动摇，洛克看到营地里大家信心涣散的情况，主动将领导的重任担负在自己身上，给大家传递希望和信心。

4 在安抚完大家的慌乱情绪后，洛克在这里已经像一个领导者那样，安排大家处理当下的问题，他思路清晰，行动快速。

Nikki: We need Jack. ☺₁
Locke: Take him in. ①
Hurley: Jack's not coming back. They've got him. ☺₂
Claire: What? What are you talking about, Hurley?
Nikki: Jack's gone? I don't understand. Okay, when were planning on telling ② us this, Hurley?
Paulo: What do you mean by "they"? Who are "they"?
Locke: They are the others. And, yes, they've taken Jack, and Kate and Sawyer.
Paulo: How? What happened?
Claire: What about Sun and Jin and Sayid? Are they okay?
Locke: I don't know. I'm going to find our friends. I don't know how yet ③, but I will. ☺₃ We're going to find them. All of them. And then we're going to bring them home. But first things first ④, we've got to look out for ⑤ Mr. Eko ☺₄. So, Paulo and Nikki, bring towels and water. Claire, we've got to clean him up ⑥ so bring all the first aid ⑦ supplies.

Season 3 被困神秘组织设法逃生 | **Scene 3** 沙滩上领导的更换

译文

尼　基：我们需要杰克（来处理）。
洛　克：把他带进去。
赫尔利：杰克不会回来了。他们把他抓了。
克莱尔：什么？你在说什么，赫尔利？
尼　基：杰克被抓走了？我不明白你打算什么时候告诉我们，赫尔利？
保　罗：你说的是"他们"什么意思？"他们"是谁？
洛　克：他们是"其他人"。是的，他们带走了杰克，还有凯特和索耶。
保　罗：怎么带走的？出什么事了？
克莱尔：那宋和金还有萨伊德呢？他们没事吧？
洛　克：我不知道，我要找到我们的朋友。目前我还无从下手，但是我会做到的，我们会找到他们的，他们每个人。然后我们会带他们回家，但是先解燃眉之急，我们得先照料好埃克先生。所以，保罗，尼基拿毛巾和水过来，克莱尔，我们得把他弄干净，把你能找到的急救物品全拿来。

知识点拨

1. Take him in. 意为"带他进去"。take in 除了"带进去"的意思之外，还有"欺骗；吸收"等意思。

2. plany on telling 意为"准备告诉"，plan on doing sth. 即"计划做某事"。

3. yet 作为副词，在这里表示"还；迄今为止"，例如：She didn't realize her mistake yet. 她还没有认识到她的错误。

4. first things first 即"重要的事情先做"，常与 do，put 连用，表示"重要的事先来"，也可以说 do / put first things first。

5. look out for 的意思有"当心；寻找；照料"，在这里表示"照料"。

6. clean up 即"清理，收拾干净"，比如：clean the classroom up 打扫教室；此外，clean up 还有"整顿，改进；完成，结束"的意思，例如：clean up one's act 改邪归正；clean up the job 完成工作。

7. first aid 即"急救"，first aid supply "急救材料"，first aid case "急救箱"，first-aid skills "急救技能"，first-aid station "急救站"。

mean [miːn] *v.* 意思是
aid [eɪd] *n.* 救护
towel ['taʊəl] *n.* 毛巾
supply [sə'plaɪ] *n.* 供给，储备

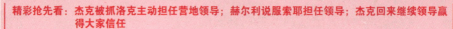

精彩抢先看：杰克被抓洛克主动担任营地领导；赫尔利说服索耶担任领导；杰克回来继续领导赢得大家信任

时间： 第15集 00:34:15～00:35:20
地点： 沙滩上
人物： 索耶，赫尔利
事件： 索耶得知没有投票这回事，质问赫尔利为什么欺骗他，赫尔利说服索耶，说营地需要他成为当下的领导者。

精彩亮点

1
索耶从"其他人"那里回到了营地，却不怎么受营地的人欢迎，赫尔利骗索耶说如果想被营地的人员接纳，需要获得营地的人的投票决议，为此他努力讨好大家，可无意中从查理口中得知，大家根本不知道有投票这回事，索耶这才意识到被赫尔利骗了。

2
杰克被"其他人"抓获，洛克、凯特和萨伊德又去营救杰克去了，保罗和尼基又死了，营地现在又成了无人领导的混乱状态了，营地需要一个能够团结大家、稳定大家信心的强者，而索耶本人虽然不受大家欢迎，但至少是一个聪明的、有头脑的人，所以大家开始指望索耶能带领给大家走出困境。

3
索耶本人并没有担任领导者的意愿，但是他一个人也无法在小岛上生活得很好，赫尔利便故意让索耶为大家做一些事情，这样既能赢得大家对他的喜欢，同时这种为他人做事的过程又让索耶渐渐体会到了为大家服务的快乐，这种快乐感和成就感也不知不觉地把索耶推向了营地领导者的位置。

Sawyer: You son of a bitch①. **There was ever going to be no vote.** ☺1

Hurley: But, wasn't it nice, being nice.

Sawyer: You tricked me into being decent②. That's got to be the lamest cons in the history of cons.

Hurley: Wasn't a con, dude. If you're going to be our temporary leader, you need to do some damage control③.

Sawyer: Leader? What the hell are you talking?

Hurley: Jack's gone, Locke's gone, Kate and Sayid, you're all we got. And Paulo and Nikki dying, we all look to④ **you** ☺2. Then again you totally tried to steal the diamonds, but we wanted to look to you. Look around⑤, you made everyone happy. **Just for today, they can eat boar, laugh, and forget that they're totally screwed. And you did that for them dude, you.** ☺3

Sawyer: Well what if⑥ I don't want to be the leader?

Hurley: Yeah well, I don't think Jack wanted it either. Sucks for you dude.

Season 3 被困神秘组织设法逃生 | **Scene 3** 沙滩上领导的更换

译文

索　耶：你这个混蛋，根本就没有什么投票。
赫尔利：但是……这样不好吗？和蔼友善一些。
索　耶：你是在耍我，让我表现得得体大方，这将是欺诈史上最糟糕的一次欺诈。
赫尔利：那可不是什么欺诈，伙计。如果你要成为我们暂时的领袖，你必须做点儿什么。
索　耶：领袖？你到底在说些什么？
赫尔利：杰克不在了，洛克不在了，凯特和萨伊德（也不在了）……就剩下你了。在保罗和尼基死的时候，我们都指望你。而你又试图偷走他们的钻石，但我们还是想依靠你。看看四周，你让所有人都很开心。只有今天他们可以吃野猪肉，开怀大笑，忘记他们的烦恼。这些都是你的功劳，伙计，是你。
索　耶：如果我不想当什么领袖呢？
赫尔利：噢，我想杰克当初也不想当。你要学会承受，伙计。

知识点拨

1. son of a bitch 意为"极坏的人；狗崽子，混蛋"，口语中骂人的话；另外在表示惊讶、厌恶、愤怒、失望时也常说，表示"见鬼"。

2. trick me into doing sth. 即"诱使某人做某事"，trick sb.=play a trick on sb. "捉弄某人"，trick sb.out of sth. "从某人处骗走某物"。

3. damage control 意为"损害管制；紧急管制"，即力图把破坏程度降至最低，或力图避免伤及元气，在本句中指对无人管理的营地的混乱情况进行管理。

4. look to 有"注意；指望，依赖；照看"的意思，在这里表示"指望，依赖"，例如：He looked to his brother for help. 他希望得到他兄弟的帮助。look up to sb. 尊敬某人。

5. look around 意为"环视四周"，例如：I sat down to rest myself and began to look around. 我坐下来休息，并开始环顾四周。

6. what if 的意思有"如果……将会怎么样？即使……又有什么要紧？"，在本句中表示"如果……会怎么样？"，例如：What if he was going to die？如果他快要死了该怎么办？

 词汇加油站

bitch [bɪtʃ] *n.* 泼妇
decent ['di:snt] *adj.* 得体的
con [kɑ:n] *n.* 欺诈
temporary ['tempəreri] *adj.* 临时的
screw [skru:] *v.* 搞糟，搅乱；弄乱

trick [trɪk] *v.* 戏弄
lame [leɪm] *adj.* 跛足的
dude [du:d] *n.* 伙计
boar [bɔ:r] *n.* 野猪
suck [sʌk] *v.* (俚) 糟糕

精彩抢先看：杰克被抓洛克主动担任营地领导；赫尔利说服索耶担任领导；杰克回来继续领导赢得大家信任

时间： 第21集 00:02:15～00:04:18
地点： 树林里
人物： 所有幸存者们
事件： 朱丽叶卧底身份被揭穿，杰克向大家展示他应对"其他人"的计划与准备。

精彩亮点

1 本派朱丽叶作为间谍来到幸存者的营地，来调查营地中怀孕的女人，这样做是为了有机会带走这些怀孕的女人进行试验和研究，以研究这座岛屿对怀孕的影响。

2 朱丽叶曾以帮宋做孕检和检查健康情况为由，带宋去医疗舱检查孩子的状况。这个孩子是在岛上怀孕的，是她和金的孩子。而朱丽叶在检查完之后又返回舱内将孩子的情况录了音传给了亨利，而宋并不知其真正的动机，所以朱丽叶说欺骗过宋。

3 因为朱丽叶的投靠，杰克他们知道了"其他人"将要何时过来，目的是什么，这一次他们不想躲藏，而想在"其他人"到来之前做好充分的准备，正面应对和打击"其他人"，这样才能避免一直被"其他人"欺负和侵扰。

4 杰克在得知"其他人"的阴谋之后，便在一直悄悄筹谋，并为应对"其他人"做准备，可见杰克仍像一个领导者在为整个营地的幸存者着想，他做的这些准备也再次赢得了营地人的信任和支持，当之无愧地再次成为营地的领导者。

Jack: A couple of ① nights ago, Juliet came to me and she told me everything. That Ben had sent her here to find out which of our women were pregnant... ☺1

Kate: So what, you guys were doing tests on us?

Juliet: No, but that's what he wanted me to do. I've been leaving tapes at the medical station. You all heard what he said, they're coming tomorrow. Sun, I'm sorry that I lied to you ②. ☺2

Sayid: While I appreciate your honesty, Jack, it doesn't explain why you brought us out here.

Jack: Danielle! Show them. When Juliet told me they were coming, the first thing I thought was, where the hell are we gonna hide this time ③. But hiding's pointless. They're just gonna keep coming back. So I went out and I found some help. And for the past few days, she's been bringing dynamite back from the Black Rock. For the very first time we know exactly what they want, when they're coming to get it, and they have no idea that we're gonna be waiting for them ④ ☺3. So Juliet's gonna mark the tents with the white rocks just like she was told to, but there's not going to be any pregnant women inside, there's gonna be plenty of what we just used on that tree. So tomorrow night, we stop hiding, we stop running, we stop living in fear of ⑤ them. Because when they show up ⑥, we're gonna blow them all to hell. ☺4

译文

杰 克： 几天前的晚上，朱丽叶来找我，将一切向我和盘托出。本派她来调查我们中间怀孕的女人……

凯 特： 这算什么？在我们身上做试验？

朱丽叶： 不，但这正是他要我做的事。我在医疗站留下了录音带。你们都听见他说的了，他们明天就会来。宋，很抱歉，我对你撒了谎。

萨伊德： 杰克，我很感谢你的诚实，但这不能解释为什么你带我们来这儿。

杰 克： 丹妮尔！让他们看看。当朱丽叶告诉我他们要来了，我首先想到的是……这次我们又该躲哪里？躲藏毫无意义，他们会不断卷土重来。所以我出去寻求了些帮助。过去几天，她一直从黑岩石带炸药来。这是我们第一次知道他们想要什么，何时会来，而且他们不知道，我们在等他们上门。朱丽叶会按他们的要求用白色石头给帐篷做记号，但帐篷里不会有孕妇，而是装满我们刚用在那棵树上的玩意儿。所以明晚，我们不再躲藏，不再逃跑，不再生活在恐惧之中。因为他们一旦出现，我们就要把他们炸得粉身碎骨。

知识点拨

1. a couple of 意为"一对儿；少数的，几个"，例如：a couple of nights "几个晚上"，a couple of days "几天"。

2. lie to 的意思有"位于；集中全力在；对……撒谎"，这里 lie to sb. 表示"对某人说谎"。

3. the hell 常用于加强语气，意思是"究竟，到底"，be gonna=be going to，美国口语中常用。

4. have no idea=don't know 意为"一无所知"，例如：You have no idea how much this means to me. 你不会了解这对我来说意义有多大。wait for 意为"等候，等待"。

5. in fear of 意为"害怕，为……而担心"，例如：In momentary fear of being exposed. 时刻担心被暴露。

6. show up 在这里表示"露面"，此外还有"揭露"的意思，如：to show up one's lie 揭穿谎言。

词汇加油站

pregnant ['pregnənt] *adj.* 怀孕的
tape [teɪp] *n.* 录音带
appreciate [ə'pri:ʃɪeɪt] *v.* 欣赏，感激
pointless ['pɔɪntləs] *adj.* 无意义的
very ['veri] *adj.* 真正的

guy [gaɪ] *n.* 小伙子，家伙
medical ['medɪkl] *adj.* 医疗的，医学的
honesty ['ɑ:nəsti] *n.* 诚实，坦率
dynamite ['daɪnəmaɪt] *n.* 炸药
blow [bloʊ] *v.* 爆炸

精彩抢先看：德斯蒙德讲述预知未来的能力；赫尔利鼓励查理一起开车冲破诅咒；查理被德斯蒙德预见溺水而亡

Scene 4 德斯蒙德预知未来的能力

时间： 第8集 00:40:23 ~ 00:42:30
地点： 沙滩
人物： 查理，德斯蒙德
事件： 德斯蒙德被灌醉并送入帐篷，查理向德斯蒙德了解提前预知能力的真相。

精彩亮点

查理和赫尔利把德斯蒙德灌醉，试图趁德斯蒙德酒后探听他是如何预知未来的，刚开始查理与德斯蒙德发生了冲突，德斯蒙德认为查理他们并不能理解他，于是查理将其送进帐篷，这一次二人情绪稳定了下来，查理又试图了解真相。

1

德斯蒙德本来在树林里走着，可是突然就跑回沙滩上，并跳入海中救出克莱尔，查理看到这种情境很是诧异，所以很想了解德斯蒙德是如何预知克莱尔会发生意外的，也很想了解德斯蒙德那些所谓的"片段"是怎么回事。

2

德斯蒙德已经提前两次预知了查理将要发生的变故，并通过各种方式帮他避开了这些危险，虽然他两次改变了查理的命运，但是同时他也感受到有一种不可改变的规律，是他所不能左右的，他不可能一直这么救查理，而这也让他感到很痛苦。

3

Charlie: Desmond, you are going to tell me what happened to you. ☺1

Desmond: When I turned that key my life flashed before my eyes. And then I was back in the jungle and still on this bloody island ①. But those flashes, Charlie — those flashes — they didn't stop.

Charlie: So, you're telling me you saw a flash of Claire drowning this morning — that's how you knew how to save her? ☺2

Desmond: I wasn't saving Claire, Charlie; I was saving you. This morning you dove in after Claire. You tried to save her but you drowned.

Charlie: What are you talking about? I didn't drown.

Desmond: When I saw the lightning hit the roof you were electrocuted. And when you heard Claire was in the water you — you drowned trying to save her. I dove in myself ② so you never went in. I've tried, brother. I've tried twice to save you, but the universe has a way of course ③ correcting and — and I can't stop it forever. ☺3 I'm sorry. I'm sorry because no matter ④ what I try to do you're going to die, Charlie.

126

Season 3 被困神秘组织设法逃生 | Scene 4 雷斯蒙德预知未来的能力

译文

查　理：德斯蒙德，告诉我你究竟发生了什么。

德斯蒙德：当我转动那把钥匙的时候，我的一生就在我眼前闪过。然后我就回到了丛林，仍然待在这个该死的小岛上。然而那些记忆的闪回，查理……那些闪回……从来没有停止过。

查　理：那么，你是说今天早上克莱尔溺水的情景在你脑海里闪过……所以你知道要去救她？

德斯蒙德：我不是救了克莱尔，查理，而是救了你。今天早上你跟着克莱尔跳进水里，你想要去救她，但是你自己也溺水了。

查　理：你在说什么？我没有溺水。

德斯蒙德：当我看见那闪电击中房顶的时候，你被电死了。而当你听见克莱尔在水里呼喊的时候，你……你在尝试救她的时候溺死了。我之所以跳下去是为了救你。我尽力了，兄弟。我尝试救了你两次，但是这个世界有它自己一套的定律来"修正路线"……而，而我却不能永远阻止它发生。很抱歉，我很抱歉无论我怎么尝试，你都会死的，查理。

知识点拨

1. on this bloody island 意为"在这座该死的岛上"，bloody 常表示加强语气，表示一种愤怒，在口语中常出现。

2. dove in myself 意为"我潜入水中"，dive in 在本句中表示"跳水"，此外还有"全身心投入"的意思，例如，So roll up your sleeves and get ready to dive in. 来吧，卷起袖子准备好投入其中吧。

3. a way of course 即"一套规律"，course 有"发展"的意思，例如：run / take its course 任其发展，听其自然。

4. no matter 意为"无论，不管"，一般引导让步状语从句，例如：no matter what (who / when / which / where / how) 分别表示"无论何事，无论何人，无论何时，无论哪个，无论哪里，无论多么"。

词汇加油站

flash [flæʃ] v. 闪过，掠过
drown [draʊn] v. 淹死
roof [ruːf] n. 房顶，屋顶
universe [ˈjuːnɪvɜːrs] n. 宇宙
bloody [ˈblʌdi] adj. 该死的
dive [daɪv] v. 潜水，跳水
electrocute [ɪˈlektrəkjuːt] v. 使触电致死
correct [kəˈrekt] v. 纠正

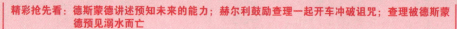

精彩抢先看：德斯蒙德讲述预知未来的能力；赫尔利鼓励查理一起开车冲破诅咒；查理被德斯蒙德预见溺水而亡

片段二

时间： 第 10 集 00:29:57 ～ 00:30:54
地点： 沙滩上
人物： 查理，赫尔利
事件： 查理因被预见死亡愁眉苦脸，赫尔利鼓励他一起发动破车，冲破命运的安排。

精彩亮点

1 查理自从听德斯蒙德讲述了自己必死无疑的预言后，便一直闷闷不乐，不知道死亡何时就会到来，赫尔利看到后便想鼓励查理想开一些。

2 那些数字曾给赫尔利的生活带来很多不幸，赫尔利想冲破那些数字对自己的诅咒，正好看到一辆废弃的汽车，所以想说服查理和他一起尝试冒险去发动这辆汽车。发动那辆破车需要从山坡上滑下来，他们有可能会因车撞到石头而翻车，如果查理因此而死亡，那也许就是命运的安排，如果没有死亡，至少这种直面死亡的勇气可以让查理走出这种被动等待死亡的境地。

3 发动这辆车就像是生活丢给他们的挑战，如果他们能克服恐惧，去使汽车发动成功，又能幸运地活下来，这对他们来说就是成功。如果成功了，这种与死亡擦肩而过的经历，对赫尔利来说能帮他克服对这串数字的恐惧，对查理来说能帮他摆脱被动等待死亡的恐惧，从而使他们都能增加主动掌握自己命运的勇气。

Hurley: Dude. Hey, dude, stop moping. Come on.

Charlie: Not moping — thinking.

Hurley: Oh. When people stare out ① at the ocean and get all quiet-like, they're moping. So get up and come with me. That car I found ... we're getting it running.

Charlie: What's the point? Ow! What did you do that for?

Hurley: Snap out of it ② ! Stop feeling sorry for yourself because someone said you're going to die. ☺₁ I've got an idea that's going to help us both. Now, it is dangerous. And there's a very good chance that you will die.

Charlie: That's supposed to convince me to come with you ③ ?

Hurley: It is. Because if you don't die, then we win. ☺₂

Charlie: Win?

Hurley: Look, I don't know about you, but things have really sucked for me lately and I could use a victory. So let's get one, dude. Let's get this car started. Let's look death in the face ④ and say, "Whatever, man." Let's make our own luck ⑤. ☺₃ What do you say?

Season 3 被困神秘组织设法逃生 | **Scene 4 雷斯蒙德预知未来的能力**

译文

赫尔利：嘿，老兄，别闷闷不乐啦。过来。
查　理：没有闷闷不乐……我在思考。
赫尔利：当人们远眺大海并且保持安静时，那就是闷闷不乐。起来，跟我走。我找到的那辆车……我们正努力让它跑起来。
查　理：重点是什么？哎哟！这是干什么？
赫尔利：振作起来！不要因为有人说你要死了就为自己感到遗憾。我有个主意能帮我们俩。现在，这很危险，你有很好的机会去死。
查　理：这算是说服我跟你走吗？
赫尔利：是的，因为如果你没死，我们就赢了。
查　理：赢？
赫尔利：听着，我不知道你怎么样，但最近事事因我变得糟糕，我真的需要胜利。所以，伙计，让我们来赢一次。让汽车开动，让我们当着死神的面说："随便你，兄弟。"让我们创造自己的运气。你说呢？

知识点拨

1. stare at 意为"凝视"，例如：Please don't stare at me like this; you make me nervous. 请别这样盯着我，你让我局促不安。

2. snap out of it 即"尽快摆脱不好的局面，振作起来"，例如：Come on, snap out of it! 快，振作起来！

3. be supposed to 意为"被期望……"；convince sb. to do sth.=persuade sb. to do sth. "劝说某人（做某事）"。

4. look death in the face 意为"直面死亡"，look someone in the face 即"直视某人"。

5. make our own luck 意为"创造自己的命运"；chance my luck 即"碰碰运气"。

词汇加油站

mope [moʊp] *v.* 生闷气；忧郁
snap [snæp] *v.* 断开
suck [sʌk] *v.* 烂透了

quiet-like [ˈkwaɪətlaɪk] *adj.* 似乎安静的
convince [kənˈvɪns] *v.* 说服
victory [ˈvɪktəri] *n.* 胜利

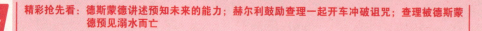

精彩抢先看：德斯蒙德讲述预知未来的能力；赫尔利鼓励查理一起开车冲破诅咒；查理被德斯蒙德预见溺水而亡

时间： 第21集 00:08:52～00:10:35
地点： 沙滩上
人物： 德斯蒙德，查理
事件： 德斯蒙德又预见查理要溺水身亡，告知查理这次死亡将能救大家。

精彩亮点

1
德斯蒙德已经预知过查理的好多次死亡，并通过各种方式帮助查理避免了一次次的变故，对查理来说知道自己即将死亡的预言已经不是第一次了，所以如果再次听到这样的消息，他已经能够坦然接受了。

2
德斯蒙德一向预言很准，当查理听到德斯蒙德说，有救援飞机将克莱尔和她的孩子接走了，查理兴奋地以为这次大家都能获救了，于是以为这次的预言和自己的死亡就没有多大关系了。

3
有救援飞机出现，这是荒岛上每个幸存者的梦想，德斯蒙德深知这件事与每个人的利益相关，而这一切的前提却是查理的死亡；之前德斯蒙德已经救过查理好多次，而这次因关系重大，查理死亡的厄运又一直没有停止过，所以这次他没有直接去救查理，而是选择将事情之间的关系告诉查理，既让查理对自己的死亡有所准备，又让查理看到自己死亡的意义。

Desmond: Er, sorry. Er, Charlie. Can you give me a hand① with something?

Charlie: Yeah, Desmond. Of course. So you ready to tell me what you saw this morning?

Desmond: Aye.

Charlie: Right. So how's it happen this time? Come on②, Des. You can tell me; I can take it. ☺₁

Desmond: What I saw, Charlie, was … Claire and her baby getting into③ a helicopter. A helicopter that … lifts off④, leaves this island.

Charlie: Are you sure?

Desmond: Aye.

Charlie: A rescue helicopter … on this beach? This island, that's what you saw? We're getting bloody rescued! I thought you were gonna tell me I was gonna die again! ☺₂

Desmond: You are, Charlie.

Charlie: Wait, what?

Desmond: If you don't … none of⑤ it will happen. There won't be any rescue. I'm sorry, brother, but this time … this time you have to die. ☺₃

Season 3 被困神秘组织设法逃生　　**Scene 4** 雷斯蒙德预知未来的能力

译文

德斯蒙德：对不起，查理。你能出来帮个忙吗？

查　理：好的，德斯蒙德。当然可以。那么你准备好告诉我你今早看到了什么吗？

德斯蒙德：是的。

查　理：好吧。那么这次会发生什么？说吧，德斯。你可以告诉我，我能承受。

德斯蒙德：查理，我看到……克莱尔和她的孩子上了架直升机。直升机……起飞离开了这个小岛。

查　理：你肯定？

德斯蒙德：是的。

查　理：救援直升机……在这个岛的海滩上？这个岛？这就是你看到的？我们要得救了！我以为你又要说我会死！

德斯蒙德：是的，查理。

查　理：等等，你说什么？

德斯蒙德：如果你不死……这一切都不会发生。不会有什么救援。对不起，兄弟，但这一次……这一次你非死不可。

知识点拨

1. give sb. a hand 意为"给予……帮助"，例如：He's always willing to give a hand to anyone who asks. 任何人有求于他，他总是乐于帮助。

2. **come on** 意为"来吧；快"，常用在口语中，表示提醒、催促、鼓励。**take it** 意为"忍受，忍受得住（困难、痛苦、不幸、批评等）"，常与 can 或 be able to 连用。

3. get into 意为"进入，卷入"，例如：get into trouble "陷入麻烦"，get into a rut "墨守成规"。

4. **lift offf** 有"揭开；起飞"的意思，这里表示"起飞"，相当于 take off。

5. none of 意为"（三个或以上）都不；没有一个"，例如：He has made a lot of promises, but none of them have been carried out. 他的承诺可不少，但都是口惠无实。

词汇加油站

aye [aɪ] *int.* 是，行
rescue ['reskju:] *n.* 援救，营救
gonna ['gɔ:nə] 将要

helicopter ['helɪkɑ:ptər] *n.* 直升机
bloody ['blʌdi] *adv.* 非常

精彩抢先看：朱丽叶请杰克给本做手术借机杀本；朱丽叶请杰克帮本做手术；朱丽叶背叛本投靠幸存者们

Scene 5 朱丽叶与本的关系变化

时间： 第5集 00:32:32 ～ 00:34:34
地点： 关押杰克的牢房
人物： 朱丽叶，杰克
事件： 朱丽叶放无声电影，请杰克为本做手术，并制造本手术死亡的意外。

精彩亮点

朱丽叶有意让杰克看到本的X光片，之后本便请求杰克为其做手术，杰克正左右为难，不知该不该给本做手术，所以在这里也是想征求朱丽叶的看法。

朱丽叶口头说的是给杰克看电影，实质是想给杰克看一部他们自己拍的片子，但是牢房内安装了摄像头，所以朱丽叶故意把电视的声音调小，以便杰克既能听到她将要说的话，又能看明白她放映的片子的意思，同时还不被亨利识破。

"其他人"中的成员对亨利也早有不满，知道亨利是一个善于撒谎的危险人物，总是专注于研究生小孩，很多人都想摆脱他的控制，所以希望杰克能够趁给亨利做手术的机会，制造他意外死亡的事实，这样他们既对付了亨利，同时又不被拥护亨利的人攻击。

Jack: You don't trust me anyway① ?☺₁
Juliet: I trust you just fine. Just thought I'd put a movie in② .
Jack: You know what? I'm going to pass on the movie③ .
Juliet: You'll like this one, Jack. It's "To Kill A Mockingbird". It's a classic.
Jack: Juliet, I don't want to watch a movie right now!
Juliet: I'll turn the sound down④ ,☺₂ then. I felt like I should apologize. Say I'm sorry. I'm sorry for bringing you here. And for everything that's been done to you, and your friends. You have to know we were desperate. It was only so that we could save his life. (ignore everything I'm saying) Ben... He's a great man. I know you find that hard to believe⑤ , (Ben is a liar) but... he is. You probably feel like⑥ ... (and he is very dangerous) you don't have a choice. But you do, Jack. Free will be all we've really got, right? **(Some of us want a change) (But it has to look like an accident)**☺₃ Anyway, just wanted to put in my two cents⑦ . (It has to look like we tried to save him) (And that's up to you⑧ , Jack) I told you before you can trust me. I want you to trust me, now, When I tell you that doing the surgery is absolutely the right thing for you to do. (It's a complicated surgery, no one would ever know) It's the right thing because he deserves to live. (And I would protect you).

Season 3 被困神秘组织设法逃生 | Scene 5 朱丽叶与本的关系变化

译文

杰　克：你不再信任我了？
朱丽叶：我信。只是想给你放部电影。
杰　克：你知道吗？我很不想看电影。
朱丽叶：你会喜欢的，杰克，片名是《杀死一只知更鸟》，很经典的。
杰　克：朱丽叶，我现在没心情看电影。
朱丽叶：那我把声音关小。我想我应该道歉，说声对不起。我对把你带到这里，还有我们对你和你的朋友们做过的事表示抱歉，但你必须知道我们非常绝望。只有这样才能救他（忽略我说的所有话）。本……他是个大好人。我知道你很难相信，（本是个骗子），但……他确实是的。你也许觉得……（而且他非常危险）你没有选择，但其实你有的，杰克。我们拥有的也只有自由意志而已，不是吗？（我们之中有人想要改变）（但这必须看起来像是一场意外）无论如何，我只想表达我的意见。（必须像是我们已尽力救他）（这就看你的了，杰克）我说过你可以信任我。现在你要相信我，做手术对你而言绝对是明智之举。（这是个很复杂的手术，没人会发现）因为他应该活下来。（而且我会保护你的）。

知识点拨

1. not ... anymore=no more 意为"不再"，两者的区别是，no more 一般置于行为动词后，not ... any more 常置于句末，例如：Whatever it had been it was no more at hand. 无论它以前怎么样，反正眼前它不存在了。Now she wasn't afraid any more. 现在她再也不害怕了。

2. put in 有"放入；提出；实行；提交"等意思，在这里表示"插入，放入"。

3. pass on 意为"传递"，这里指跳过电影，也就是没有意向想看。

4. turn down 意为"关小"，turn up "调高"，turn on "打开"，turn off "关掉"。

5. hard to believe 意为"难以置信"，例如：It was hard to believe, but there before them all stood Jesus. 这难以置信，但是耶稣就站在他们所有人的面前。

6. feel like 的意思有"感觉像……；想要；觉得"，在这里表示"觉得"。

7. put in one's two cents 意为"发言；发表个人意见"。

8. be up to sb. 意为"由……决定,取决于某人"，例如：It's all up to you. 全听你的了。

词汇加油站

mockingbird [ˈmɑːkɪŋbɜːrd] n. 知更鸟
apologize [əˈpɑːlədʒaɪz] v. 道歉
ignore [ɪɡˈnɔːr] v. 忽略
surgery [ˈsɜːrdʒəri] n. 外科手术
complicated [ˈkɑːmplɪkeɪtɪd] adj. 复杂的

classic [ˈklæsɪk] n. 经典著作
desperate [ˈdespərət] adj. 绝望的
liar [ˈlaɪər] n. 说谎者，骗子
absolutely [ˈæbsəluːtli] adv. 绝对地
deserve [dɪˈzɜːrv] v. 应得

精彩抢先看：朱丽叶请杰克给本做手术借机杀本；朱丽叶请杰克帮本做手术；朱丽叶背叛本投靠幸存者们

时间： 第9集 00:10:39～00:11:32
地点： 关押杰克的牢房
人物： 朱丽叶，杰克
事件： 朱丽叶遇到了麻烦，于是请杰克帮本做手术来帮助她。

精彩亮点

1 自从那次杰克给亨利做手术并趁机救了凯特和索耶之后，他看到朱丽叶也被抓了起来，而现在朱丽叶又出现在牢房，杰克很惊讶，所以在这里询问情况。

2 朱丽叶原本要求杰克协助他在手术时杀死亨利，可是在亨利那次手术过程中，亨利和朱丽叶进行了秘密谈话，之后朱丽叶便改变了态度，希望杰克能帮亨利成功完成手术。而亨利手术后又出现了感染，病情只有杰克才能帮助控制。

3 自杰克被"其他人"抓来后，一直都是朱丽叶给杰克提供食物，并和杰克走得很近，相互了解和交流得比较多，尽管朱丽叶对本的态度一再变化，但她还是希望杰克能帮她的忙。

4 朱丽叶上次和杰克达成交易，杰克救亨利，朱丽叶帮凯特和索耶离开岛屿，在那次事件中，朱丽叶打死了一个自己人，所以这次的麻烦也是指的那件事。

Jack: I thought you were locked up①.₁

Juliet: They let me out to examine Ben. His vitals are low and he has a fever②. I took this about 10 minutes ago. It's of his stitches. They're infected, aren't they?₂

Jack: Yes.

Juliet: Will you come look at them?

Jack: No.

Juliet: Jack.

Jack: No.

Juliet: I'm not asking you for them, or him. I'm asking you as a personal favor③ to me.○₃

Jack: You want me to help him again?

Juliet: Yes.

Jack: Are you sure about that, Juliet?

Juliet: Yes, I'm sure.

Jack: And this is because he said that he would let you go home.

Juliet: No. No. It's because I'm in trouble④.○₄

译文

杰　克：我还以为你被关起来了。

朱丽叶：他们放我出来给本做检查，他的脉搏很微弱，而且有高烧。我10分钟前拍的这个，他缝针的地方有感染，是吧？

杰　克：是的。

朱丽叶：你能去看看吗？

杰　克：不行。

朱丽叶：杰克……

杰　克：不行。

朱丽叶：我不是为了他或他们来求你，而是以个人的名义求你帮我。

杰　克：你要我再救他一次？

朱丽叶：是的。

杰　克：你确定吗，朱丽叶？

朱丽叶：是的，我确定。

杰　克：他们以释放你为条件吗？

朱丽叶：不，不是……是因为我有麻烦了。

知识点拨

1. lock up 有"上锁；监禁；冻结"等意思，在这里取"监禁"之意，be locked up in some place 意为"被关在某个地方"。

2. have a fever 意为"发烧"，例如：Mary has a fever. 玛丽发烧了。

3. as a personal favor 意为"作为私人帮忙"，favor 在这里表示"恩惠；支持"。

4. in trouble=in difficulty 意为"处于困境，有困难"，例如：He is always ready to help anyone in trouble. 他总是帮助有困难的人。

词汇加油站

vital ['vaɪtl] *n.* 脉搏

stitch [stɪtʃ] *n.* 缝合

personal ['pɜːrsənl] *adj.* 私人的，个人的

fever ['fiːvər] *n.* 发烧，发热

infected [ɪn'fektɪd] *adj.* 被感染的

favor ['feɪvər] *n.* 恩惠，帮助

精彩抢先看：朱丽叶请杰克给本做手术借机杀本；朱丽叶请杰克帮本做手术；朱丽叶背叛本投靠幸存者们

时间： 第20集 00:22:21 ～ 00:23:30
地点： 沙滩上
片段三
人物： 营地的幸存者们
事件： 索耶给大家听了朱丽叶之前录制的磁带，而朱丽叶却早已向杰克坦白了一切，大家知道了"其他人"将要来临。

精彩亮点

1
杰克自从从"其他人"那里回到营地后，和朱丽叶一直走得很近，这让大家对他的信任度降低，因为朱丽叶毕竟是"其他人"中的一员，大家还是对她抱有戒备心理，而现在当索耶听过磁带的内容后，对杰克就更加怀疑了。

2
朱丽叶曾带宋去医疗站检查过孩子的情况，并偷偷将孩子的情况传送给了亨利，虽然她按照亨利的要求做了卧底该做的事情，但她又感觉很愧疚，很不情愿做这件事，最终她选择背叛亨利，而将实情告诉了杰克，加入杰克的团队。

3
杰克告诉大家，他早已知道朱丽叶是卧底的事实，并且已经在为应对"其他人"做准备，但是大家对他所说的还是半信半疑，毕竟朱丽叶是他带回来的，而且他们关系也很亲近，所以杰克为了赢得大家的再次信任，决定带大家实地看看他所做的准备。

Sayid: Where have you been, Jack?
Jack: I asked you where you got it.
Sawyer: You really think you're in a position to be① asking us questions? ☺₁
Juliet: Turn the tape over②.
Sawyer: Stay out of it③.
Juliet: You wanna burn me at the stake④, here I am, but first turn the tape over, press play.
Ben: Juliet, it's Ben. I'm sending three teams to extract Kwon the night after tomorrow. We won't have time to run Austen's sample, so if you determine that she or anyone else is pregnant, mark their tents and we'll take them too. Good luck.
Juliet: The night I saw your baby on the ultrasound, I told Jack what they were making me do. ☺₂
Sayid: Why didn't you tell us?
Jack: Because I hadn't decided what to do about it yet.
Sayid: Yet.
Jack: I think we've got some catching up⑤ to do. ☺₃

Season 3 被困神秘组织设法逃生 | Scene 5 朱丽叶与本的关系变化

译文

萨伊德：你去哪了，杰克？
杰　克：我问你是从哪拿到（带子）的。
萨伊德：你觉得你还有资格问我们问题吗？
朱丽叶：转到带子的反面。
索　耶：不关你的事。
朱丽叶：你们想要把我绑在火刑柱子上烧死，我就在这儿，但是首先请把磁带翻过来，按下"开始"按钮。
本：朱丽叶，这是本。我会派三队人在后天晚上去抓走权（韩姓）。我们没时间去拿奥斯汀的样本了，所以如果你确定她或者其他人怀孕了，在他们的帐篷做上记号。祝你好运。
朱丽叶：我给你做超声检查的那个晚上，我告诉了杰克他们要我做的事。
萨伊德：你为什么不告诉我们？
杰　克：因为我还没决定要怎么处理。
萨伊德：还没决定。
杰　克：我想我们需要收拾一下。

知识点拨

1. be in a position to do 意为"有资格做，有权做；表示处在……；处境上能做……"，例如：I'm not in a position to say anything. 站在我的立场我什么都没法说。

2. turn sth. over 意为"把……翻过来"，此外还有"仔细考虑；（使）发动"的意思，例如：to turn the new idea over in her mind 考虑那个新想法，to turn over the covers（对某个特定问题的）双方面考虑，turn the engine over 即"发动引擎"。

3. stay out from / of sth. 意为"远离，避开"，这里是一个习惯用法，指命令别人不要插手某件事。

4. at the stake 意为"在火刑柱上"，与 at stake 区别是后者表示"在危险中；利益（生死）攸关"，例如：My honor is at stake, so I cannot let the matter rest. 这危及我的名誉，所以我不能不管。

5. catch up 意为"赶上，追上"，这里是指"收拾东西"。

词汇加油站

stake [steɪk] *n.* 火刑柱
extract [ɪkˈstrækt] *v.* 提取；设法得到；选取（用力）拔出，这里是"抓走"的意思
sample [ˈsæmpl] *n.* 样本
pregnant [ˈpregnənt] *adj.* 妊娠的
play [pleɪ] *n.* 播放键
determine [dɪˈtɜːmɪn] *v.* 决定；查处；测定
ultrasound [ˈʌltrəsaʊnd] *n.* 超声波

精彩抢先看： 本与杰克达成离开岛屿的交易；克莱尔欲用海鸟向外传递信息；幸存者们到无线电发射塔接收信号

Scene 6 想方设法离开岛屿

时间： 第6集 00:30:46～00:31:58
地点： 监控室内
人物： 本，杰克
事件： 本故意让杰克看到凯特和索耶的亲密行为，杰克与本达成交易，杰克为本做手术，本让杰克离开小岛。

精彩亮点

亨利故意放杰克出来，让他从监控室看到索耶和凯特的亲密行为，从而产生嫉妒之心，从感情上刺激杰克，使他愿意配合给亨利做手术。 **1**

亨利背上长了一个肿瘤，最好一个星期内取出来，于是想让杰克帮他做手术。之前亨利亲自拉拢杰克，或派各种人要挟杰克，朱丽叶甚至想通过杰克的手术制造亨利意外死亡假象，杰克一直都不为所动，不相信这些人的花言巧语。 **2**

亨利之前故意给杰克看现实生活中的足球节目，使杰克对现实生活产生渴望情绪，并说要帮助杰克回家；杰克与凯特的关系一直暧昧不清，当他看到凯特已与索耶发生关系，对凯特的感情绝望，于是离开岛屿的想法更加强烈；而亨利此时急需杰克帮他做手术，于是杰克利用此机会与亨利达成交易。 **3**

Ben: If it helps, I was surprised, too☺₁. If I were a betting man, I would have picked her and you①.

Jack: Shut up.

Ben: Well. I suppose this would be the proverbial nail in my coffin, wouldn't it②?

Jack: Tomorrow.

Ben: Sorry?

Jack: Tomorrow morning. First thing, and everything I mentioned before, the instruments, the anesthesia. And someone who can hold a damn clamp.

Ben: Yes. Of course.

Jack: I'll get it out, your tumor. And I'll keep you alive.☺₂ But I need your word what you promised me before. I need to get the hell off this island③.☺₃

Ben: Done④.

Season 3 被困神秘组织设法逃生 | Scene 6 想方设法离开岛屿

译文

本：如果能算安慰的话，我（对他们的结合）也很吃惊。如果让我押宝，我一定选她和你在一起。

杰克：闭嘴。

本：我想，这么说加快了我的死期，对吧？

杰克：明天。

本：你说什么？

杰克：明天早上第一件事，准备好所有我之前提到过的东西……那些器具，麻醉剂，再找个能握紧钳子的人。

本：是的。当然。

杰克：我会取出你的肿瘤，保住你的性命。但你要向我保证，你要信守之前的承诺，我要离开这个岛。

本：说定了。

知识点拨

1. if 引导的虚拟语句，If 从句用过去时，表示不可能实现，大概不会实现或提出作为考虑的假定条件。例如：If you were a bird, you could fly. 假使你是只鸟，你便会飞了。

2. 这是一个反意疑问句，前半部分是 suppose 引导的虚拟语句，后面跟 would do sth., 后半部分是一个疑问句。nail in one's coffin 是个谚语，表示"棺材上的钉子"，颇有板上钉钉，死定了的意味，意指"最后致命的一击。

3. get out 意思是"出去"，keep alive 即"保住性命"，word 后面是个同位语从句，表示对 word 的说明。get off 意思是"离开"。

4. 从语法来看 done 是 do 的过去分词，表示已完成或被完成了。done 在美语口语中常用，表示"同意，成交"，例如：Done, that's the deal. 行，我们就这么说定了。另外还表示"完成，结束"，如工作完成或吃饱了，或者是关系结束，例如：We are done! 我们结束了。

词汇加油站

bet [bet] v. 打赌
proverbial [prə'vɜːrbiəl] adj. 众所周知的
coffin ['kɔːfɪn] n. 棺材
instrument ['ɪnstrəmənt] n. 器械；工具
clamp [klæmp] n. 钳子
promise ['prɑːmɪs] v. 承诺；保证；答应；许诺
pick [pɪk] v. 选择；挑选；采
nail [neɪl] n. 指甲
mention ['menʃn] v. 提到
anesthesia [ˌænəs'θiːʒə] n. 麻醉剂
tumor ['tuːmər] n. 瘤

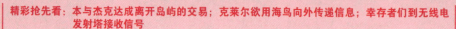
精彩抢先看：本与杰克达成离开岛屿的交易；克莱尔欲用海鸟向外传递信息；幸存者们到无线电发射塔接收信号

片段二

时间： 第12集 00:05:52～00:06:58
地点： 沙滩上
人物： 索耶，克莱尔，宋，金，查理
事件： 克莱尔看到海鸟飞翔，便想通过海鸟来传递救援信息，其他人不理解，于是克莱尔向他们解释她的想法。

精彩亮点

1
克莱尔在沙滩上突然看到一群候鸟飞过，于是她想起之前看过的自然节目，了解到这些候鸟都被科学家进行了标记以便追踪考察，这个想法让她灵机一动，想到了通过候鸟来向岛外的人传递他们的信息，于是便到沙滩上寻求金和宋的帮忙。

2
克莱尔在现实中与母亲的关系并不好，曾试图制造车祸来杀死母亲，但母亲没死，成了植物人。克莱尔后来见到亲生父亲，了解到真相之后，才慢慢意识到母亲的不容易；再加上自己也当了母亲，也经历了和母亲一样的遭遇，所以对母亲的态度有所改观。

3
查理看到德斯蒙德好像又预知到什么不好的事情，于是担忧克莱尔的捕鸟行动会让自己再次陷入死亡的怪圈，所以他对克莱尔想抓捕海鸟传递信息的事情表现冷淡。

Sawyer: Nets for what, Claire?

Claire: Okay, five minutes ago, a flock of① seabirds flew over② my head.☺₁ Seabirds are migratory which means they're going to keep heading south.

Sun: I'm sorry; I don't understand why we need to…

Claire: They're tagged!

Jin: Tagged?

Claire: Scientists tag these birds so they can track them. So, when they eventually land in Australia or New Zealand or wherever, somebody's gonna gather them up③.

Sun: We can send a message!

Claire: If we can catch one. Okay, so here's the plan. First we gotta cut up④ these fish, make chum, that'll get the birds to settle in the water. And then, umm, we're gonna need to cut up some of this net. Charlie, can you go get some knives? Umm, Charlie. Charlie!

Charlie: Yeah, err, how do you even know this stuff about birds, Claire?

Claire: I umm, I watched a lot of nature shows with my mum.☺₂

Charlie: That doesn't exactly make you an expert⑤. I just … I don't want to see you wasting your time, that's all.☺₃

译文

索耶：克莱尔，要网干什么？
克莱尔：好吧，一群海鸟五分钟前从我头上飞过，海鸟是迁徙性的，也就是说它们是往南飞的。
宋：对不起，我不明白为什么我们需要……
克莱尔：它们被做了标记。
金：被做了标记？
克莱尔：科学家为了跟踪考察给它们做了标记。所以它们最终在澳大利亚或新西兰，或随便什么地方落地的时候，有人会把它们圈起来。
宋：我们可以送个信。
克莱尔：前提是我们能抓住一只鸟，好了，这就是我的计划。首先，我们得把这些鱼切碎，做成鱼饵，这样能把海鸟引到水里。然后，我们要把这些鱼网割开，查理，你能拿刀来吗？查理，查理！
查理：嗯，克莱尔，你怎么懂得这些鸟的事情。
克莱尔：我和我妈以前看过很多自然节目。
查理：那也不能让你完全变成专家，我只是……我不想眼睁睁地看着你浪费时间，就这么回事。

知识点拨

1. a flock of 意为"一群"，例如：Birds of a feather flock together. 物以类聚，人以群分。The children huddled together like a flock of sheep. 那些孩子像一群羊一样挤在一起。

2. fly over 意为"飞过"，例如：I allowed them to fly over the city. 我允许他们飞过城市上空。

3. gather…up 意为"使……聚集"，例如：The teacher gathered his pupils up. 老师把他的学生召集起来了。gather up 还有"收拾；概括；集中力量"的意思，例如：gather up the pieces "收拾碎片"，gather up the facts "收集事实"，gather up the courage "鼓足勇气"。

4. cut up=chop up 意为"切碎"，还有"摧毁，抨击；使伤心；炫耀"的意思，例如：to cut up the enemy forces "摧毁敌军"。His latest novel was cut up by the reviewers. 他的最新小说被评论家们批得体无完肤。This news cut him up badly. 这个消息使他非常难过。

5. make you an expert 意为"使你成为专家"，make 在这里表示"使……成为"。

词汇加油站

seabird ['siːbɜːrd] *n.* 海鸟
head [hed] *v.* 朝向
track [træk] *v.* 跟踪
chum [tʃʌm] *n.* 鱼饵，诱饵
knife [naɪf] *n.* 刀子
exactly [ɪɡˈzæktli] *adv.* 正好地，正确地
migratory ['maɪɡrətɔːri] *adj.* 迁移的
tag [tæɡ] *v.* 标记
eventually [ɪˈventʃuəli] *adv.* 最终
settle ['setl] *v.* 安放，安居
stuff [stʌf] *n.* 材料，东西

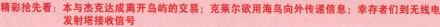

精彩抢先看：本与杰克达成离开岛屿的交易；克莱尔欲用海鸟向外传递信息；幸存者们到无线电发射塔接收信号

时间： 第21集 00:30:06 ～ 00:31:23
地点： 沙滩上
人物： 杰克，萨伊德，萝丝
事件： 为应对"其他人"的到来，杰克本想和另外两个枪手留下来，萨伊德却要求代替杰克留下来，并说服杰克带领大家去信号塔。

精彩亮点

1

自从朱丽叶投靠了以后，营地的人知道"其他人"两天后将要过来，于是决定将计就计，只留下三个枪手，趁机将"其他人"一举歼灭，所以杰克要求除枪手外的其他人离开营地，以做好做战准备；同时去信号塔那边，断开丹妮尔发射的信号的干扰，以便卢梭的手机接收信号。

2

伯纳德要作为枪手之一留下来，萝丝很担心他的安全，所以让杰克做出承诺，杰克无法做出保证万无一失的承诺，便通过巧妙的回答，从乐观的角度推论，以杀敌作为前提，既避开了对伯纳德安全的保证，又体现了对伯纳德生命的关切。

3

杰克是营地的领导者，一直以来他都为了大家牺牲自己的利益，而这次萨伊德却代替杰克留下来，同时说服杰克，希望杰克能明白，他的牺牲是想保全杰克，希望他能够留下来带领大家找到无线电发射塔，并能应对各种困难和问题，最终带领大家实现回家的梦想。

Rose: Says who? You wanna give me your word that nothing's going to happen to my husband, then I go.

Jack: I'll give you my word① that if we don't kill everyone that shows up② here in about an hour, it's not gonna matter where Bernard is.☺1

Rose: I like you better since you got back, Jack. You're almost an optimist. Come on. If you're gonna be hiding in the bushes, let's get you into something dark.

Jack: You better get going③. Rousseau says it's about a day's walk up to④ the radio tower.

Sayid: I'm not taking them to the tower. You are.

Jack: Excuse me⑤?

Sayid: You're not staying behind.

Jack: This was my idea.

Sayid: And I'm perfectly capable of⑥ executing it.

Jack: I owe them!

Sayid: What are you more concerned about⑦, killing "the others", or getting our people off this island?☺2 This afternoon you said you were our leader. It's time for you to act like one. Lead them to the radio tower, Jack. And then take us all home.

Season 3 被困神秘组织设法逃生 | **Scene 6** 想方设法离开岛屿

译文

萝　丝：谁说的？向我保证我丈夫不会有事，我就走。

杰　克：我保证，如果一小时后还没有把那些人都杀光，伯纳德随时都可以离开。

萝　丝：杰克，你回来后我更喜欢你了。你算是个乐观的人。来吧。如果你想藏在树丛中，我们帮你藏到阴暗处。

杰　克：你该走了。卢梭说到无线电发射塔要走一天的时间。

萨伊德：我不会带他们去的，你带他们去。

杰　克：什么？

萨伊德：你不能留下来。

杰　克：这是我的主意。

萨伊德：我完全知道该怎么做。

杰　克：我欠他们的！

萨伊德：你更在乎什么？杀掉"那些人"，还是带大家离开这个岛？今天下午你说你是我们的领袖。现在拿出领袖的样子来，带他们去无线电发射塔，杰克，然后带我们回家。

知识点拨

1. give sb. one's word 意为"向某人保证"，give one's word=promise"保证，允诺"，give one's word of honour"以名誉担保"。

2. show up 在这里表示"露面"，此外还有"揭露"的意思，例如：to show up one's lie 揭穿谎言。

3. get going 意为"出发，开始动身"，例如：We'd better get going now. 我们最好现在动身。此外还有"行动起来，开始工作"的意思，例如：Better get going on that book if you want to finish it in a month. 如果你想一个月内完成那本书，最好现在就动手工作。

4. walk up to=head into 意为"走进，走向"，例如：walk up to modernity"走向现代"。

5. excuse me 意为"请原谅，对不起"，用于开始与陌生人搭话、打断别人说话、不同意某人观点、表示异议、从别人身旁挤过等场合时用的客套话。

6. be capable of=be able to 意为"有能力，能够"，be quite capable of"游刃有余"。

7. be concerned about 意为"对……的关心"，例如：He is concerned about this problem. 或者 He expressed concern about this problem. 他很关心这个问题。

词汇加油站

optimist ['ɑ:ptɪmɪst] *n.* 乐观主义者
radio ['reɪdioʊ] *n.* 无线电广播
perfectly ['pɜ:rfɪktli] *adv.* 完全地，完整地，毫无瑕疵地
execute ['eksɪkju:t] *v.* 执行，实行
concern [kən'sɜ:rn] *v.* 关心
bush [bʊʃ] *n.* 灌木，灌
tower ['taʊər] *n.* 塔，塔楼
owe [oʊ] *v.* 欠，欠……的情
lead [li:d] *v.* 带领

精彩抢先看：米哈伊尔讲述岛上发生的冲突；跳伞者称失事航班乘客已全部死亡；屏蔽信号潜艇的真相

Scene 7 岛上的真相

片段一

时间：第11集 00:13:45 ～ 00:14:48
地点："火焰站"
人物：凯特，萨伊德，米哈伊尔
事件：萨伊德一行人无意中发现"火焰站"，萨伊德向米哈伊尔询问岛上曾发生的战争。

精彩亮点

1 米哈伊尔当初看到广告上的拯救世界的信息后，便加入了达摩计划组织，这个组织聪明、神秘、富有，但是萨伊德在岛上并没有看到这个组织，于是便询问米哈伊尔当初这个组织发生过什么事情。

2 米哈伊尔曾说过，他喜欢电脑、喜欢独处，就是因为他一个人待在"火焰站"才免于参与这次的"大清洗"，从而得以存活下来。

3 对凯特他们来说，这个卫星接收器能很好地接收信号，并与外界取得联系，这对他们来说是非常难得的寻求救援的机会，所以她认为那些"敌人"也会很关注与外界的联系。

4 萨伊德在现实生活中曾做过拷问官，在这里他也循着米哈伊尔所说的内容，细细探问各个细节，从而更好地了解这个岛上曾发生过的情况，以便更好地应对岛上的敌人，并且离开岛屿。

Sayid: What happened to the Dharma Initiative? ☺1

Mikhail: They're all dead, of course. They foolishly initiated a war against The Hostiles, the purge they called it.

Sayid: How did you survive this purge?

Mikhail: By not participating in① it. I told you, I like being alone②. ☺2

Sayid: And The Hostiles allowed you to stay here?

Mikhail: After it was over, four men appeared in the yard. They offered a truce. They said to③ imagine a line that extended all the way across the valley. As long as④ I did not cross it, I would be left alone⑤. Then they took two cows and I never saw them again.

Kate: They weren't interested in⑥ the satellite dish in the yard? ☺3

Mikhail: Why wouldn't they be? It hasn't functioned for years.

Sayid: Who are they, these Hostiles? ☺4

Mikhail: I do not know. But they were here a long time before we were. A very long time.

144

译文

萨伊德：达摩计划组织发生了什么事？

米哈伊尔：他们当然都死了。他们愚蠢地发起了对敌人的战争。他们叫作"大清洗"。

萨伊德：你怎么活下来的？

米哈伊尔：因为我没参加啊，跟你说了，我喜欢独处。

萨伊德：可敌人们却让你留在这儿？

米哈伊尔："大清洗"结束后，有4个陌生人来了，他们要休战。他们想象着有一条界线在山谷四周。只要我不越界，我就可以安全地待着。然后他们带走了两头奶牛，之后我就再没见过他们。

凯　　特：他们对那个卫星接收器都没兴趣？

米哈伊尔：他们为什么要有兴趣呢？那个坏了很久了。

萨伊德：这些敌人，到底是谁？

米哈伊尔：我不知道，但他们比我们早到这儿的，早很多。

知识点拨

1. participate in=take part in 意为"参加"，participate actively in "积极参与"。例如：All the teachers participated in the children's games. 所有的教师都参加了孩子们的游戏。

2. be alone 意为"独自，独处"，例如：One likes to be alone, but the other is a bit of a gay dog. 一个喜欢独处，另一个却喜欢热闹。

3. say to do sth. 意为"说要去做某事"，例如：The label says to take one dose three times a day. 标签上说要每个剂量一日三次。

4. as long as=on condition that=provided that 意为"只要"，例如：I'll accept any job as / so long as I don't have to get up early. 只要不必早起，任何工作我都可以接受。

5. leave alone 意为"不干涉；不打扰；不管；不理"，例如：Leave me alone; I'm busy. 别打扰我，我很忙。

6. be interested in 意为"对……感兴趣"，be particularly / quite / very interested in "对……特别感兴趣。"

词汇加油站

dharma [ˈdɑːrmə] *n.* （佛教）达摩
initiate [ɪˈnɪʃieɪt] *v.* 创始；发起
purge [pɜːrdʒ] *n.* 大清洗
extend [ɪkˈstend] *v.* 延伸，伸展
function [ˈfʌŋkʃn] *v.* 运行

initiative [ɪˈnɪʃətɪv] *n.* 倡议，先发者
hostile [ˈhɑːstl] *n.* 敌对分子
truce [truːs] *n.* 休战
satellite [ˈsætəlaɪt] *n.* 卫星

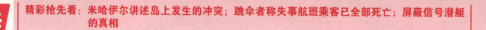

精彩抢先看：米哈伊尔讲述岛上发生的冲突；跳伞者称失事航班乘客已全部死亡；屏蔽信号潜艇的真相

片段二

时间： 第18集 00:41:34 ～ 00:42:28
地点： 树林里
人物： 赫尔利，跳伞者
事件： 跳伞者被施救后终于清醒了，她询问赫尔利的相关情况，并告诉赫尔利815航班所有失事者的遗体已被找到。

精彩亮点

1 跳伞者突然降落到岛上，并且身受重伤，在德斯蒙德等人的救助下才得以生存下来，对于陌生的环境，她肯定首先要了解周围的环境是什么。

2 德斯蒙德曾预知过会有人坠落到岛上，所以提前叫上查理、赫尔利与金来到附近区域，对于这突然的造访者，赫尔利自然想知道是不是来救援他们的人，所以急切地询问跳伞者。同时对于和她一起掉下来的电话，因为是联系外界的重要工具，所以赫尔利询问跳伞者能否修好。

3 赫尔利听到跳伞者说"不可能"，以为跳伞者觉得他们能存活下来很不可思议，所以和跳伞者讲述他们是如何度过这么多天并奇迹生还的。

4 跳伞者带来的却是一个更加不可思议的事实，说815航班的残骸已找到，乘客全部死亡，那岛上的这些人到底又是怎么回事，这既一定程度上道出了岛上的一部分真相，同时又留下更深的悬念。

Parachutist: Where am I?①

Hurley: Take it easy①; you just had a giant branch…

Parachutist: Where am I?

Hurley: I dunno. You're on an island. Are you here to rescue us? **Are there more of you, can you make your phone work**②?②

Parachutist: Who are you?

Hurley: Hugo Reyes. I crashed here on Oceanic Flight 815. A bunch of③ us survived, is that why you're here, were you looking for us?

Parachutist: 815. Flight 815? The one from Sydney.

Hurley: Yeah!

Parachutist: No, that's not possible.

Hurley: Yeah I know. It wasn't easy but we found food, and a hatch…③

Parachutist: No. No, **Flight 815 they, they found the plane. There were no survivors. They were all dead.**④

Hurley: What?

Season 3 被困神秘组织设法逃生 | Scene 7 岛上的真相

译文

跳伞者：我在哪儿？
赫尔利：放松点儿，你才刚刚被一根大树枝……

跳伞者：我在哪儿？
赫尔利：我也不知道。你现在在一个岛上。你是来救我们的吗？还有其他人一起来吗？你能修好你的电话吗？

跳伞者：你是谁？
赫尔利：我是雨果·瑞斯。我之前坐的大洋815航班坠机了。我们当中的一些人生还了下来，你是因为来找我们才来这里的吗？

跳伞者：815号。815号航班？从悉尼起飞的。
赫尔利：对！
跳伞者：不，那不可能。
赫尔利：是的，我知道。那很不容易，但是我们找到了食物，还有一个舱……
跳伞者：不，不是，815号航班，他们找到飞机残骸了。没有生还者，飞机上的乘客全都死了。
赫尔利：什么？

知识点拨

1. take it easy=be relaxed 意为"放轻松"，例如：Take it easy; what he said was no more than a joke. 别紧张，他的话只不过是个玩笑。

2. make your phone work 意为"修好电话，让电话能用"，make...do, make 作为及物动词，在这里表示"使……怎么样"，例如：Don't make the baby cry anymore. 不要再让那个孩子哭了。被动语态中，to 不能省去，如：He was made to wait for over an hour. 他被迫等了一个多钟头。

3. a bunch of 的意思有"一群；一串；一堆"，例如：a bunch of red rose "一束玫瑰花"，a bunch of rubbish "一堆垃圾"，a bunch of friends "一群朋友"，在本句中表示"一群"。

词汇加油站

giant [ˈdʒaɪənt] *adj.* 巨大的
crash [kræʃ] *v.* 撞碎，猛使……破碎；迫降
survive [sərˈvaɪv] *v.* 幸存
dunno [dəˈnoʊ] *v.* 不知道（=don't know）
bunch [bʌntʃ] *n.* 束；串；扎；大量
survivor [sərˈvaɪvər] *n.* 幸存者

时间： 第 23 集 00:05:03 ～ 00:05:46
地点： 潜水艇上
人物： 格丽塔，邦妮，米哈伊尔
事件： 米哈伊尔向两个看守潜水艇的人询问关于潜水艇的情况。

精彩亮点

米哈伊尔受本的命令来到这个被屏蔽信号的潜水艇，来到这里才知道潜水艇并没有被炸毁，才意识到本之前在欺骗他们，但是本又再次说服他并要求他杀死另外两个看守这里的人，所以格丽塔询问他本和他说了什么。

1

邦妮和格丽塔两个人坚守在这个潜水艇这里，但是她们并没有想过质疑命令，因为她们害怕知道真相，如果真相并不是很好，那么她们现在所做的事情便没有了意义。为了避免思想崩塌，她们选择宁愿不知道真相。

2

米哈伊尔听了邦妮的话，表示认同，因为他也是这样一个人，一直忠诚于本而从不怀疑，虽然本骗了他，但他还是选择放弃自己的判断和意志，而选择听从于本的命令，而邦妮的这番话也让他对执行本的命令更加坚定。

3

Greta: What did Ben say? ☺︎₁

Bonnie: Can we kill him?

Mikhail: Is it possible to turn this equipment off① ? ☺︎₂

Bonnie: What?

Mikhail: The equipment that's jamming the island—can you turn it off?

Greta: Sure. Ben gave us the code.

Mikhail: You are the only ones who have it?

Bonnie: Yeah. Why?

Mikhail: What would happen if the station were to be flooded?②

Greta: Nothing. The casing for the equipment is waterproof. It'll keep going③ forever.

Mikhail: Then why do you need to be here?

Bonnie: Because Ben told us to. We were following orders④.

Mikhail: And you never asked why?

Bonnie: No, because I trust him, and I trust Jacob, and the minute⑤ I start questioning orders, this whole thing—everything that we're doing here—falls apart⑥. ☺︎₃

Mikhail: She makes an excellent point⑦.

148

Season 3 被困神秘组织设法逃生 | Scene 7 岛上的真相

译文

格丽塔：本说了什么？
邦　妮：我们能杀他了吗？
米哈伊尔：有没有可能把这台设备关掉？
邦　妮：什么？
米哈伊尔：干扰岛上讯号的那个设备，你能关了它吗？
格丽塔：当然可以，本给过我们密码。
米哈伊尔：只有你们知道密码吗？
邦　妮：对，怎么了？
米哈伊尔：如果站点被淹没了会发生什么事？
格丽塔：没什么，设备外壳是防水的，它会一直运行下去。
米哈伊尔：那你们为什么需要待在这里？
邦　妮：因为本要我们留下来，我们只服从命令。
米哈伊尔：而你从不问原因？
邦　妮：不问，因为我相信他。我也相信雅各布，一旦我开始质疑命令这整件事——一切我们所正在做的事情——都会分崩离析。
米哈伊尔：她说得不错。

知识点拨

1. turn off 意为"关掉（水源、煤气、电源等）"，例如：turn off the cell phone，反义词是 turn on。
2. 这是一个虚拟语句，从句：if+ 主语 +were to do，主句：主语 + should/would/could/might+do 常表示对将来的主观推测。
3. keep doing sth. 意为"一直做……；保持做……"，例如：keep reading "一直在阅读"；区别与 keep on doing sth. "一直反复做某事"，例如：She keeps on raising her hand. 她反复举手。
4. follow orders 意为"执行命令；服从命令"；follow the prescribed order 按部就班；follow in order and advance step by step 循序渐进。
5. the minute=the moment=as soon as 意为"一……就，当……即"，例如：From the minute I saw it, I liked it. 从我看到它的那一刻我就喜欢上了它。
6. fall apart 意思有"四分五裂，崩溃；关系破裂；反常"，在这里表示"崩溃"，例如：Others fall apart under pressure, while a few people do well despite the pressure. 其他人在压力下崩溃了，而一些人尽管有压力却做得很好。
7. make an excellent point 意为"说得不错"，make a point "表明一种看法，阐明观点；论证观点"，美语中常用，另一个常用的词组是 get to the point "说到点子上"，例如：He didn't get to the point. 他没有抓住问题的本质。point 原来是拉丁文，意思是"小洞"，后来延伸表示"类似小洞的东西"，指"要点"或"实质"。

词汇加油站

equipment [ɪˈkwɪpmənt] *n.* 设备
code [koʊd] *n.* 密码
casing [ˈkeɪsɪŋ] *n.* 包装；外壳
trust [trʌst] *v.* 信任，相信
jam [dʒæm] *v.* 干扰
flood [flʌd] *v.* 淹没
waterproof [ˈwɔːtərpruːf] *adj.* 防水的
excellent [ˈeksələnt] *adj.* 优秀的，卓越的

149

精彩抢先看：克莱尔与杰克是同父异母的兄妹；索耶的敌人是洛克的爸爸；艾丽克丝是丹妮尔的女儿

Scene 8 岛上人物之间千丝万缕的关系

时间： 第12集 00:29:54 ~ 00:30:51
地点： 咖啡馆
人物： 克莱尔，克里斯汀
事件： 克莱尔的母亲发生车祸，克莱尔的父亲突然出现，父女相认。

片段一

精彩亮点

1. 克莱尔的母亲出了车祸，母亲几乎成了植物人，而这时克莱尔的父亲突然出现了，这让克莱尔很惊讶，因为母亲原先告诉她她的父亲去世了，克莱尔对父亲并没有什么印象，直到她的阿姨确认了这是她的父亲，她才接受这个事实，所以她在这里询问父亲是如何知道车祸信息的。

2. 克莱尔从不知道母亲与克里斯汀之间的事情，所以克里斯汀向克莱尔讲述过去他和她母亲两个人发生的事情，他们之间只是一次艳遇，克莱尔的母亲是意外怀孕的，而克莱尔的母亲决定将孩子生下来，所以克莱尔才得以出生。

3. 克里斯汀是个医生，他早有家庭，正是这个原因使他没办法背离家庭经常来看望克莱尔和她的母亲，而这也令克莱尔的母亲置于一种尴尬的境地，所以连克莱尔的阿姨也不喜欢克里斯汀。巧合的是，杰克正是克里斯汀的儿子，这么说来，杰克和克莱尔就是同父异母的兄妹了。

Claire: How'd you find out about the accident? ☺1

Christian: A doctor friend here in Sydney told me. I got the call the minute your mother went into surgery. ①

Claire: Why did she tell me that you were dead?

Christian: Well, because I, no doubt ②, left her with so many wonderful memories. Look, we had a fling, I was back in Los Angeles, and she told me she was pregnant, that she was going to have the baby, have you. ☺2

Claire: And you didn't want to see me?

Christian: No, no, I came out a bunch of ③ times when you were little. I stayed over ④, I gave you toys, I sang to you.

Claire: Why'd you stop coming?

Christian: Cause your Aunt hates me and your mother didn't like the fact that I had another family. ⑤ ☺3

150

译文

克 莱 尔：你怎么知道发生了意外？

克里斯汀：一个悉尼的医生朋友告诉我的，你妈妈做手术的时候，我就接到电话了。

克 莱 尔：为什么她跟我说你死了？

克里斯汀：因为我，毫无疑问，留给她很多美好的回忆。听着，我们当时是一时放纵，我回到洛杉矶后她告诉我她怀孕了，她想要这个孩子，她想要你。

克 莱 尔：你就不想见见我吗？

克里斯汀：不，不是的。你小的时候我来过很多次，我在这里过夜，给你买玩具，给你唱歌。

克 莱 尔：那为什么不再来了？

克里斯汀：因为你阿姨讨厌我，而且你妈妈不喜欢我有另外一个家。

知识点拨

1. the minute 意为"一……就……"，相当于 as soon as；go into surgery 即"做手术"，go into emergency surgery "做紧急手术"。

2. no doubt 意为"无疑地；必定"，例如：The article will no doubt come in for a great deal of criticism. 这篇文章无疑会受到很多批评。

3. a bunch of 意为"一群，一对"，表示很多，例如：a bunch of keys "一串钥匙"，a bunch of people "一群人"。

4. stay over 意为"过夜，留宿；停留到"，例如：Can't you stay over Sunday? 你不能待到星期天再走吗？

5. 这是一个同位语从句，先行词是 fact，后面是个完整的句子，一般是对先行词的具体说明，常跟同位语从句的名词有 news, idea, promise, question, doubt, thought, hope, message, suggestion 等。

词汇加油站

Sydney ['sɪdni] n. 悉尼
fling [flɪŋ] n. 放纵
bunch [bʌntʃ] n. 一串，一束
surgery ['sɜːrdʒəri] n. 外科手术
pregnant ['pregnənt] adj. 怀孕的
toy [tɔɪ] n. 玩具

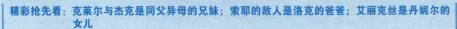

精彩抢先看：克莱尔与杰克是同父异母的兄妹；索耶的敌人是洛克的爸爸；艾丽克丝是丹妮尔的女儿

片段二

时间： 第19集 00:35:12 ~ 00:36:47
地点： 森林小屋内
人物： 索耶，库伯
事件： 洛克将索耶和其父亲关在同一个小屋内，索耶发现欺骗母亲的那个人正是洛克的父亲。

精彩亮点

1
洛克想加入本的队伍，前提是本要洛克亲手杀死他的父亲，洛克下不了手，于是把索耶骗过来，索耶这才发现洛克的父亲正是当初骗索耶母亲钱的那个人，所以索耶让库伯念他小时候写给库伯的信，促使库伯回想起他当初做过的坏事。

2
索耶本来对库伯恨之入骨，因为他觉得正是库伯的出现，才使母亲受骗，父亲蒙羞又丧失钱财，最后导致父亲杀母亲又自杀的残酷事实，而长大后索耶无意中成了像库伯一样的人，希望别人都讨厌他，就像他讨厌库伯一样，其实也是为了报复库伯。

3
库伯一直表示他已经死过一回了，但他不知道怎么会来到这里，所以他提醒索耶他的父亲或许也在这里，可以看出库珀对他的诈骗行为没有任何愧疚之心，索耶放不下父母死亡的事实，所以将库伯作为发泄的对象。

Sawyer: Just read it. ☺1

Cooper: "You don't know who I am, but I know who you are. And I know what you'd done. You had sex with ① my mother, and then you stole my dad's money all away, so he got angry ② and he killed my mother, and then he killed himself" blah blah blah blah. So what? Is this supposed to ③ be you; you wrote this letter? Hey wait a second. **Did you take my name because you were on some kind of revenge kick?** ☺2

Sawyer: Keep reading.

Cooper: Easy, easy, don't get all worked up ④. Look, I ran that con two dozen times. If your mother was one of the…

Sawyer: Mary. Her name was Mary.

Cooper: Mary from Jasper, Alabama. Yeah, I remember her. She practically begged me to take her thirty-eight thousand dollars and to rescue her from her sorry little life.

Sawyer: You finish the letter.

Cooper: Look, I only took her money. It isn't my fault your dad overreacted. If he pulled the old murder suicide then I'm sure he's down here somewhere. **Er, maybe you could take this up** ⑤ **with him…** ☺3

152

译文

索耶：读就是了。

库伯："你不知道我是谁，但我知道你是谁。我也知道你做了什么。你和我妈妈上了床，然后你偷走了我爸爸所有的钱，所以他很生气，开枪杀了我的妈妈，然后又开枪自杀……"全是废话……那又怎么样？这是你吗？是你写的这封信？等一下。你用我的名字是因为你想报仇吗？

索耶：继续读下去。

库伯：冷静，冷静，还没弄清楚呢。听着，我骗过很多人……如果你母亲是其中一个……

索耶：玛丽。她叫玛丽。

库伯：阿拉巴马州贾斯珀的玛丽。是的，我记得她，是她求我拿走38,000美元的，她让我来挽救她可悲的一生。

索耶：把信读完。

库伯：听着，我只拿走了钱。你父亲的反应过度了，又不是我的错。如果他是自杀的话……那我敢肯定他就在这里。也许你能顺便把信捎给他……

知识点拨

1. have sex with 意为"与……发生性关系"，例如：I'm not trying to have sex with her. 我不想和她上床。
2. get angry=take offence 意为"生气"，例如：Do you feel yourself starting to get angry? 你有没有感觉到你自己开始要生气？
3. be supposed to 当主语是"人"时，意为"应该……；被期望……"，它可以用来表示劝告、建议、义务、责任等，相当于情态动词 should。例如：Everyone is supposed to wear a seat-belt in the car. 每个人在汽车里都应该系安全带。be supposed to 当主语是"物"时，它表示"本应，本该"，用于表示"某事本应该发生而没有发生"。例如：The train was supposed to arrive half an hour ago. 火车本应在半小时之前到达。be supposed to 后面接"have+ 过去分词"时，表示"本应该做某事而没做"。例如：He is supposed to have arrived an hour ago. 他本应该一小时前就到了。否定结构是 be not supposed，常用于口语中，意为"不被许可；不应当"。
4. work up 有"逐渐完成；使……激动起来，激发；学到（知识），提高（技能）"等意思，在这里表示"使激动"，例如：I worked myself up to accept the challenge. 我鼓起勇气去接受挑战。
5. take up 有"拿起；占据；着手处理"的意思，在这里表示"着手处理，开始"，例如：He took up writing after graduation. 毕业后他开始从事写作。

词汇加油站

steal [stiːl] v. 偷窃
revenge [rɪˈvendʒ] n. 报仇
con [kɑːn] v. 欺骗
overreact [ˌəʊvəriˈækt] v. 反应过度
murder [ˈmɜːrdər] n. 谋杀

blah [blɑː] n. 废话
kick [kɪk] n. 踢
practically [ˈpræktɪkli] adv. 几乎，实际上
pull [pʊl] v. 拖
suicide [ˈsuːɪsaɪd] n. 自杀

精彩抢先看：克莱尔与杰克是同父异母的兄妹；索耶的敌人是洛克的爸爸；艾丽克丝是丹妮尔的女儿

片段三

时间： 第23集 00:15:24 ～ 00:18:14
地点： 信号塔附近
人物： 杰克，本，艾丽克丝，卡梭，凯特
事件： 本将艾丽克丝交给丹妮尔，丹妮尔与女儿相认，凯特询问杰克与本谈了什么内容。

精彩亮点

本知道艾丽克丝出卖了他，将他们将要抓孕妇的信息告诉了飞机失事幸存者们，他不再信任她了，她就像颗定时炸弹，但又不忍杀了她，于是本将艾丽克丝带过来找她的母亲，即丹妮尔，艾丽克丝正是丹妮尔被抢走的女儿。

1

本威胁杰克在一分钟内将电话交出来，不然就杀死萨伊德、金和伯纳德，杰克顶着巨大的压力，为了大家最后都能通过电话接收信号而获救，最后还是选择了牺牲这三个人，保留电话，于是本便命令沙滩上的人将三人枪杀了。

2

萨伊德为了保全杰克，代替杰克留下来与"其他人"对抗，并且说服杰克要做一个真正的领导者要做的事情，带领大家回家，这样就算萨伊德牺牲了也值得，而现在杰克以为本已将三人杀害，这样使得杰克带领大家回家的信念更加坚定。

3

Jack: Tie him up①. He's coming with us.
Alex: what?
Ben: Alex… this is your mother.☺₁
Rousseau: Will you help me tie him up?
Kate: What happened? What'd he say?
Jack: It's not important right now. Just get everybody together②.
Kate: Jack, your knuckles. Here. What happened?
Jack: He killed them. Bernard… Jin, Sayid—all three of 'em☺₂. He… he radioed the beach. And I let it happen. I had to let it happen. We can't tell Rose… or Sun, not yet. We gotta keep moving③. I promised Sayid that we would keep moving.☺₃
Kate: So why did you bring him back④? Why didn't you just kill him?
Jack: Because I want him to see it. I want him to experience the moment that we get off this Island, and I want him to know… that he failed. And then I'll kill him.

Season 3 被困神秘组织设法逃生 | Scene 8 岛上人物之间千丝万缕的关系

译文

杰　　克：把他捆起来，我们把他带上。

艾丽克丝：什么？

本：艾丽克丝……这是你的母亲。

卢　　梭：可以帮我把他捆起来吗？

凯　　特：怎么了？他说了什么？

杰　　克：已经不重要了，让大家都过来集合。

凯　　特：杰克，你的手，小心。发生了什么事？

杰　　克：他把他们杀了，伯纳德、金、萨伊德，他们三个……他用对讲机跟海滩上的人联络，而我坐视一切，我只能这么做，我们不能让萝丝知道……还有宋也是，我们得出发了，我答应萨伊德我们一定会继续走。

凯　　特：那为什么把他带回来？为什么不直接杀了他？

杰　　克：因为我想让他看看，我想让他看到我们离开岛上的那一刻，我要让他知道……他失败了，然后再杀了他。

知识点拨

1. tie up 意思有"与……息息相关；停泊；占用；绑起来、捆起来"，在这里表示"捆起来"，例如：tie up the rope 把绳子捆起来。

2. get together 意为"聚会，召集"，例如：When smart people get together there is no doubt something might come out of it. 聪明人聚在一起，肯定能产生一些好主意。

3. keep moving 意为"继续走"，keep doing sth. 意为"保持/一直做某事"。

4. bring back 意为"带回来"，例如：Bring back some tea for me 替我捎些茶叶回来。另外还有"使回忆起；使恢复"的意思，例如：bring back the memory 恢复记忆，bring back the health 恢复健康。

词汇加油站

knuckle ['nʌkl] n. 指关节
promise ['prɑ:mɪs] v. 承诺

radio ['reɪdɪəʊ] v. （用无线电）发送

Lost

Season 4
神秘船只驶向岛屿

精彩抢先看：幸存者因为神秘船只产生分歧；船只的主人是维德莫；打开中级协议寻找本杰明

Scene 1 神秘船只驶向孤岛吉凶未卜

时间： 第 1 集 00:32:15 ～ 00:33:38
地点： 岛上丛林中
人物： 洛克，杰克，萨伊德，凯特
事件： 查理在临死之前告诉德斯蒙德，来的船只并非其女友潘妮的。德斯蒙德回来之后将这个消息告诉了大家。洛克也坚称船上的人对他们来说是有危险的。于是幸存者内部产生了分歧，一部分人跟洛克去了营地，一部分人跟杰克留在了沙滩上。

精彩亮点

1 杰克抢了洛克的枪要杀了他，但是洛克觉得杰克为人善良，应该下不去手，但是谁知杰克真的开枪了。但是因为枪膛里没有子弹，洛克也就没有死。然后杰克被拉走了。

2 洛克在娜奥米背后扔了一把刀，但是并没有将娜奥米致死。娜奥米装死，趁人不备偷偷溜走了。本杰明看到了，却什么也没说。

3 娜奥米溜走之后，凯特去追踪她。找到她之后，娜奥米修好电话联系到了另一个队员迈尔斯，说自己是在从直升机跳下来的时候受伤的，而不是因为洛克。

4 洛克说的是对的，娜奥米确实是在临死之前通过电话给了自己人暗示。

Locke: You're not gonna shoot me, ☺1 Jack…Any more than ① I was gonna shoot…It's not loaded.

Jack: Let go of me ② ! Do you know what he did?

Sayid: Yes, I know what he did!

Locke: All I did…all I have ever done… has been in the best interest of all of us.

Jack: Are you insane? ③

Locke: I know I… I have a lot of explaining to do ④. But I never did anything to hurt any of you. I even risked my life to tell you that there was a traitor in your midst.

Jack: She helped us, John. All you ever did was blow up ⑤ every chance we had of getting off this island. You killed Naomi!

Sayid: Well, technically, he didn't kill her yet. ☺2

Kate: Yes, he did. She just died. She didn't give you up ⑥, John. She covered for us, and she fixed this. They're on their way. ☺3

Locke: She didn't cover for anyone. She wants her people to come here. ☺4

Season 4 神秘船只驶向岛屿 | Scene 1 神秘船只驶向孤岛吉凶未卜

译文

洛　克：你不会开枪的，杰克。就像我不会开枪……枪没有子弹。
杰　克：放开我！你们知道他干了什么吗？
萨伊德：是的，我知道他干了什么！
洛　克：我所做的……我所做的一切……全是为了我们大家好。
杰　克：你疯了吗？
洛　克：我知道……我需要解释的很多。但是我从来没做过任何伤害你们的事。我甚至冒着生命危险告诉你们有个叛徒在你们中间。
杰　克：她在帮助我们，约翰。你所做的是毁了我们每一个人离开这个岛的机会。你杀了娜奥米。
萨伊德：确切地说，他还没有杀掉她。
凯　特：不，他杀了她，她已经死了。她没有把你供出来，约翰。她帮我们隐瞒了，并且修好了这个。他们在来的路上了。
洛　克：她没有替任何人隐瞒，她想让她的人来到这里。

知识点拨

1. any more than 可以表示"至多（仅仅，不超过）"，not...any more than... 表示"与……同样不……"。

2. let go of me 意为"放开我"，在身体上被束缚时才用的，比如你被人揪住时。let me go 是"让我走"，要求对方的"准许"，对方不一定是肢体上在阻挡你。

3. Are you insane？这句在英语中很常用，意思是"你疯了吗？"。对于某人的行为不理解，觉得很离谱的时候可以用。

4. have sb. to do sth. 意为"让/叫/使某人做某事"。此结构中的 have 是使役动词，sb. 做宾语，其后的 to do sth. 是动词不定式做宾语补足语。

5. blow up 的意思是"破坏"，这个固定短语的意思比较多，可以表示"(使)爆炸，炸掉，毁掉，炸毁，吹胀(使)膨胀，给(轮胎等)打气；（暴风雨）发生并加剧，出现；刮起（风暴）；放大（照片、底片，放大（地图、印刷物等）"。

6. give sb. up 表示"不与某人来往；对某人的到来不再抱有希望"。give up on 表示"放弃；对……表示绝望；对……不再期待"。

 词汇加油站

load [loʊd] v. 装填
hurt [hɜːrt] v. 伤害
midst [mɪdst] n. 中间

interest ['ɪntrəst] n. 利益
traitor ['treɪtər] n. 叛徒
cover ['kʌvər] v. 掩盖

精彩抢先看：幸存者因为神秘船只产生分歧；船只的主人是维德莫；打开中级协议寻找本杰明

时间： 第6集 00:27:16～00:28:37
地点： 本杰明的房间
片段二 人物： 本杰明，洛克
事件： 本杰明为了得到洛克的信任，给洛克看了一盒录像带，里面是维德莫拷问本杰明手下的画面。本杰明告诉洛克，是维德莫派船来到岛上的。

精彩亮点

1. 洛克问道维德莫是怎么知道这个岛的，本杰明回答说不知道，但是他又死性不改地撒谎了，本杰明几乎从来没有完全说过真话。

2. 来到岛上之前，洛克从八层楼上摔了下来，虽然幸存了下来，但是脊柱粉碎，从此以后他就只能坐在轮椅上。但是飞机失事到岛上之后，他却奇迹般地又可以行走了，但是这件事他没有告诉飞机上的任何人。

3. 本杰明的意思就是说他封闭这个岛存在的消息是为了不让外界的人来破坏它。

4. 本杰明告诉洛克的这些内容是关于维德莫的所有资料了，但是其实不是的，本杰明与维德莫很久之前就认识了，知道关于他的所有的事情。

Locke: How does Widmore know about the island?

Benjamin: I don't know, but he does. ☺1

Locke: What does he want?

Benjamin: John, three months ago in Gainesville, Florida, the Virgin Mary seemed to appear in a patch of mold on the side of an old housing complex. When the word got out, over 5,000 people came to see her face for themselves. You've survived an airline crash on this island. One minute, you're in a wheelchair. ☺2 The next minute, you're doing jumping jacks ①. If 5,000 people came out to see a piece of ② mold, **how many people do you think would come here to see you?** ☺3 Charles Widmore wants to exploit this island, and he'll do everything in his power ③ to possess it. Everything I know about Charles Widmore is in this file. Some of it's vague, some of it's guesswork, some of it's concrete. **But this is everything, and now it's all yours.** ☺4 I'm sorry I didn't tell you all this sooner. But it was the only bargaining chip I had left.

Season 4 神秘船只驶向岛屿 | Scene 1 神秘船只驶向孤岛吉凶未卜

译文

洛　克：维德莫是怎么知道这个岛的？
本杰明：我不知道，他就是知道。
洛　克：他想要什么？
本杰明：约翰，三个月以前在佛罗里达的盖恩斯维尔，圣母玛利亚的模具出现在一个旧居住区附近。当消息传出去后，有 5000 多人去参观她的脸。你在这个岛上的空难中幸存了下来。前一分钟，你坐在轮椅上。下一分钟，你又能蹦蹦跳跳了。如果有 5000 人去看模具，那么你觉得会有多少人来这看你？查尔斯·维德莫想要开发这个岛，他会不惜一切代价去完成。我知道的关于查尔斯·维德莫的事都在这个文件里，有些很模糊，有些是猜测出来的，有些很具体。但这是所有的信息了，现在都是你的了。很抱歉没有早点儿告诉你这些，但是这是我唯一的筹码了。

知识点拨

1. jumping jacks 是一种跳跃运动，叫作"跳爆竹"。这句话很形象地描述约翰又可以行走了。

2. a piece of 的意思是"一片，一块"，类似于这种形式的还有很多，比如：a cup of, a pair of, a set of, a slice of, a cup of, a group of 等。

3. in one's power 是一个固定短语，意思是"尽某人的努力；在……能力所及"，be in one's power 意思是"在领导岗位"。

词汇加油站

patch [pætʃ] *n.* 小块土地
file [faɪl] *n.* 文件
bargain [ˈbɑːrɡən] *v.* 交易
exploit [ɪkˈsplɔɪt] *v.* 开发
vague [veɪɡ] *adj.* 模糊的
chip [tʃɪp] *n.* 筹码

精彩抢先看：幸存者因为神秘船只产生分歧；船只的主人是维德莫；打开中级协议寻找本杰明

片段三

时间： 第11集 00:18:35 ~ 00:19:32
地点： 轮船上
人物： 马丁，高尔特
事件： 马丁在与本杰明对峙的时候，本杰明召唤出了黑烟，将马丁的手下致死。马丁回到轮船后将中级协议打开，准备再次寻找本杰明。

精彩亮点

1. 船长说马丁可能得了病，马丁听了感到很可笑，但是不愿意跟船长废话，就讽刺地说谢谢你的关心。然后直截了当管他要钥匙。

2. 马丁跟船长要钥匙，船长不给。马丁直接把船长按在墙上，从船长脖子上拽了下来，然后还说了一句谢谢。

3. 两把钥匙交给两个人保管，本来应该是两个人都同意，一起打开箱子的，但是马丁自己做主了。他跟船长说船长在现场，虽然船长不同意，但是客观上也是他们一起打开的。

4. 马丁没有成功抓到本杰明，而这份中级协议中写了本杰明的去向，马丁打算根据这份协议再次回到船上寻找本杰明。

Gault: Listen, Martin. While you were gone①, there was some sort of② a sickness. The crew...they've been exhibiting some very strange behavior. Regina threw herself overboard, for God sake.③ Now I would be derelict in my duty... If I didn't point out④ that this might be exactly what's happening to you.

Martin: I appreciate your concern. Give me your key.☺₁

Gault: That's not the protocol...

Martin: Thank you.☺₂

Gault: The reason there are two keys is⑤ we're only supposed to⑥ open the safe together.

Martin: You're here, aren't you?☺₃

Gault: What is that?

Martin: It's the secondary protocol.

Gault: What does it say?

Martin: It says where Linus is going.☺₄

Gault: How would Mr. Widmore know that?

Martin: Cause he's a very smart man.

Season 4 神秘船只驶向岛屿 | **Scene 1 神秘船只驶向孤岛吉凶未卜**

译文

高尔特：听着，马丁。你走了之后，这里出现了一种疾病。船员……他们的表现都很奇怪。里贾纳跳到海里去了，看在上帝的份上，如果我不说出来我就失职了，也许你也染上了这种病。

马　丁：（轻微地笑）谢谢你的关心，把你的钥匙给我。

高尔特：协议上可没有这个……

马　丁：谢谢。

高尔特：有两把钥匙的原因就是我们应该一起打开保险箱。

马　丁：你在这，不是吗？

高尔特：那是什么？

马　丁：是中级协议。

高尔特：上面说了什么？

马　丁：说了本杰明·林纳斯的去向。

高尔特：维德莫先生是怎么知道的？

马　丁：因为他是个聪明人。

知识点拨

1. 这一句是 while 引导的时间状语从句，既可以放在句首，也可以放在句末。while 的意思是"当……的时候；和……同时"。

2. sort of 一般用在口语里，意思是"一点儿；有几分的；差不多"，和 kind of 比较相近。a sort of 的意思是"一种"。

3. for God sake 是一个比较常用的固定短语，sake 的意思是"目的；利益；理由"，这句话的意思就是"看在上帝的份上"，可以用来加强语气。

4. point out 的意思是"指出，指明"，当不明白某人的话的时候，还可以用"What's your point?"来询问，意为"你是什么意思？"。

5. the reason 是主语，is 是谓语，后面是一个表语从句，连接词 that 省略了。

6. be supposed to do 表示"被要求干什么，应该做某事，理应做某事"。

词汇加油站

sickness ['sɪknəs] *n.* 疾病
exhibit [ɪgˈzɪbɪt] *v.* 显示
protocol ['proʊtəkɑ:l] *n.* 协议

crew [kru:] *n.* 船员
derelict ['derəlɪkt] *adj.* 玩忽职守的
secondary ['sekənderi] *adj.* 中等的

163

精彩抢先看：迈尔斯和杰克等人互不信任；直升机四人组被选定；寻找目标是本杰明

Scene 2 目的不明的直升机降落孤岛

时间：第 2 集 00:26:27～00:27:05
地点：岛屿丛林中
人物：迈尔斯，萨伊德，丹尼尔
事件：迈尔斯因为娜奥米之死而对杰克等人怀有戒心，一直用枪威胁着杰克和凯特，后来萨伊德和朱丽叶来让迈尔斯缴械了。

精彩亮点

1 迈尔斯对于萨伊德等人还是有戒备心的，不让丹尼尔告诉萨伊德自己的姓，萨伊德就表示那就只能叫迈尔斯的名字了。

2 丹尼尔的态度是非常友善的，他跟萨伊德聊了起来。但是迈尔斯不想让他们知道过多的关于自己的信息，于是阻止丹尼尔再继续说话，威胁他要再多说就揍他。

3 萨伊德问迈尔斯是做什么工作的，迈尔斯跟他胡说八道说自己是收集土壤的，萨伊德打趣说挺好的。

4 萨伊德质疑迈尔斯来岛上的目的，说迈尔斯见到幸存者并不惊讶。迈尔斯就演了一遍惊讶的样子给他看，迈尔斯其实也是一个很有幽默感的人。

Dan: Uh, I'm Daniel Faraday, and this is Miles…

Miles: Don't tell him my last name①.

Dan: I guess this is just Miles. ☺1

Sayid: What do you do for a living②, Daniel?

Dan: I'm a physicist. I mean, I guess you could call me a physicist. I don't really like being pigeonholed into one…

Miles: Dan, I swear to God③, you say one more word, I'm gonna break your fingers. ☺2

Sayid: And what do you do, Miles?

Miles: I collect soil samples.

Sayid: Well, that's nice. Well, maybe you can help me. ☺3 You say you're not here on a rescue mission. And the world at large④ believes us to be dead. But here we are, alive and well, and you don't seem remotely surprised to⑤ see us.

Miles: Oh, my God.⑥ You guys were on Oceanic Flight 815. Wow! Is that better? ☺4

164

Season 4 神秘船只驶向岛屿 | Scene 2 目的不明的直升机降落孤岛

译文

丹尼尔：嗯，我是丹尼尔·法拉第，他是迈尔斯……

迈尔斯：别告诉他我姓什么。

丹尼尔：那这就是迈尔斯了。

萨伊德：你是做什么工作的，丹尼尔?

丹尼尔：我是个物理学家，叫我物理学家就好。我不喜欢被分到哪一类……

迈尔斯：丹尼尔，我发誓，你再多说一句，我就打断你的手指。

萨伊德：你是做什么的，迈尔斯?

迈尔斯：我是收集土壤样本的。

萨伊德：很好，很不错。正好，也许你可以帮我的忙。你说你来这儿不是执行营救任务的。外面的世界都认为我们已经死了。可我们在这儿好好的，但是你看到我们一点儿也不惊讶。

迈尔斯：我的天呐，你们是大洋航班 815 的幸存者！哇！满意了吗?

知识点拨

1. last name 是"姓"（或叫 family name 意为"家族的名称"，即"姓"），first name 是"名"（或叫 given name 意为"别人起的名字"，是"名"）。

2. 这句话字面意思是说"你是以什么为生？"意思就是："你的工作是什么？"

3. swear to God 的字面意思是"向上帝发誓"，和中文当中的"对天发誓"是一样的。swear 还有"咒骂"的意思。

4. at large 的意思是"普遍的；一般的；整体的"，还有"自由地；未被捕，逍遥法外；详尽地"的意思。

5. be surprised to do sth. 意为"惊奇地做某事"；be surprised at sth. 意为"对……感到很惊奇"。

6. Oh, my God. 经常用于口语中表示惊叹等情绪，就相当于中文的"天呐"。

词汇加油站

physicist ['fɪzɪsɪst] *n.* 物理学家
soil [sɔɪl] *n.* 土壤
mission ['mɪʃn] *n.* 任务
pigeonhole ['pɪdʒɪnhoʊl] *v.* 分类
sample ['sæmpl] *n.* 样品
remotely [rɪ'moʊtli] *ad.* 程度很低地

精彩抢先看：迈尔斯和杰克等人互不信任；直升机四人组被选定；寻找目标是本杰明

时间： 第 2 集 00:36:07 ~ 00:36:55
地点： 一间会议室
人物： 娜奥米，闵可夫斯基
事件： 娜奥米接受上级的指令，带四个背景各异的人去岛上。

 精彩亮点

1 娜奥米对队伍的人选持怀疑态度，觉得他们根本没有能力去岛上执行任务。

2 娜奥米是这次任务的负责人，其他人都没有在野外生存的能力，只能靠娜奥米来保护，但是讽刺的是她是这几个人中第一个死去的人。

3 娜奥米问如果在岛上发现大洋航班 815 的幸存者怎么办，闵可夫斯基非常确认地再次说了一遍岛上没有幸存者，这次娜奥米就懂了，如果遇到幸存者就杀掉，不要营救他们离岛。

4 这几个人不是随便选的，他们和这个岛屿都有一些联系。所以尽管没有野外生存的经验，他们还是不可替换的。

Naomi: You can't just drop them in[①] unprotected. It'll be a disaster.☺₁

Minkowski: They're not unprotected. They have you.☺₂

Naomi: There's only so much I can do.

Minkowski: Your modesty is positively[②] charming.

Naomi: This is a high-risk covert op[③] in unstable territory. It's dodgy enough without having to babysit a headcase, ghostbusters, anthropologist and a drunk.

Minkowski: To be fair[④], he's also a pretty good pilot.

Naomi: It's madness. What if we find survivors from 815?

Minkowski: There were no survivors.

Naomi: Yes, I know. But what if there are survivors?

Minkowski: There were no survivors of Oceanic 815.☺₃ Don't ask questions. Just do what you were hired for. Every member of this team was selected for a specific purpose.☺₄ Everything relies on[⑤] you. Getting them in, getting them out, and preventing anyone from[⑥] getting killed.

Season 4 神秘船只驶向岛屿 | Scene 2 目的不明的直升机降落孤岛

译文

娜奥米：你不能把他们没有保护地往那儿一扔，会很糟糕的。
闵可夫斯基：他们不是没有保护啊，他们有你。
娜奥米：我能做多少呢。
闵可夫斯基：你太谦虚了。
娜奥米：这是一个在非常不稳定的区域执行的高危秘密任务，已经非常困难了，更不要说还要照顾一个疯子、捉鬼的、人类学家和一个酒鬼。
闵可夫斯基：平心而论，他也是一个非常优秀的飞行员。
娜奥米：这太疯狂了。要是我们找到815航班的幸存者怎么办？
闵可夫斯基：没有幸存者。
娜奥米：是的，我知道，但是如果真的有幸存者呢？
闵可夫斯基：没有大洋航班815的幸存者。别问问题，做你该做的事。这个队的每一个成员都是为了一个特殊的任务挑选的，所有的事都靠你了。带他们进去，再带他们出去，别让他们中的任何人死掉。

知识点拨

1. drop in 在这里的意思是"放进去"，这个短语还可以用来表示"（使）落进；（使）往里坍塌；偶然走访"，在口语中还可以表示"愿意参加"。

2. positively 在这里表示"非常"。

3. covert op 意为"秘密行动"，covert 意为"隐蔽的"，op 意为"侦探；谍报员；刑警"。

4. to be fair 意为"平心而论"，当某人或者某事有一些缺陷，但是还有长处的时候，可以用这个词表示。

5. rely on 意为"依赖，依靠"，也可以使用 rely upon 的形式。

6. prevent...from=stop...from=keep...from（from 为介词，后加 ing）意为"阻止，预防某人干某事"。

词汇加油站

modesty ['mɑ:dəsti] *n.* 谦逊
dodgy ['dɑ:dʒi] *adj.* 冒险的
ghostbuster ['goʊstbʌstər] *n.* 驱鬼者
pilot ['paɪlət] *n.* 飞行员
territory ['terətɔ:ri] *n.* 地域
headcase ['hedkeɪs] *n.* 失去理智的人
anthropologist [ˌænθrə'pɑ:lədʒɪst] *n.* 人类学家

167

精彩抢先看：迈尔斯和杰克等人互不信任；直升机四人组被选定；寻找目标是本杰明

时间： 第 2 集 00:40:36～00:41:58
地点： 树丛中
人物： 克莱尔，洛克，本杰明
事件： 夏洛特从直升机上跳伞，被约翰等人发现，本杰明趁人不备向夏洛特开了两枪。洛克虽然不相信夏洛特等人，但是也不想伤害她，所以对本杰明的行为十分生气，想杀了他。

精彩亮点

1 本杰明向夏洛特开枪后，洛克十分生气。于是想要杀了他，但是克莱尔对于本杰明还是持有怜悯之心，毕竟是一条人命，所以试图劝阻洛克。

2 从剧情中可以看到，本杰明是一个非常狡猾的人。虽然其貌不扬，但是为人冷酷自私，谎话连篇。洛克要杀他，本杰明为了保住自己的性命，于是说自己有洛克想知道的信息。

3 洛克问他像黑烟一样的怪物是什么。在之前的剧情之中，出现过黑烟，可以取人性命。本杰明撒谎说他不知道，其实他知道，他可以在自己的卧室里面的密室中召唤黑烟。

4 本杰明说自己知道这些人来到岛上想要什么，其实这些人是来找自己的，这一点他没有撒谎。

Claire: Please. John, we should talk about this! ☺₁

Locke: Claire, what if one of those bullets had hit you or the baby?

Benjamin: John, listen, I have information that you need. I have answers. ☺₂

Locke: What is the monster?

Benjamin: What?

Locke: The black smoke, the monster. What is it?

Benjamin: I don't know. ☺₃

Locke: Good-bye, Benjamin.

Benjamin: Her name is Charlotte Lewis, Charlotte Staples Lewis. Born July 2nd, 1979, Essex, England. Parents — David and Jeanette. Eldest① of three, all girls. She was raised in Bromsgrove. Did her undergraduate studies at Kent, ④ took her PhD in cultural anthropology at Oxford. Here with two other team members and a pilot. Their names — Daniel Faraday, Miles Straume, Frank Lapidus. Your instinct was right, John. These people are a threat, and if you shoot me, you'll never know how great a threat they were ②. Because I know what they're doing here. ☺₄ I know what they want. ③

168

Season 4 神秘船只驶向岛屿 | Scene 2 目的不明的直升机降落孤岛

译文

克莱尔：拜托，约翰，我们应该谈谈这事！

洛 克：克莱尔，如果是你或是孩子中枪怎么办？

本杰明：约翰，听着。我有你要的消息。我知道答案。

洛 克：那怪物是什么？

本杰明：什么？

洛 克：那黑烟，那怪物。是什么？

本杰明：我不知道。

洛 克：再见吧，本杰明。

本杰明：她的名字是夏洛特·路易斯，夏洛特·斯特普尔斯·路易斯。1979年7月2日出生在英国的埃塞克斯，父母是大卫和珍妮特，她是三姐妹中最大的一个。在布罗姆斯格罗夫长大，在肯特郡上的大学，在牛津大学拿到文化人类学的博士学位。她和另外两位队员以及一名飞行员一起到了这儿。他们的名字是——丹尼尔·法拉第，迈尔斯·斯特劳默，弗兰克·拉皮德斯。你的直觉是对的，约翰。这些人是个威胁。如果你开枪的话，你永远都不会知道他们有多危险，因为我知道他们在这儿的目的。我知道他们想要什么。

知识点拨

1. 英文说在两者之间进行比较要用比较级，一般在单词后面加 er；三者以上进行比较，要用最高级，一般是在单词后面加 est。old 比较特殊，比较级是 elder，最高级是 eldest。

2. how 引导的感叹句有三种形式。此时 how 是副词，用来修饰其后的形容词或副词，也可以修饰动词。①How+ 形容词 + 主语 + 谓语！例如：How hot it is today! 今天多么热呀！②How+ 副词 + 主语 + 谓语！例如：How fast he runs! 他跑得多么快呀！③How+ 主语 + 谓语！例如：How time flies! 光阴似箭！

3. 在这里 what 引导的是一个宾语从句，主语是 I，谓语是 know，后面的成分做 know 的宾语。what 作为连接词，后面是陈述语序。

 词汇加油站

bullet ['bʊlɪt] *n.* 子弹
undergraduate [ˌʌndərˈgrædʒuət] *n.* 大学生
anthropology [ˌænθrəˈpɑːlədʒi] *n.* 人类学
monster ['mɑːnstər] *n.* 怪物
PhD [ˌpiːeɪtʃˈdiː] *n.* 博士学位
instinct ['ɪnstɪŋkt] *n.* 本能

精彩抢先看：雨果被警察逮捕；杰克为凯特法庭作证；萨伊德妻子被杀

Scene 3 孤岛获救后之现实生活

时间： 第 1 集 00:04:27 ～ 00:06:11
地点： 警察局
人物： 雨果，警察
事件： 雨果从孤岛上获救之后回到洛杉矶，在便利店看到查理的鬼魂十分惊慌，于是开车高速逃离，车速太快引起警察注意被追击并逮捕到警察局。

精彩亮点

1 雨果等六人为了保护岛屿和岛屿上被留下的朋友们，统一口径隐瞒了岛上发生的一切，对外宣称只有他们六人生还，所以在这里他对警察撒谎说不认识安娜·露西娅。

2 雨果在便利店看到了查理的鬼魂，惊慌逃离的过程被监控录了下来。警察从雨果嘴里套不出什么有用的话，于是就暂时停止一下，让雨果自己看监控录像。

3 雨果看着录像带里的自己，又看看审讯室的大镜子，在恍惚之间突然镜子里变成了海洋，查理向他游了过来，查理的手伸向镜子，大水冲破镜子涌进审讯室。雨果立即冲向审讯室的门，边拍门边大声呼救。

4 警察觉得雨果不正常，一个人在审讯室大呼小叫，就反问他是不是想进精神病院。

Officer: I knew somebody your plane.
Hugo: Really?
Officer: Her name was Ana Lucia Cortez.① She was my partner before I made detective — dark hair…Gorgeous. Maybe you knew her. Maybe you met her on the plane…Before it took off②?
Hugo: Sorry. Never met her. ☺₁
Officer: Why don't you watch the tape? ☺₂ Maybe it'll spark something. I'm gonna get a doughnut. You want one?
Hugo: No, thanks.
Officer: And when I come back, you're gonna tell me who you ran from③.
Hugo: Help! Help! Help! Let me out! ☺₃
Officer: What the hell is wrong with you?④ What are you doing, Reyes? Huh? You trying to⑤ get tossed into the nuthouse? Because if that's what you want, ☺₄ I can make that happen right now⑥.

Season 4 神秘船只驶向岛屿 | Scene 3 孤岛获救后之现实生活

译文

警察：我认识你们航班上的一个人。
雨果：真的?
警察：她的名字是安娜·露西娅·科特兹。在我晋升探长之前，她是我的搭档——黑色的秀发……美丽极了。也许你认识她。也许你在飞机上见过她……在起飞之前见过她?
雨果：对不起，从没有见过她。
警察：你看看录像带吧。也许它会给你点儿启发，我去拿一个甜甜圈，你要吗?
雨果：不用了，谢谢。
警察：我回来的时候，你要告诉我你在躲谁。
雨果：（拍门）救命! 救命! 救命! 让我出去!
警察：（警察开门）你有毛病吗?（雨果看着大镜子）你在干什么，雷耶斯? 你是想进精神病院吗? 因为你如果想的话，我可以马上把你扔进去。

知识点拨

1. 这里系动词用的是 was，在英语中提起去世的人用的都是过去时。即便在她去世后，系动词也要用过去时。

2. take off 在文中意为"起飞"，这个词意义比较多，有：①出发; 匆匆离开; ②脱下（衣帽、鞋子等），脱掉; 拿掉，取下; 移去; 拆下，拆掉; ③带去（某物）; 移送（某处）等。

3. run from 意为"逃跑，逃离，从……逃出"，这里用的是过去时，所以 run 作为动词要用过去式的形式，要将 run 改为 ran。

4. 这句话意为"你怎么了?"一般表示的语气都是不满的，hell 是"地狱"的意思，在这里加强语气。

5. try to do sth. 表示"设法做某事，尽力做某事"。try doing sth. 表示"试着做某事，试验做某事"。try to do 侧重尽力，为了达到目的而努力。try doing 只是一种新的尝试，并没有一定明显的目的性。

6. right now 的意思是"马上，立刻; 就在此刻"，在口语中经常使用。近义词有 right off the bat。

partner ['pɑːrtnər] *n.* 搭档
spark [spɑːrk] *v.* 激发
toss [tɑːs] *v.* 投掷
detective [dɪˈtektɪv] *n.* 侦探
doughnut [ˈdoʊnʌt] *n.* 油炸圈饼
nuthouse [ˈnʌthaʊs] *n.* 精神病院

精彩抢先看：雨果被警察逮捕；杰克为凯特法庭作证；萨伊德妻子被杀

时间： 第4集 00:14:13～00:15:21
地点： 法庭
人物： 杰克，邓肯，法官，法警，梅利莎
事件： 凯特在离开岛屿之后回到现实生活，她因为指控在法院受审，律师找来了杰克做她的证人。

精彩亮点

1. 凯特在乘坐大洋航班的时候，其实正在被一名警察押送回洛杉矶。离开岛屿之后回到法治社会，当然要继续受到法律的惩处。在最初审的时候，情况对于凯特很不利，所以律师找来了杰克为她作证。

2. 公诉人知道证人是杰克以后，表示反对，理由是杰克和凯特之间的关系复杂。事实上杰克和凯特之间一直暧昧不清，后来还订婚了。

3. 律师邓肯让杰克说他是怎么认识凯特的，但是其实他们坠机的事件陪审团应该是了解的，通过上网、看电视等渠道都可以知道，所以律师也觉得介绍就是走一下程序。

4. 杰克被找来做凯特的品德信誉见证人。他们本来就对于岛上的一切说了谎，现在杰克更是为了凯特对于他们是怎么遇到的撒了谎，说凯特救了他们几个人，品格是非常好的。

Duncan: We got killed in the opening. I had to do this. ☺₁
Judge: Does the defense have a witness?
Duncan: Yes, we do, Your Honor①. The defense calls Dr. Jack Shephard to the witness stand②.
Melissa: Your Honor, I'd like to renew my objection to this witness ☺₂ on the basis of③ relevance.
Judge: And I'm going to renew my overruling of your objection. You are to be aware that④ this witness did not meet the defendant until after the alleged crimes she is being charged with. He's to be viewed as a character witness⑤ only. Proceed.
Bailiff: Please raise your right hand. Do you swear to tell the truth, the whole truth, and nothing but the truth so help you God?
Jack: Yes.
Duncan: Dr. Shephard... could you please tell the ladies and gentlemen of the jury... if there are any of you who don't read newspapers or the Internet or watch television... ☺₃ how you met the defendant? ☺₄

译文

邓　肯：我们出师不利。我必须得这样做。
法　官：被告有证人吗？
邓　肯：是的，我们有，法官大人。被告传召杰克·谢帕德医生到证人席。
梅利莎：法官大人，基于他们的关系我反对传唤这位证人。
法　官：反对无效。（对陪审员说）你们要知道证人和被告是在被指控之后才认识的。他只能被视为被告的品德信誉见证证人。继续。
法　警：请举起右手。你能向上帝发誓你所说的都是事实吗？愿上帝保佑你。
杰　克：是的。
邓　肯：谢帕德医生……你能告诉陪审团的先生们女士们……如果这里有人没有读报纸、上网或者是看电视……你是怎么认识被告的？

知识点拨

1. 在法庭上将法官尊称为 Your Honor，不过，现在这类称呼没那么严格了，在美国地方法院称呼法官 Judge 很常见，高等法院法官则是 Justices 或者 Judges of the peace。现在英国包括英联邦国家的法院，也有称呼法官 Your Lordship，Your Ladyship。

2. witness stand 是法庭上的证人席，也可以叫作 witness box，witness chair。

3. on the basis of = based on 的意思是"在……的基础上"。

4. be aware 的意思是"意识到，了解，省悟"，后面加 that 引导从句，或加介词 of。

5. character witness 意为"品德信誉见证人"。

词汇加油站

defense [dɪˈfens] *n.* 防卫
overrule [ˌoʊvərˈruːl] *v.* 否决
allege [əˈledʒ] *v.* 宣称
witness [ˈwɪtnəs] *n.* 证人
defendant [dɪˈfendənt] *n.* 被告
proceed [proʊˈsiːd] *v.* 继续进行

精彩抢先看：雨果被警察逮捕；杰克为凯特法庭作证；萨伊德妻子被杀

时间： 第9集 00:18:02～00:19:38
地点： 提克里特街道上
片段三 人物： 萨伊德，本杰明
事件： 萨伊德的妻子死了，萨伊德抬着棺材给她送葬。本杰明在偷拍萨伊德时被发现，然后告诉萨伊德是维德莫的人杀了他的妻子。

精彩亮点

1 本杰明在楼上偷拍萨伊德时被发现，试图逃跑被萨伊德抓住了。萨伊德认出来是本杰明以后感到很奇怪，怎么会是他，便问本杰明在这儿干什么。

2 萨伊德问本杰明是怎么到这儿的，意思就是问他是怎么离开岛的，本杰明试图避开这个问题，但是没有成功。然后就撒谎了，说自己坐船出来的。

3 萨伊德在离开岛屿之后，和自己心爱的女人纳迪亚结婚了，结果九个月之后，纳迪亚被车撞死了。现在萨伊德正在抬着她的棺材送葬。

4 本杰明告诉萨伊德是维德莫派人杀了纳迪亚，凭着一张照片和本杰明的一面之词，萨伊德竟然信了。

Sayid: You vultures, you followed me to Tikrit... You spy on me? **What are you doing here?** ☺₁

Benjamin: I'm here to find the man who murdered your wife.

Sayid: How did you get here?

Benjamin: I came across the Syrian border. It's really not as difficult as you might ...

Sayid: How did you get off the island?

Benjamin: Your friend Desmond had a boat. ☺₂ Remember? "The Elizabeth". I followed a heading to Fiji①. Then I chartered a plane.

Sayid: Why now?

Benjamin: You remember the name Charles Widmore, don't you②? The man who tried to convince the world that your plane was on the bottom of the ocean?

Sayid: What does it have to do with③ me? With Nadia?

Benjamin: There was a man at her procession. ☺₃ He goes by the name of④ Ishmael Bakir. He's one of Widmore's men. Bakir was last seen five days ago... in Los Angeles... caught by a traffic camera, speeding away from the corner of La Brear and Santa Monica.

Sayid: That's three blocks from where Nadia was killed. **Why would these people want to murder her?** ☺₄

174

Season 4 神秘船只驶向岛屿 | **Scene 3** 孤岛获救后之现实生活

译文

萨伊德：你这个秃鹫，你跟踪我到提克里特来监视我？你在这儿干什么？
本杰明：我来找出杀死你妻子的凶手。
萨伊德：你是怎么到这儿的？
本杰明：我穿过叙利亚边界来的，其实没有你想象的那么难……
萨伊德：你是怎么离开岛屿的？
本杰明：你的朋友德斯蒙德有一条船。记得吗？"伊丽莎白号"。我沿着航线去了斐济，然后租了一架飞机。
萨伊德：为什么现在（来找我）？
本杰明：你还记得查尔斯·维德莫这个名字，不是吗？他想要全世界的人都认为你们的飞机沉入了海底。
萨伊德：这跟我有什么关系？跟纳迪亚有什么关系？
本杰明：在她的队伍中有一个男人。他的名字是以实玛利·巴克尔。他是维德莫的人。巴克尔在五天前被看到……在洛杉矶……被一个交通摄像头拍到的，在拉布雷亚和圣塔莫尼卡的街角超速。
萨伊德：那里距离纳迪亚被杀的地方只有三个街区。为什么这些人要杀她？

知识点拨

1. Fiji "斐济共和国"是一个太平洋岛国，位于南太平洋。国家名称源自汤加语的"岛屿"，并变为斐济语的 Viti。1643 年荷兰航海者塔斯曼首先来到斐济。

2. 反意疑问句中问句部分的动词与陈述部分的动词在语气上成相反的对应关系，陈述部分肯定式 + 疑问部分否定式，或者是陈述部分否定式 + 疑问部分肯定式。

3. have to do with 的意思是"与……有关系，与……打交道，与……来往；与……有牵连"。

4. by the name of=who is called 表示"名叫……的"，in the name of sb. / sth. 表示"以……的名义做某事"，under the name of 表示"用……名字，以……假名（使用非真名）"。

 词汇加油站

vulture [ˈvʌltʃər] *n.* 秃鹫
across [əˈkrɔːs] *prep.* 穿过
charter [ˈtʃɑːrtər] *v.* 包租

murder [ˈmɜːrdər] *v.* 谋杀
heading [ˈhedɪŋ] *n.* 航向
block [blɑːk] *n.* 街区

精彩抢先看：德斯蒙德的意识进行了时空穿梭；寻找 1996 年的丹尼尔求助；德斯蒙德的常量

Scene 4 穿梭时空向外界求救

时间：第 5 集 00:16:30 ～ 00:17:20
地点：岛屿，轮船
人物：德斯蒙德，丹尼尔
事件：德斯蒙德与萨伊德乘坐直升机去轮船的时候，德斯蒙德的意识发生了混乱，他的意识在 1996 年与现在进行穿梭，1996 年的他回到现在感到很困惑，不知道这是哪里。萨伊德给丹尼尔打电话求助，丹尼尔让德斯蒙德去找 1996 年的自己进行求助。

精彩亮点

1 德斯蒙德在乘坐直升机离开岛屿去往轮船的时候意识发生了混乱，他的意识变成 1996 年的自己。没有时间说话是因为不知道什么时候德斯蒙德就会晕过去。

2 丹尼尔问德斯蒙德觉得现在是哪一年，德斯蒙德表示惊讶："什么叫觉得，现在当然是 1996 年啊。"

3 德斯蒙德的意识在 1996 年与现在之间不停地穿梭，当他去到 1996 年的时候，应该是在苏格兰皇家军团。丹尼尔说再次发生，就是说德斯蒙德再次去到 1996 年的时候。

4 丹尼尔确认了德斯蒙德所在的年份之后，回忆自己在 1996 年的时候应该在哪里，然后让德斯蒙德去找他，希望 1996 年的自己能够给予德斯蒙德帮助。

Daniel: Desmond, we don't have long to talk,☺₁ so I need you to tell me what year you think it is.

Desmond: What do you mean, what year do I think…it's 1996.☺₂

Daniel: All right①, Desmond. Desmond, look, you…you gotta tell me… Where are you?

Desmond: I…I'm in…I'm in some kind of② sickbay.

Daniel: No, no, no. Not right now, Desmond. Where are you supposed to be? Where are you in 1996?

Desmond: I… I'm at camp Millar. It's, uh, Royal Scots Regiment. It's, just north of Glasgow③.

Jack: Dan, you might wanna…

Daniel: Y…yeah, yeah. No. No, I'm thinking. I'm thinking. Desmond, listen, when it happens again,☺₃ Desmond, I need you to get on④ a train. Get on a train and go to Oxford. Oxford University⑤, Queen's College Physics Department, all right?

Desmond: W…what? Why?

Daniel: Because I need you to find me.☺₄

Season 4 神秘船只驶向岛屿 | Scene 4 穿梭时空向外界求救

译文

丹 尼 尔： 德斯蒙德，我们时间不多，长话短说，我需要你告诉我你认为现在是哪一年？

德斯蒙德： 你什么意思，什么我认为是哪一年……，现在是 1996 年啊。

丹 尼 尔： 好吧，德斯蒙德。德斯蒙德，听着，你……你得告诉我……你在哪？

德斯蒙德： 我……我在……我在一个什么医务室。

丹 尼 尔： 不，不，不。不是现在，德斯蒙德。你应该在哪？1996 年的时候在哪？

德斯蒙德： 我在军营，是一个苏格兰皇室军团，就在格拉斯哥北部。

杰　　克： 丹，你可能想要……

丹 尼 尔： 知道了，知道了。（对杰克说）不，不，我在想。我在想，德斯蒙德，听着，如果再次发生，德斯蒙德，你要坐上火车。坐火车去牛津，牛津大学，女王学院的物理系，好吗？

德斯蒙德： 什么？为什么？

丹 尼 尔： 因为我需要你找到我。

知识点拨

1. all right 意为"不要紧"。还可以用来表示赞同对方的意思，意思是"行，好吧"；或者用在系动词之后，表示健康状况。

2. kind of 意为"有点儿，有几分"，a kind of 常可表示不确定的"某种类似"，可以说 a kind of animal。

3. 格拉斯哥是苏格兰最大的城市，英国第三大城市。格拉斯哥地区拥有人口 230 万，占苏格兰总人口的 41%。近年来格拉斯哥逐渐发展成为欧洲十大金融中心之一，众多苏格兰企业总部设于此。

4. get on 意为"上车，上马"，还有"①穿上（衣服等）；戴上（帽子等）；盖上（盖子等）；② 开（灯、开关等）；放上；安上；③继续做，进行下去"等意思。

5. Oxford University 是"牛津大学"，是一所誉满世界的公立研究型大学，采用书院联邦制。

词汇加油站

sickbay [ˈsɪkbeɪ] *n.* 船上的医务室
Oxford [ˈɑːksfərd] *n.* 牛津
physics [ˈfɪzɪks] *n.* 物理学
camp [kæmp] *n.* 露营
college [ˈkɑːlɪdʒ] *n.* 学院
department [dɪˈpɑːrtmənt] *n.* 系

精彩抢先看：德斯蒙德的意识进行了时空穿梭；寻找1996年的丹尼尔求助；德斯蒙德的常量

时间：第5集 00:20:49 ~ 00:21:23
地点：丹尼尔的实验室
人物：丹尼尔，德斯蒙德
事件：德斯蒙德的意识发生了混乱，丹尼尔告诉他让回到1996年，去牛津大学找1996年的自己求助，德斯蒙德听从了他的话，来牛津大学寻找丹尼尔。

精彩亮点

1 在1996年，丹尼尔带德斯蒙德去了自己的实验室。德斯蒙德看到丹尼尔的实验室里面有好多实验的器材，还有一个木制的迷宫，感到很奇怪，便问他这是做什么的。

2 在剧情中，丹尼尔的天资是非常好的，是牛津大学历史上最年轻的博士，但是后来他的记忆受到了损伤，他在岛上的时候翻到自己的笔记，才证明他在1996年确实见过德斯蒙德。

3 这句话的意思是"那是怎么发生的？"，丹尼尔在这里的语气表示反义，"那怎么可能会发生呢？我的记忆力那么好。"

4 丹尼尔准备做实验，穿上了防护服，德斯蒙德问自己是不是也需要一套防护服。

Desmond: What…what is all this? ☺₁
Daniel: This is where I do the things① Oxford frowns upon②. All right, this… this future version of me, uh, he…he referenced this meeting, right? Obviously. So…so I would remember③ you coming to Oxford, right? I would remember this, here, right now④.
Desmond: Actually, um, no. ☺₂
Daniel: No?
Desmond: Maybe you just forgot.
Daniel: Yeah, right. How would that happen? ☺₃
Desmond: So this…this is changing the future?
Daniel: You can't change the future.
Desmond: What's that for?⑤
Daniel: Radiation.
Desmond: Do I get one? ☺₄
Daniel: You don't need one. For prolonged exposure, I…I do this 20 times⑥ a day.

178

Season 4 神秘船只驶向岛屿 | **Scene 4 穿梭时空向外界求救**

译文

德斯蒙德：这些是什么？

丹 尼 尔：这是我做令牛津大学不舒服的事情的地方。（做实验准备）好，这……这个未来的我，嗯，他……他提到了这次会面，是吗？很明显提到了，所以……我应该记得你来到了牛津，是吗？我会记得这件事情，这里，此时此刻。

德斯蒙德：实际上，嗯，不记得。

丹 尼 尔：不记得？

德斯蒙德：也许你就是忘了。

丹 尼 尔：对，是的。我怎么可能忘了？

德斯蒙德：所以这些……（指实验器材）这可以改变未来？

丹 尼 尔：未来是不能被改变的。

德斯蒙德：那是干什么的？

丹 尼 尔：防辐射。

德斯蒙德：我需要吗？

丹 尼 尔：你不需要。是因为过度暴露，所以要穿上。我……我每天要做 20 次实验。

知识点拨

1. 这句是 where 引导的一个表语从句。where 引导的表语从句前没有名词，从语法功能上看，where 引导从句的位置是表语位置，where 在表语从句中做地点状语。

2. frown upon 意为"不悦；皱眉；不赞成"，frown 的意思就是"皱眉"，很形象地表明人在皱眉时的情绪是不悦的。

3. 这句的时态是一般过去将来时，表示从过去的某一时间来看将来要发生的动作或存在的状态。肯定句的句型是：主语 +would（should）+ 动词原形。

4. right now 是一个常用的短语，一般表示"就是现在，马上"的意思。在这里丹尼尔强调的意思是"此时此刻"。

5. What ... for? 在口语中非常常见，表示"为了什么？有什么目的？"。在这里，丹尼尔穿上了防辐射服要做实验，德斯蒙德问丹尼尔那衣服干什么？

6. 在英语中对次数进行表达时，可以用 once 表达"一次"，twice 表达"两次"，三倍及以上的用"基数词 +times"即可。

词汇加油站

version ['vɜːrʒn] *n.* 版本
obviously ['ɑːbviəsli] *adv.* 明显地
prolonged [prəˈlɑːŋd] *adj.* 拖延的
reference [ˈrefrəns] *v.* 提及
radiation [ˌreɪdiˈeɪʃn] *n.* 辐射
exposure [ɪkˈspoʊʒər] *n.* 暴露

精彩抢先看：德斯蒙德的意识进行了时空穿梭；寻找 1996 年的丹尼尔求助；德斯蒙德的常量

时间： 第 5 集 00:25:47 ～ 00:26:58
地点： 丹尼尔的实验室
人物： 丹尼尔，德斯蒙德
事件： 德斯蒙德找到丹尼尔进行求助，丹尼尔通过实验证明了德斯蒙德的意识确实到达了未来，并且给了他解决的办法。

精彩亮点

1. 德斯蒙德在进行 1996 年与 2004 年之间的意识穿梭，每次到达 2004 年的时候，1996 年的他就会昏迷，然后这个现象不间断地发生，德斯蒙德问丹尼尔他为什么会这样。

2. 德斯蒙德总是突然晕倒，一次发生在卫生间，还有一次晕倒在楼梯间，所以丹尼尔提醒他要小心，过马路的时候晕倒可不是什么好事。

3. 丹尼尔用于做实验的小白鼠死了，德斯蒙德想知道自己是不是也会死，但是丹尼尔吞吞吐吐，于是德斯蒙德抓起了丹尼尔的衣领问他。事实上 2004 年的德斯蒙德已经有流鼻血的症状了。

4. 丹尼尔告诉德斯蒙德要找到一个常量，在 1996 年和 2004 年都存在的人，丹尼尔意识到自己的常量就是潘妮，后来 2004 年他确实成功将电话打给了潘妮，意识也就不再进行穿梭了。

Desmond: Why does this keep happening?☺1

Daniel: Uh, in your case①, I'm guessing the progression is exponential. Each time your consciousness jumps, it gets harder and harder② to jump back. I would be careful crossing the street☺2 if I were you.③

Desmond: What happened to her?

Daniel: She died.

Desmond: Yeah, I can see that. How?

Daniel: Brain aneurysm, probably. I don't know. I'm going to do④ an autopsy later.

Desmond: Is that gonna happen to me?

Daniel: The effects seem to⑤ vary from case to case⑥, but, uh…

Desmond: Answer me! If this keeps happening, am I gonna die?☺3

Daniel: I don't know. I think… Eloise's brain short-circuited. The jumps between the present and the future… She eventually…she couldn't tell which was which. She had no anchor.

Desmond: What do you mean, "anchor"?

Daniel: Something familiar in both times. All this…see this? This is all variables. It's random. It's chaotic. Every equation needs stability, something known. It's called a constant.☺4

180

Season 4 神秘船只驶向岛屿　Scene 4 穿梭时空向外界求救

译文

德斯蒙德： 为什么这个情况不断发生？

丹尼尔： 嗯，你的情况应该是症状呈指数级增加。每次你有意识穿梭，回来就变得越来越难。我要是你的话，过马路一定小心点儿。

德斯蒙德： 她怎么了？（看小白鼠）

丹尼尔： 她死了。

德斯蒙德： 是的，我知道，怎么死的？

丹尼尔： 也许是脑动脉瘤。我不知道，我待会给她验尸。

德斯蒙德： 我也会死吗？

丹尼尔： 不同的个体受到的影响不同，但是，嗯……

德斯蒙德： 回答我！如果这种情况持续下去，我会死吗？

丹尼尔： 我不知道。我想……埃洛伊丝的大脑短路，她的意识持续在现在和未来之间穿梭……她最终不能分辨出未来和现在。她没有锚。

德斯蒙德： "锚"是什么意思你？

丹尼尔： 在两个时空都熟悉的事物。（指着黑板上的公式）所以这些……看到了吗？这些都是变量。它们是随机的，是混乱的。每个方程都需要稳定性，一些已知量，叫作常量。

知识点拨

1. in this case 是一个常用短语，意为"在这种情况下"，还有"既然这样，在这个案例中"等意思。

2. harder and harder 意为"越来越难"，英语中表达"越来越……"的固定搭配是：单音节词用"比较级+and+比较级"；多音节词用"more and more+词原级"。

3. 这句是 if 引导的条件状语从句，表示与现在事实相反的情况，句子结构为：主句：主语 + would（should, could, might）+ 动词原形 +……，从句：if+ 主语 + 动词的过去式（be 用 were）+……

4. be going to do sth. 是一般将来时，表示"将要做什么，或马上要做什么"的意思。

5. seem to do 表示不定式的动作发生在主句动词 seem 之后。seem to be doing sth. 表示不定式的动作和主句中 seem 是同一个时态。

6. vary from...to 的意思是"在……到……之间变化；从……到……不等"，也可以用 differ from 来表示。

词汇加油站

exponential [ˌekspəˈnenʃl] *adj.* 指数的
autopsy [ˈɔːtɑːpsi] *n.* 验尸
anchor [ˈæŋkər] *n.* 锚
chaotic [keɪˈɑːtɪk] *adj.* 混沌的

aneurysm [ˈænjərɪzəm] *n.* 动脉瘤
short-circuited [ʃɔːrtˈsɜːrkɪtɪd] *adj.* 发生短路的
variable [ˈveəriəbl] *n.* 变量

精彩抢先看：新闻播报发现大洋航班815号；弗兰克认出假飞行员起疑心；制作假飞机失事事件的是维德莫

Scene 5 维德莫制作815航班假新闻

时间： 第2集 00:01:18 ~ 00:02:29
地点： 丹尼尔家
人物： 罗恩，另一个搜寻员，新闻主播
事件： 丹尼尔看新闻播报，说在印度洋进行船只搜寻的时候，两艘深海遥控潜水器发现了大洋航班815号。

精彩亮点

1 两艘深海遥控潜水器在深海进行搜寻，男1操作的是ROV 01，罗恩操作的是ROV 02。之前看的一直是ROV 01的画面，罗恩的ROV 02好像发现了些什么，于是就切换到了ROV 02的画面。

2 另一个搜寻员在搜寻的时候告诉罗恩他们已经超过了搜寻的区域了，不过没关系，不用大惊小怪。

3 男1说他的磁力计探测到了大量异常磁场，罗恩开玩笑说是不是金银珠宝。男1说继续做梦吧，表示不可能。

4 两位探测员在探测的时候，意外地发现了大洋航班815，感到非常地震惊。因为这艘航班失事以来都没有被找到，并且航班上的人数不少，是非常大型的事故。

Ron: Sonar's pinging up something now. Hey, you wanna switch feeds? ①

Man1: Roger that ①. I'm headed on a bearing of about 1-3-7 from the coordinates we pulled off ② our guy's map. But don't hold your breath. ② Magnetometer is picking up a hell of a lot of ③ anomalies down here.

Ron: A chest full of doubloons?

Man 1: Keep dreaming, ③ Ron. Let's swing around on the next bridge and recalibrate.

Ron: Uh… are you getting this?

Man 1: What? What's up? ④

Ron: It's… it's an airplane.

Man 1: Oh, my God. It's Oceanic 815. ④

News Broadcaster: This haunting footage comes to us from Christiane 1, a salvage vehicle in the Indian Ocean ⑤. For more than two months, it's been scouring the depths of the Sunda trench of Bali ⑥ in search of the remains of sunken trading ships.

Season 4 神秘船只驶向岛屿 | Scene 5 维德莫制作815航班假新闻

译文

罗　恩：声呐发现了点儿东西。嘿，你想切换信号吗？

男　1：收到。我正在朝1—3—7的方向前进，从坐标上看我们超过了指定搜索区域。但是别太吃惊。磁力计探测到了大量异常磁场。

罗　恩：一箱子金银财宝吗？

男　1：想得美，罗恩。我们换到下一个山脊然后重新校准坐标。

罗　恩：你看到了吗？

男　1：什么？什么东西？

罗　恩：是一架飞机。

男　1：天呐，是大洋航班815号。

新闻主播：这段震撼的画面是从克里斯蒂安娜2号传来的，是一艘印度洋上的海上打捞船。两个多月以来，它在巴厘岛外的巽他海峡深处寻找沉没的古贸易船只。

知识点拨

1. Roger 的意思是"收到"，这是个无线电通讯用语，就像在讲完一段话后，都会在后面加上 over 表示"说完了"，会用 out 来表示"通话结束"一样。

2. pull off 在这里的意思是"拿掉"，这个短语还可以用来表示"（成功或艰苦地）完成；赢得；脱掉（衣、帽、鞋等）"。

3. a lot of 等于 lots of，意思与 many 一样，可以修饰可数和不可数名词。a lot 用来修饰动词，放在动词后面。

4. What's up? 的意思是"怎么了？"经常用于口语中，亲密的朋友之间打招呼，问的人也许并不期待得到答复。

5. Indian Ocean 是"印度洋"，世界上第三大洋。位于亚洲、大洋洲、非洲和南极洲之间。

6. "巴厘岛"是印度尼西亚33个一级行政区之一，也是著名的旅游胜地。居民主要是巴厘人，信奉印度教，以庙宇建筑、雕刻、绘画、音乐、纺织、歌舞和风景闻名于世，为世界旅游胜地之一。

词汇加油站

sonar [ˈsoʊnɑːr] *n.* 声呐
coordinate [koʊˈɔːrdɪneɪt] *n.* 坐标
recalibrate [rɪˈkælɪbreɪt] *v.* 重新校准
sunken [ˈsʌŋkən] *adj.* 沉没的
bearing [ˈberɪŋ] *n.* 方位
magnetometer [ˌmæɡnəˈtɑmətər] *n.* 磁力计
trench [trentʃ] *n.* 沟

精彩抢先看：新闻播报发现大洋航班815号；弗兰克认出假飞行员起疑心；制作假飞机失事事件的是维德莫

时间： 第2集 00:31:18～00:31:48
地点： 弗兰克家
人物： 弗兰克，热线话务员，主管
事件： 弗兰克看到新闻播放的关于815航班的消息，当播到飞行员画面的时候，他认出那不是真正的飞行员。

 精彩亮点

新闻在播放有关815航班的残骸的新闻，弗兰克看到了飞行员的尸体的画面。他突然非常激动，看到电视上有热线电话，就打了过去，直接要求和主管讲话。 **1**

弗兰克之所以对这件事这么关心，是因为弗兰克说本来那天应该是他驾驶815航班，也就是说本来出事的应该是他。 **2**

弗兰克要求和主管讲话，但是话务员不给他转接。他很着急，坚持要和主管讲话，很坚定地请话务员给他转接。 **3**

弗兰克非常坚持画面上的那个人不是赛斯，是因为他和这个驾驶员是十分要好的朋友，所以对驾驶员十分了解。 **4**

Hotline Operator: National Transportation Safety Board①, oceanic hotline.

Frank: Yeah, let me speak to your supervisor. ☺₁

Hotline Operator: Yes, sir. Are you a family member of② the deceased?

Frank: No, I'm not, but I got some information on the crash. ☺₂ May I please speak to your supervisor? ☺₃

Hotline Operator: Sir, if you could just tell me ...

Frank: Look, I'm staring at③ the television right now. You're broadcasting footage of the wreckage and saying that's the pilot, Seth Norris.

Hotline Operator: Yes, sir?

Frank: Well, that's not him.

Hotline Operator: Please hold. ④

News Supervisor: Who am I speaking with⑤?

Frank: Doesn't matter⑥ who I am. You're showing footage of Seth Norris, and that's not him. ☺₄

184

Season 4 神秘船只驶向岛屿 | **Scene 5 维德莫制作 815 航班假新闻**

译文

热线话务员：（接弗兰克电话）国家运输安全委员会，大洋航班热线。

弗 兰 克： 嗯，我找你们主管。

热线话务员： 好的，先生。你是死者的家属吗？

弗 兰 克： 不，我不是，但是我有一些关于空难的信息。我可以和你的主管通话吗？

热线话务员： 先生，你可以告诉我……

弗 兰 克： 听着，我现在正在看着电视。你们正在播放飞机残骸的画面，说那是飞行员赛斯·诺里斯。

热线话务员： 是的，先生？

弗 兰 克： 那不是他。

热线话务员： 请等一下。

新 闻 主 管： 请问你是？

弗 兰 克： 我是谁不重要。你们正在播放赛斯·诺里斯的画面，但是那不是他。

知识点拨

1. National Transportation Safety Board 是"美国国家运输安全委员会"，简称 NTSB，成立于 1967 年，总部位于华盛顿，是美国联邦政府的独立机关，专门负责美国国内的航空、公路、铁道、水路及管线等事故的调查。

2. a member of 的意思是"成员之一"，在用复数的时候使用 members of。

3. stare at 侧重指"长时间地看，定睛看"，含个人感情色彩。

4. Please hold. 的意思是"请先别挂电话，请稍等"，hold 的原本意思是"控制；保留"。hold on 的意思是"继续；等一等；坚持，坚持住"。

5. speak with 意为"和……谈话，和……商量"，speak to 意为"对……说话；说到；责备，证明"。

6. It doesn't matter. 的意思是"没关系，无所谓，不要紧"，在口语中使用的频率比较高。

词汇加油站

oceanic [ˌoʊʃiˈænɪk] *adj.* 海洋的
deceased [dɪˈsiːst] *adj.* 已故的
broadcast [ˈbrɔːdkæst] *v.* 播送

hotline [ˈhɑːtlaɪn] *n.* 热线
television [ˈtelɪvɪʒn] *n.* 电视
wreckage [ˈrekɪdʒ] *n.* （失事船或飞机等）残骸

精彩抢先看：新闻播报发现大洋航班815号；弗兰克认出假飞行员起疑心；制作假飞机失事事件的是维德莫

时间： 第8集 00:21:32～00:22:48
地点： 酒店房间
人物： 迈克尔，汤姆
事件： 迈克尔在家里看到自己乘坐的失事飞机落在印度洋，感到很困惑，那架飞机明明坠毁在岛屿上了，所以他去质问汤姆。

片段三

 精彩亮点

1 汤姆是本杰明的手下，大部分时间应该是待在岛屿上的。迈克尔和其他的幸存者费尽心思想要离开岛屿，他们都以为离开岛屿是非常难的。但是本杰明其实知道怎样离开，并且可以来去自如。

2 迈克尔所乘坐的815航班明明是坠毁在小岛上了，但是却在新闻上看到815航班坠毁在了海底，感到十分不解，于是来质问汤姆。

3 汤姆是和本杰明一伙儿的人，正是因为本杰明抓了自己的儿子相威胁，所以迈克尔才会杀人。因此他不相信汤姆，并且这件事真的太荒唐了。所以他对汤姆持怀疑态度。

4 迈克尔不相信汤姆说的话，要汤姆证明维德莫是如何制造的假新闻，于是汤姆拿出了照片等证据。

Tom: Help yourself① to the chow. Don't make it② to the mainland too often… so when I do, I like to③ indulge myself.

Michael: So you people can just…come and go?☺1

Tom: Some of us. You want a drink?

Michael: What I want is for you to tell me **what my plane is doing at the bottom of the ocean.**☺2

Tom: That's not your plane. It's a phony. A man named Widmore put it down there, and he staged the whole wreck.

Michael: Staged? Why would he stage a ...

Tom: Because he doesn't want anyone else finding where the real plane ended up…except for④ him.

Michael: I'm supposed to believe this?☺3

Tom: Did the bullet bounce off⑤ your skull, or did the gun just jam on you?

Michael: Prove it.

Tom: Sorry?

Michael: Prove that this guy, Widmore, did what you say he did. **Prove it.**☺4

Tom: That's the cemetery in Thailand where Widmore dug up⑥ the 300-odd corpses he needed.

Season 4 神秘船只驶向岛屿 | Scene 5 维德莫制作 815 航班假新闻

译文

汤　姆：请自便。我不常回来，所以在回来的时候，我就会纵情享受一下。

迈克尔：所以你们能够来去自如？

汤　姆：有些人可以，你要喝点儿什么吗？

迈克尔：我想要的是，你告诉我为什么我的飞机坠落在海底？

汤　姆：那不是你们的飞机。那是个假的，一个叫作维德莫的人把它放在那儿的，他策划了整个失事事件。

迈克尔：策划？他为什么策划一个……

汤　姆：因为他不想让任何人发现飞机真正坠毁的地方……除了他自己。

迈克尔：你以为我会相信吗？

汤　姆：是子弹从你的头盖骨反弹出来了？还是枪卡壳了？

迈克尔：向我证明。

汤　姆：什么？

迈克尔：证明维德莫这个人，做了你所说的这些。证明给我看。

汤　姆：那是泰国的一个公墓，维德莫从那儿挖出了他所需要的三百多具尸体。

知识点拨

1. **help yourself** 用作招呼客人吃东西时的客套话，其意为"请随便吃，请吃"。表示客气答应请求的时候，其意为"请自便，请随意"。

2. **make it** 的意思比较多，可以表示"事业获得成功；某人做成某事；设法做到某事；及时赶上火车；及时抵达某地"等。

3. **like doing** 和 **like to do** 都表示"喜欢做某事"，但 like doing 所表示的动作，在意义上比较一般和抽象，时间观念不强，不指某一次动作，like to do 则常指某个具体的动作。

4. **except for** 也表示"除……以外"，指对某种基本情况进行具体的、细节方面的修正。它同 except 的区别是：except for 后接的词同句子中的整体词（主语）不是同类的，指从整体中除去一个细节，一个方面；而 except 后接的词同句子中的整体词（主语）一般是同类，指在同类的整体中除去一个部分。

5. **bounce off** 的意思是"从（表面上）弹回；跳回"，在口语中经常用作"了解（某人）对（某事）的想法（或意见等）；向（某人）做试探，试探（某人）对某一新设想的反应和意见；大发议论"。

6. **dig up** 的意思是"挖出；掘起；开垦；发现"，dig sth. up 的意思是"从地里挖出某物"，dug 是 dig 的过去式。

词汇加油站

chow [tʃaʊ] *n.* 食物
phony ['foʊni] *n.* 假冒者
wreck [rek] *n.* 残骸
cemetery ['seməteri] *n.* 公墓
indulge [ɪn'dʌldʒ] *v.* 使高兴
stage [steɪdʒ] *v.* 筹划
jam [dʒæm] *v.* 堵塞

精彩抢先看：试图拆除炸弹；马丁在兰花站被杀；船只爆炸

Scene 6 炸弹未能拆除，船只爆炸

片段一

时间： 第13集 00:21:05 ~ 00:22:19
地点： 轮船上
人物： 白善华，德斯蒙德，迈克尔
事件： 德斯蒙德等人在轮船上发现了炸弹，试图解除它，但是毫无头绪。

精彩亮点

1. 迈克尔说要让金上来陪白善华，但是后来金上来的时候已经赶不及了，白善华以及杰克等人乘飞机走了。

2. 白善华告诉迈克尔自己怀孕了，希望迈克尔能够尽一切力量把炸弹解除。但是迈克尔只能说句祝贺，因为他也不知道能不能把炸弹解除。

3. "回到了最开始的地方"，意思就是说液态氮用完了，就不能将电池降温，电池回到正常温度，就会发生化学反应，可以引爆炸弹。那么之前的工作就是无用功了。

4. 红灯亮了，但是电池没有降温，就有足够的能量立即引爆炸弹。他们就会立即被炸死了。红灯就是他们在这个世界上看见的最后的东西。

Michael: It isn't even on yet.① But, yeah, if what's in this tank does what it's supposed to do②, we're gonna be okay. **Look, I'll send Jin upstairs.**☺₁ There's no need for him to be down there with me when he can be up here with you③.

Sun: I'm pregnant.

Michael: Congratulations, Sun.☺₂

Desmond: You're gonna what?

Michael: Freeze it. This is liquid nitrogen. We use it in the refrigeration hold. The bomb needs a charge from the battery to detonate, right? And the battery runs on a chemical reaction. I spray the battery. I can keep it cold. No reaction.

Desmond: And what's the catch?④

Michael: The catch is we only have one canister. We use it up;⑤ **we're right back where we started.**☺₃

Desmond: Well, shouldn't we save it till⑥ the light turns red?

Michael: If we see that light turn red. And the battery's not already cold.☺₄

Season 4 神秘船只驶向岛屿 | Scene 6 炸弹未能拆除，船只爆炸

译文

迈克尔：它还没有开呢。但是，是的，如果这个罐子里的东西起作用的话，我们就会没事的。听着，我会让金上来，他可以在上面陪你，没必要和我待在下面。

白善华：我怀孕了。

迈克尔：祝贺你，善华。

德斯蒙德：（对迈克说）你要干什么？

迈克尔：把它冻起来。这是液氮，我们可以用它来冷藏。炸弹的电池需要充电才能引爆炸弹，对吧？电池需要化学反应才能有电。我用液态氮喷在电池上，让它处在低温状态，电池就不会发生化学反应。

德斯蒙德：有什么问题呢？

迈克尔：问题是我们只有一罐。用完了，我们就要重新开始。

德斯蒙德：我们是不是应该等到红灯亮了再用？

迈克尔：当红灯变亮了，但是电池还没有降温的时候。

知识点拨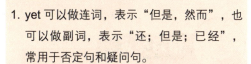

1. yet 可以做连词，表示"但是，然而"，也可以做副词，表示"还；但是；已经"，常用于否定句和疑问句。

2. be supposed to do sth. 意思是"应该做某事"，等于 should do sth., suppose 后面要加动词不定式。

3. 这句是 when 引导的时间状语从句，when 在引导时间状语从句的时候，既可指时间点，也可指一段时间，因此 when 引导的时间状语从句中的动词可以是终止性动词，也可以是延续性动词，而 while 引导的从句中的动词必须是延续性动词。

4. what's the catch 意思是"这里面有什么鬼？"，catch 做名词，有"隐藏的困难，不利因素"的意思，这句要到语境里理解。

5. use up 的意思是"用光，用完，耗尽"，在使用的时候 sth. 做主语要用被动语态，run out of 也是"用完"的意思，sb. 做主语用主动语态。

6. not until / till 的意思是"直到……才……"，当 not until / till 位于句首时，句子要倒装。其结构为：not until+ 从句 / 表时间的词 + 助动词 +（主句）主语 + 谓语 +……

词汇加油站

tank [tæŋk] *n.* 大容器
liquid [ˈlɪkwɪd] *adj.* 液体的
refrigeration [rɪˌfrɪdʒəˈreɪʃn] *n.* 冷藏
spray [spreɪ] *v.* 喷射
freeze [fri:z] *v.* 冻结
nitrogen [ˈnaɪtrədʒən] *n.* [化学] 氮
detonate [ˈdetəneɪt] *v.* 使爆炸
canister [ˈkænɪstər] *n.* 小罐

189

精彩抢先看：试图拆除炸弹；马丁在兰花站被杀；船只爆炸

时间： 第 13 集 00:38:36～00:40:30
地点： 岛上兰花站
人物： 约翰，马丁，电视声音
事件： 马丁来到兰花站，要抓本杰明，结果被杀。

精彩亮点

1. 本杰明的手下理查德救了本杰明，在马丁背后开了两枪，以为他死了。但是没有料到马丁穿了防弹衣没有死，此时又追到了兰花站。

2. 在轮船上有500磅的炸弹，迈克尔等人后来才发现，他们试图解除它。马克胳膊上绑着一个心率传感器，一旦他的心脏停止了，炸弹就会爆炸，马丁以此来威胁本杰明。

3. 之前本杰明和马丁对峙的时候，马丁抓住了本杰明的养女艾丽克丝作为人质。本杰明不愿意投降，马丁直接开枪将艾丽克丝杀了。

4. 洛克想要和马丁谈一谈，但是马丁说自己根本就不是一个用谈话来解决问题的人。

Martin: Well, you better aim for the head, Ben! You know, **like your boyfriend who shot me in the back**○₁. Like a coward!

TV: To avoid leaving inorganic materials inside…

Martin: This body armor's, um, been known to take a bullet or two① in its time. But before you take your shot, Ben, let me tell you about this. See that? I took out a bit of a life insurance policy, Ben. It's a heart rate monitor, and it's connected to a radio transmitter. We call it a "dead man's trigger," Ben. If my heart stops beating…it sends a little signal to the 500 pounds② of C4③. That I've got hardwired out there on the freighter. **That'd kill a lot of innocent people,**○₂ Ben. If you think I'm bluffing. Need I remind you of, uh… **How your daughter looked as she bled out?**○₃ Face down in the grass? Who the hell are you?

John: My name is John Locke. And I have no… conflict with④ you. And neither⑤ do the people on that boat. So…why don't you⑥ put your knife down? **We can talk about this.**○₄

Season 4 神秘船只驶向岛屿 | Scene 6 炸弹未能拆除，船只爆炸

译文

马　丁： 好吧，你最好瞄准我的头，本！你知道，像你的男朋友那样在我后面开枪，是个懦夫！

电视声音： 避免将有机物质留在里面……

马　丁： 这个盔甲，嗯，现在大家都知道可以挡一两颗子弹。但是在你开枪之前，本，让我告诉你。看到了吗？我已经投了一份人身保险，本。这是个心率检测器，它连着一个调频传送器。我们把它叫作"死亡扳机"，本。如果我的心脏停止跳动……它就会向 500 磅的 C4 炸弹传送信号。那些炸药在货船上，那样会杀了很多无辜的人的，本。如果你认为我在虚张声势，需要我提醒你，嗯……你的女儿流血致死的时候的样子吗？脸朝着地？（约翰出来了）你到底是谁？

约　翰： 我的名字是约翰·洛克。我跟你没有冲突。跟船上的人也没有冲突。为什么不把刀放下？我们可以谈谈。

知识点拨

1. take a bullet or two 字面意思是"能挡一两颗子弹"，在这里加强讽刺的语气。马丁的意思是说子弹并没有打死他。

2. pound 可以表示重量单位"磅"，1 磅 = 0.45359237 千克，文中的 500 磅炸弹也就约等于 227 千克炸弹；pound 也是货币单位"英镑"。

3. C4"塑胶炸药"主要成分是聚乙丁烯，用火药混合塑料制成，外形就像用来烘烤面包的生面粉团，可随意揉搓，制成各种形状，爆炸时会发出橙色光芒。这种炸药虽然威力大，但使用起来非常安全，即使直接向炸药开枪也不会发生爆炸，只能用雷管引爆。

4. conflict with 表示"冲突；与……抵触"，in conflict (with) 表示"和……矛盾，和……发生冲突，与……相抵触"，to avoid a conflict (with) 表示"防止冲突"。

5. neither...nor... 表示两者之中都不，either...or... 表示两者之一。两个词在句中都可以充当主语、宾语、定语和同位语，做主语时，可单独使用，也可以与 of 连用。either，neither 接的谓语动词一般用单数形式，但这两者在口语中做主语时，其后的谓语动词也可以用复数。

6. why don't you + 动词原形 = why not + 动词原形，意思是"为什么不……"，表示提供建议。

词汇加油站

coward ['kaʊərd] n. 懦夫
monitor ['mɑːnɪtər] n. 监控器
freighter ['freɪtər] n. 货船
armor ['ɑːrmər] n. 盔甲
transmitter [trænz'mɪtər] n. [电讯] 发射机
bluff [blʌf] v. 欺骗；吓唬

精彩抢先看：试图拆除炸弹；马丁在兰花站被杀；船只爆炸

时间： 第 14 集 00:05:52 ~ 00:07:26
地点： 轮船上
人物： 德斯蒙德，杰克，弗兰克，凯特，白善华，萨伊德
事件： 直升机被子弹打中，导致漏油，杰克等人好不容易找到轮船，但是却发现轮船上有炸弹，马上就要爆炸。

精彩亮点

1 杰克等人乘坐直升机，本来想要飞回到船上，然后就可以坐船离开岛屿。谁知道船上竟然有炸弹，德斯蒙德在船上对他们大叫，让他们不要着陆。

2 德斯蒙德在向他们大叫有炸弹之后，弗兰克还是要飞向轮船，准备在轮船上着陆。杰克就问他想干什么，船上有炸弹，他们不能着陆。

3 飞机停在货轮上以后，金和迈克尔在想办法解除炸弹，但是红灯已经亮了，这个炸弹十分复杂，已经没有时间找到正确的、该剪的线来解除炸弹。

4 金和迈克尔在想办法解除炸弹，白善华想要去找他，但是后来金还是没有赶上飞机，白善华坐飞机离开了。

Desmond: Oh, bloody hell①. Don't land! You can't land! Don't land! Don't land! **There's a bomb!** There's a bomb! **Get away**②! There's a bomb! You can't land! Go back!

Jack: Did he say "bomb"? **What are you doing?**

Frank: I don't care what the hell③ he's screaming! I'm flying on fumes! I gotta put this bird down④!

Desmond: No! Don't land! No! No! Look, you don't understand! Jin and Michael are doing everything they can, **but there's no time!** You've gotta get off⑤ the boat now!

Jack: How long till we can fly again?

Frank: Somebody patch the other hole where the bullet came off⑥!

Desmond: Give it to me. I'll do it.

Frank: Here! Somebody pump some gas!

Sayid: I'll handle the fuel.

Frank: Get that life raft right there! Come on! Let's go!

Kate: Hey, Sun! Sun! Where are you going? We gotta go.

Sun: Jin's below with Michael. I can't ...

Kate: No, no, there's no time! There's no time. We have to go.

Sun: **I won't leave him!**

Season 4 神秘船只驶向岛屿 | Scene 6 炸弹未能拆除，船只爆炸

译文

德斯蒙德：糟了。不要着陆！你们不能着陆！不要着陆！不要着陆！船上有炸弹！船上有炸弹！快走！船上有炸弹！你们不能着陆！回去！

杰　克：他说有"炸弹"？（对弗兰克说）你要干什么？

弗兰克：我才不管他到底在嚷嚷什么。飞机都冒烟了。我必须要把它着陆。

德斯蒙德：不！不要着陆！不！不！（对弗兰克等人说）听着，你不明白。金和迈克尔在想尽一切办法补救，但是来不及了。你们必须马上下船！

杰　克：（对弗兰克说）我们还有多久才能起飞？

弗兰克：谁去补一下另一个子弹打穿的洞！

德斯蒙德：给我吧，我来。

弗兰克：给。谁去加点儿油。

萨伊德：我去找燃料。

弗兰克：把救生筏放在直升机上！快点儿！我们走！

凯　特：善华,善华,你去哪？我们得走了。

白善华：金和迈克尔还在下面，我不能……

凯　特：不，不，没有时间了。没有时间了。我们必须要走了。

白善华：我不会把他丢下的。

知识点拨

1. bloody hell 是英国俚语。表示惊讶，惊叹，但是一般是坏的方面，是"糟了，该死的"的意思。

2. get away 的意思是"离开"，这个词的意思比较多，可以表示"休假；（赛跑、竞赛等）起跑，出发，（汽车）出发；拿开，拿走，使离去，送走（某人、某物）"等。

3. what the hell 表示"不在乎；无可奈何；气恼；不耐烦；究竟，到底"等。一种口头上的习惯语。

4. put down 的意思是"放下"，还可以表示"镇压，压制；扑灭；取缔，制止；把……归因于；写下来，记下来，记下名字和地址"的意思。

5. get off 的意思是"（从……）下来，（从……）下去"，还可以表示"（使）下车，（使）下马；（赛跑、赛马等）起跑，出发；（飞机）起飞；（赛艇）划出"。

6. come out 的意思是"出来"，还可以表达"出现；出版；结果是；上映"的意思。

词汇加油站

fume [fju:m] n. 烟
pump [pʌmp] v. 打气
fuel ['fju:əl] n. 燃料
patch [pætʃ] v. 修补
handle ['hændl] v. 处理
raft [ræft] n. 筏

精彩抢先看：前往兰花站移动岛屿；马丁设伏抓捕本杰明；杰克等人遇潘妮获救

Scene 7 孤岛位移杰克等人获救

时间： 第12集 00:17:04 ~ 00:18:48
地点： 岛上
人物： 洛克，本杰明，雨果
事件： 在小木屋里的人告诉洛克要移动岛屿，洛克告诉了本杰明，本杰明就带洛克和雨果前往兰花站。

精彩亮点

1. 本杰明说要去移动岛屿，雨果表示很难相信，就问本杰明你要怎么做。本杰明没有告诉他，只是说移动岛屿要小心翼翼。

2. 洛克把箱子打开，发现了一盒饼干就给了雨果，雨果打开直接吃了起来。本杰明对雨果说，"这些饼干已经有十五年了，你还吃。"

3. 雨果看到本杰明在用镜子反射太阳光线，很好奇，就问本杰明在做什么，但是明眼人一看就知道是在传递信号。

4. 本杰明用镜子的反光和山那边的人传递信号，洛克问在和谁交流，本杰明说，"你觉得呢？当然是和我的手下。"

Benjamin: Very carefully. ☺1

Hugo: Well, if you could move the island whenever① you wanted, why didn't you just move it before the psychos with guns got here?

Benjamin: Because doing it is both② dangerous and unpredictable. It's a measure of last resort③.

Hugo: Awesome④.

Locke: Allow me.

Benjamin: May I⑤ have that mirror, please? You know, those are 15 years old. ☺2

Hugo: What are you doing, dude? ☺3

Benjamin: Communicating.

Locke: Communicating with who?

Benjamin: Who do you think? ☺4 All right. Now we can go.

Locke: Wait. What was that? What did you tell them?

Benjamin: None of your business⑥, John.

Season 4 神秘船只驶向岛屿 | Scene 7 孤岛位移杰克等人获救

译文

本杰明：需要非常小心。
雨　果：好吧，既然你随时都可以移动岛屿，为什么不在那些带着枪的疯子来之前就移动？
本杰明：因为那是非常危险并且无法预料，这是最后一招。
雨　果：太好了。
洛　克：让我来。
本杰明：请把镜子给我？（对雨果说）你知道，这些已经有十五年了。
雨　果：你在干什么呢？
本杰明：交流。
洛　克：和谁交流？
本杰明：你觉得呢？好的，我们可以走了。
洛　克：等一下。那是什么？你和他们说了什么？
本杰明：与你无关，约翰。

知识点拨

1. 这是 whenever 引导的让步状语从句，表示"无论何时"，相当于 at whatever time 或 no matter when。whenever 引导时间状语从句，表示"每当；一……就"，与 when 用法相似，但语气更强。

2. both 的意思是"两者都"，可以使用短语 both…and…。当 both 做副词的时候，放在 be 动词、助动词、情态动词之后，行为动词之前，一般后面接的介词是 of。

3. last resort 的意思是"最后的依靠，最后一手，最后的解决措施"，常用短语是 in the last resort，也可以用 as a means of last resort。

4. awesome 意思是"令人敬畏或畏惧的"，在这个语境下是反语。

5. May I…? 的意思是"我可以……？"may 的语气较庄重、正式，而 can 较通俗、随便。因此，凡需要讲究礼节的场合，最好用 may。

6. none of your business 的意思是"与你无关"，也可以说 not your business。当别人多管闲事的时候，也可以用 mind your business 来告诉他，"管好你自己的事"。

词汇加油站

psycho [ˈsaɪkoʊ] *n.* 精神病患者
measure [ˈmeʒər] *n.* 措施
mirror [ˈmɪrər] *n.* 镜子
unpredictable [ˌʌnprɪˈdɪktəbl] *adj.* 不可预知的
allow [əˈlaʊ] *v.* 允许
communicate [kəˈmjuːnɪkeɪt] *v.* 沟通

精彩抢先看：前往兰花站移动岛屿；马丁设伏抓捕本杰明；杰克等人遇潘妮获救

时间： 第12集 00:39:42 ～ 00:40:36
地点： 岛上兰花站外
人物： 本杰明，洛克，雨果
事件： 为了让维德莫找不到岛屿，本杰明带着洛克和雨果去兰花站移动岛屿。抓本杰明的马丁等人已经埋伏在这里了，为了引开马丁等人，本杰明把自己交了出去。

精彩亮点

1 洛克用望远镜进行观察，看见了马丁的两个手下，但是没有看见马丁，不过本杰明很确定地说马丁就在那儿。

2 本杰明给了洛克一把刀子，让洛克给他拿着。这把刀子是伸缩式的，外观看不出来是一把刀子，只是一个很普通的东西而已。

3 本杰明告诉洛克应该怎么进兰花站，但是洛克说，"你把怎么对付那些武装的人的部分漏掉了。"意思就是，"有那么多人带着枪，你告诉我进去的步骤有什么用，搞得跟我能进去一样。"

4 洛克问本杰明怎么对付那些武装的人，本杰明转过头来很不耐烦地说，"我要跟你说多少遍，我总是有备用的计划的。"本杰明的心思很缜密、很复杂，而洛克相对较简单，总是让人牵着走。

Locke: I see two of them… but not the one who killed Alex.①

Benjamin: He's there.☺₁ Hold on② to that for me, will you?

Locke: What?☺₂

Benjamin: Listen to me very carefully, John, because I'm not gonna③ have time to repeat this. You're gonna go into that greenhouse through that hole there. Once inside, you're gonna turn left.④ Go about 20 paces until you see a patch of anthuriums on your left. They're in an alcove against the north wall. Face that wall, reach down with your left hand. You'll find a switch that activates the elevator. The elevator takes you down to the actual Orchid station.

Hugo: Whoa… wait, what?

Locke: Okay, I'm sorry, Ben, but maybe I missed the part where you explained⑤ what I'm supposed to do about the armed men inside.☺₃

Benjamin: I'm gonna take care of⑥ them.

Locke: And how the hell are you gonna do that?

Benjamin: How many times do I have to tell you, John? I always have a plan.☺₄

196

Season 4 神秘船只驶向岛屿 | Scene 7 孤岛位移杰克等人获救

译文

洛　克：我看见两个人，但是没有看见杀死艾丽克丝的那个人。
本杰明：他就在那儿。帮我拿着这个，好吗？
洛　克：什么？
本杰明：仔细听我说，约翰，因为我没有时间再重复一遍。你得穿过那个洞进入温室，进去之后，向左转，走大约 20 步，直到在左边看到一片花烛，他们在北面墙上的凹处，面对墙壁。用左手伸进去，你能找到升降机的开关。升降机会把你带到真正的兰花站。
雨　果：等等，什么？
洛　克：好的，抱歉，本，但是你似乎没有告诉我应该怎么对付里面的武装人员。
本杰明：我会处理的。
洛　克：你能怎么办？
本杰明：我到底得跟你说多少遍，约翰？我总是有办法的。

知识点拨

1. who 在这里引导的是定语从句，先行词只能是表示人的名词或者代词。who 是主格，在定语从句中做主语，此时不能省略。但在非正式英语中，who 也可做宾语，且可以省略。

2. hold on 的意思是"抓住，使……位置固定"，比较常用的意思是"不挂断电话，等一下；继续"。

3. gonna 用于口语当中，等于 going to，意思是"将要"。

4. turn left 的意思是"向左转"，向右转就是 turn right。

5. 本句是由疑问副词 where 引导的从句，与其前面的名词 the part 是同位关系，the part 的具体内容就是 where 引导的从句，因此，where 引导的是同位语从句。

6. take care of 的意思是"负责，照顾，关怀"，感情色彩是褒义的。在这里的意思是"应付，处理"，感情色彩是贬义的。

词汇加油站

pace [peɪs] n. 一步
anthuriums [ænˈθjʊrɪəm] n. 花烛属植物
switch [swɪtʃ] n. 开关
orchid [ˈɔːrkɪd] n. 兰花
patch [pætʃ] n. 小块土地
alcove [ˈælkoʊv] n. 凹处
activate [ˈæktɪveɪt] v. 激活

精彩抢先看：前往兰花站移动岛屿；马丁设伏抓捕本杰明；杰克等人遇潘妮获救

时间： 第14集 00:28:58～00:30:39
地点： 海上
人物： 雨果，杰克，凯特，弗兰克，萨伊德
事件： 孤岛位移之后，杰克等乘坐直升机的人在货轮爆炸后无处降落，冲进了海里，在救生筏上漂着的时候，遇到了潘妮的船获救了。

精彩亮点

1 雨果说洛克真的把岛屿移走了，杰克说没有。事实上是本杰明把轮子转动以后，岛移走了。杰克等人在岛的里程之外，就没有和岛一起移走。

2 在看到有获救的希望之后，杰克觉得应该对外界的人撒谎。因为洛克在岛上告诉他要这样做，当时他还觉得十分可笑，但是现在却这样做了。

3 弗兰克看到海上有条船，感到有获救的希望了。但是杰克却在这时候说要将岛上的一切隐瞒起来。弗兰克不解，觉得现在不应该是获救高兴的时刻吗？这种事先放在一边吧。

4 杰克试图说服其他人听自己的，他觉得让外界知道岛屿的存在会使得岛上的人受到伤害，后来大家听从了他的安排。

Hugo: Oh, really? **Cause… one minute it was there, and the next it was gone,**① so…unless① we, like, overlooked it, dude, that's exactly what② he did. But… if you got③ another explanation, man, I'd love to④ hear it.

Frank: God almighty⑤. There's a boat. There's a boat out there! Hey! There's a boat! You see it? Hey! Over here! Does it see us? I think it does! Is it turning? It's turning! Hey!

Jack: **We're gonna have to lie.**②

Kate: What?

Jack: We're gonna have to lie.

Sayid: Lie about what?

Jack: Everything, all of it. Every moment since⑥ we crashed on the island.

Frank: Jack… now I know I'm new to this group and everything. **But isn't this the place where everybody starts jumping up and down and hugging each other?**③

Jack: Your freighter…those men came to the island to kill us, all of us. You said that our plane was discovered on the bottom of the ocean. Well, someone put it there — Someone who wants everyone to think that we're dead. So what do you think's gonna happen to us when we tell them that wasn't our plane? **What do you think's gonna happen to the people that we left behind?**④

Season 4 神秘船只驶向岛屿 | Scene 7 孤岛位移杰克等人获救

译文

雨 果：哦,是吗?因为……前一分钟岛还在那儿,后一分钟就不见了,所以……除非我们看花眼了,兄弟,他确实把岛移走了。但是……你如果有其他解释,兄弟,我愿意洗耳恭听。

弗兰克：天呐。那儿有一条船。那儿有一条船!嘿!那有条船!你们看见了吗?嘿!就在那儿!它看见我们了吗?我觉得它看见了!它掉头了吗?它掉头了!嘿!

杰 克：我们必须得撒谎。

凯 特：什么?

杰 克：我们必须得撒谎。

萨伊德：撒什么谎?

杰 克：所有的事,全部。自我们坠机到岛上以后的所有事。

弗兰克：杰克,我知道我和你们在一起不久,但是这不应该是我们欢呼雀跃的时候吗?

杰 克：那是你们的货船,这些人来到岛上是要杀我们,我们所有人。你说过我们的飞机在海底被发现了,是有人把它放在那儿的——那个人想让所有人都认为我们已经死了。所以你觉得如果我们告诉全世界那架飞机不是我们乘坐的那架的时候会发生什么事呢?被我们留下的人,又会怎么样呢?

知识点拨

1. 连词 unless 意为"除非……,如果不……",有时可以与 if...not 互换,在做介词的时候表示"除……之外"。

2. what 在这里引导的是一个表语从句,was 是系动词,what 引导的从句做表语。what 除引导从句外,还在从句中做成分,在这里做 did 的宾语。

3. if 在这里引导虚拟语气,表示与将来的事实相反,从句用过去式 got,主句用 would 加动词原形 love。

4. would love 意为"想要",其语气比用 like 婉转些,后面接动词不定式,表示"愿望,喜爱",常用于有礼貌地提出邀请、请求或建议。当主语是第一人称时,would 可与 should 换用,它们都可以缩写为 'd,并且 like 也可换成 love。

5. God almighty 的意思是"全能的神,全能的上帝,全能真主",almighty 的意思是"全能的;有无限权力的",用来表示强烈的感叹。

6. since 的意思是"自从……以来",在这里做连词,接时间状语从句。主句的谓语动词用现在完成时,而且须是延续性动词;从句的谓语动词用一般过去时,而且须是终止性动词。

词汇加油站

overlook [ˌoʊvərˈlʊk] v. 忽视
explanation [ˌekspləˈneɪʃn] n. 解释
freighter [ˈfreɪtər] n. 货船
dude [duːd] n. 男人
turn [tɜːrn] v. 转向
bottom [ˈbɑːtəm] n. 底部

精彩抢先看：杰克和雨果的谈话；大洋航班获救六人；向记者隐瞒实情

Scene 8 获救后隐瞒孤岛真相

片段一
时间：第1集 00:38:15 ~ 00:49:47
地点：室内篮球场
人物：杰克，雨果
事件：雨果进了精神病院，杰克来看他。问他会不会将岛上的事实说出去，雨果默认不会。

精彩亮点

1. 雨果在离开岛屿以后，经常看见死人的鬼魂，于是他自己住进了精神病院。杰克这时候来看望他，雨果一个人在打篮球。

2. 很多人通过新闻认识了杰克等人，所以会有人向他们要签名。杰克说为了避免麻烦，打算把胡子留起来，就没有人认识他了。雨果说他留胡子的话会不好看，很奇怪。

3. 雨果其实是不同意隐瞒岛上发生的一切的，但是杰克和其他人都同意了。雨果说杰克这次是来看看自己会不会把事情说出去的，杰克也就直接问了。

4. 雨果没有正面回答，只是让杰克继续投篮，其实也是默认自己不会说出去。

Jack: I was, on my way① back from a consult. Thought I'd drop by② and pay you a visit.☺₁ H-O-R-S-E?③

Hugo: You're on. So... Consult, huh? Does that mean you're back doing surgical stuff.

Jack: Yeah. H.④

Hugo: Reporters leaving you alone?

Jack: Yeah. Still have to sign some autographs when I go out for coffee, but... thinking about growing a beard.

Hugo: You'd look weird with a beard, dude.☺₂ That's h-o. So... What are you really doing here, Jack?

Jack: I was just checking on⑤ you, seeing if everything was OK.

Hugo: You're checking to see if I went nuts, if I was gonna tell.

Jack: Are you?☺₃

Hugo: You're up.☺₄

Jack: Nah, you win. I, uh... gotta run⑥. It was great seeing you, Hurley.

Season 4 神秘船只驶向岛屿 | Scene 8 获救后隐瞒孤岛真相

译文

杰克：我刚刚从一个会诊回来，想着来看看你。比一场？

雨果：来吧。所以……会诊，哈？这意味着你回来开始做手术了？

杰克：是的。输了一分。

雨果：记者们放过你了吗？

杰克：是，但是在出去喝咖啡的时候还是会有人要签名，但是……考虑把胡子留起来。

雨果：你留胡子会看起来很奇怪，兄弟。你已经输了两分了。所以……你到底是来干什么的，杰克？

杰克：我只是来看看你，看是不是一切都好。

雨果：你来看我是不是疯了，会不会把事情说出去。

杰克：你会吗？

雨果：该你投篮了。

杰克：啊，你赢了。我该走了。很高兴见到你，赫尔利。

知识点拨

1. on my way 的意思是"行动中，前进中，在路途上"，和 on the way 是一样的，on the way out 表示"即将过时，即将灭亡，即将被淘汰"。

2. drop by 的意思是"偶然（或顺便）走访，来串个门儿，顺便进去"，也可以说 drop on by 或者 drop in by。

3. H-O-R-S-E 投篮比赛是美国一种极为流行的投篮游戏，实际上就是谁先得到 5 个字母谁先出局的投篮游戏。

4. 在 H-O-R-S-E 投篮游戏中，后一个人按照前一个人的位置和姿势进行投篮，如果没有投中的话，就得到一个 H。

5. check on 的意思是"核对，查清，检查"，在这里就是表示"看一下"。在口语当中，这个词也可以表示"开始上班"。

6. gotta = going to，在口语中经常使用，gotta run 的意思就是"要走了，要离开了"。

consult [kənˈsʌlt] n. 会诊
sign [saɪn] v. 签名
beard [bɪrd] n. 胡须

reporter [rɪˈpɔːrtər] n. 记者
autograph [ˈɔːtəɡræf] n. 亲笔签名
nuts [nʌts] adj. 发狂的

精彩抢先看：杰克和雨果的谈话；大洋航班获救六人；向记者隐瞒实情

时间： 第 12 集 00:00:22 ～ 00:01:44
地点： 货机上
人物： 驾驶员，副驾驶，杰克，德克尔女士
事件： 杰克等人被潘妮的船救了之后，设法和国内取得了联系，现在大洋航空正在将他们带到一个军事基地，他们的家人已经在那儿等着了。

精彩亮点

1. 副驾驶手里拿着一个类似护身符的东西，驾驶员说让他拿开，觉得吓人。副驾驶说他们需要这个东西，因为杰克等人在后面，在他们身上发生了坠机事件，运气不好。

2. 关于是否要和记者交谈，德克尔女士征求他们的意见，杰克直接回答可以和记者进行交谈。

3. 德克尔又问其他人，其他人都没有说话，这时杰克自己代替他们说了可以，其实其他人还是有些不愿意的。

4. 飞机上的人是杰克、雨果、萨伊德、白善华、凯特，还有孩子亚伦，一共六人。德斯蒙德跟潘妮走了，弗兰克是坐维德莫的船去的，所以就自己走了，没跟他们一起回来。

Copilot: We need this thing.☺₁ With the cargo we got back there, Bad mojo.

Pilot: Ms①. Decker?

Ms. Decker: Yes?

Pilot: Wanna head back there and let'em know we're landing?

Ms. Decker: Sure, of course. We're coming in for a landing. It's a military facility just west of② Honolulu③. It's completely private. Your — your families are already here. Now there's a lot of press that wanna speak to you, but as far as Oceanic is concerned④, you don't have to speak to any reporters.

Jack: We'll talk to 'em.☺₂

Ms. Decker: Is that all right with all of you?

Jack: It's fine. We all agreed.☺₃ We just — we just wanna get it over with⑤.

Ms. Decker: Okay. Um, they're referring to you as⑥ the "Oceanic Six".☺₄ That's not the best branding as far as we're concerned, but it's catchy⑦. We'll see you on the ground.

Season 4 神秘船只驶向岛屿 | **Scene 8** 获救后隐瞒孤岛真相

译文

副驾驶：我们需要这个东西。因为我们载的这些人很晦气！

驾驶员：德克尔女士？

德克尔女士：什么事？

驾驶员：可以通知一下后面的人我们要着陆了吗？

德克尔女士：好的，没问题。（对杰克等人说）我们要着陆了，是在檀香山西部的一个军事基地，非常的机密。你们的家人已经来了。现在有很多的媒体想要采访你们，但是作为大洋航空的意见，你们不必接受记者的采访。

杰克：我们可以接受采访。

德克尔女士：你们都同意吗？

杰克：没关系。我们都同意了。我们只是——只是想快点儿结束。

德克尔女士：好的。嗯，他们把你们称作"大洋航班六人"，这不是一个非常好的称呼，不过很容易记。我们停机以后见。

知识点拨

1. Ms 的意思是"女士"，用于婚姻状况不明或不愿提及婚姻状况的女子的姓名之前。尤其是写信的时候经常使用。

2. on the west of China 指的是"不属于中国但与中国接壤"；in the west of China 指的是"属于中国并位于中国的西方"，如新疆；to the west of China 指的是"不属于中国且不与中国接壤"。前面没有任何词修饰的时候，表示处于相离的关系。

3. Honolulu 是美国夏威夷州的首府和港口城市。中文译为"火奴鲁鲁或檀香山"。在夏威夷语中，火奴鲁鲁意指"屏蔽之湾"或"屏蔽之地"。同时因为早期本地盛产檀香木，而且大量运回中国，被华人称为"檀香山"。

4. as far as...concerned 意思是"就……而言……"，这个句型用来引出个人的观点与看法，也可以说 so far as... is concerned。

5. get it over with 的意思是"赶快把事情做妥当，做完"，也可以说 have done with，to be through。

6. refer to...as 的意思是"把……称作"，refer to sb./sth. 可表示"提到，说到，论及，涉及；参考，参阅"的意思。

7. catchy 的意思是"引人注意的，容易记住的，易使人上当的"，Catchy Phrases 意为"新鲜用语"。

cargo [ˈkɑːrgoʊ] *n.* 货物
facility [fəˈsɪləti] *n.* 设施
press [pres] *n.* 新闻

mojo [ˈmoʊdʒoʊ] *n.* 运气
private [ˈpraɪvət] *adj.* 私下的
branding [ˈbrændɪŋ] *n.* 品牌

精彩抢先看：杰克和雨果的谈话；大洋航班获救六人；向记者隐瞒实情

时间： 第12集 00:10:28～00:12:09
地点： 记者会
人物： 杰克，德克尔女士，记者
事件： 杰克等六人奇迹生还，各界都很关注，在回到了檀香山后，他们在记者会上回答记者的问题。

精彩亮点

1. 这里的飞机残骸是维德莫放置在海底掩人耳目的，杰克利用了这架飞机来骗所有人不去追查那座岛屿，为的是保护岛屿和留下的人。

2. 去接他们的德克尔女士在向记者介绍他们生还的情况，在地图上向他们解释杰克等人是怎样在海上漂流和获救的。

3. 杰克等人在获救之后，同意在记者发布会上回答记者的问题，杰克回答了一系列的问题，但答案都是编造的。

4. 说到这儿时白善华转过头来表情凝重地看着杰克，因为杰克说的全是谎话。他们的飞机在沙滩上坠毁了，根本没有水进去。

Ms.Decker: Based on① the **location of the wreckage,**①₁ our best estimate of the crash site is…here. **From there,**①₂ the survivors were carried by the ocean's current to… here — an uninhabited island in the lesser Sunda islands known as② Membata. As you've all read in your briefing books, on day③ 103…a typhoon washed up the remnants of an indonesian fishing boat, including④ basic supplies and a survival raft. On day 108, the remaining six survivors, including Ms. Austen's baby which she gave birth to on the island of Membata. used this raft to journey here — an island called Sumba. They then came ashore near a village called Manukangga. This photo was taken by the local fisherman who found them. Once it was discovered who they were, they were transported to Honolulu by the U.S. Coast Guard⑤. As you can imagine, this has been an extraordinarily trying experience. They have, however, agreed to answer a few questions. **So, ladies and gentlemen, the survivors of 8-1-5.**①₃

Reporter: Yes. Dr. Shephard! Dr. Shephard! Can you tell us what it was like when the plane hit the ocean? Uh, how you survived?

Jack: Uh, it — it all happened really fast. I remember the impact. **I remember the — the plane filling up with water.**①₄ A group of us got to the emergency door, and, um… got out before it went down.

Season 4 神秘船只驶向岛屿 | Scene 8 获救后隐瞒孤岛真相

译文

德克尔女士：基于飞机残骸的位置的分析，最有可能失事的地点是……这儿。从那里，幸存者们被洋流带到了……这儿——一个在巽他群岛内叫作蒙巴特岛的无人岛。在你们的摘要手册里可以读到，在第103天，一场台风把一艘印尼的渔船残骸吹到了岛上，包括一些基本的供给和救生筏。在108天的时候，剩下的六名生存者，包括奥斯汀女士在蒙巴特岛生下的孩子，他们用救生艇到了这儿——叫作巽他的岛。然后他们在一个叫作马康纳的村落附近上岸。这张照片是当时发现他们的渔民拍下的。在查明他们的身份之后，他们被美国海岸警卫队转移到了檀香山。你们都可以想象得到，这是一次非凡的求生经历。他们同意回答一些问题。女士们、先生们，有请大洋航班815的幸存者。

记　者：谢帕德医生！谢帕德医生！你能告诉我们飞机坠海的时候是怎样的吗？你们是怎么幸存下来的？

杰　克：嗯，发生得太快了。我记得当时的冲击。我记得飞机渗入了水。我们几个人跑到了紧急出口，然后，嗯……在飞机沉下去之前逃了出来。

知识点拨

1. based on 的意思是"以……为基础，基于"，based entirely on fact 意为"完全根据事实"。

2. be known as 的后面可以跟表示某种职业或某物的名词，它还有另外一个意思"被称为……"，be known as 指"因为做什么职业而出名"，be known for 指"因为什么事情或者事物出名"。

3. 表示年、月、日、时刻等与介词 at, in, on 连用时注意。at 用于表示时刻、时间的某个点。in 用于表示周、月、季节、年或泛指的上午、下午、晚上。on 用于某天，某天的上、下午（指具体的某天时一律用 on）。

4. including 是介词，后面加名词，意思是"包括，包含"；included 是形容词，仅用于名词后，意思是"包括在内的"。

5. Coast Guard "海岸警卫队"即"水上警察"，但它的体制和职能则是警察和武警这两支武装部队所无法比拟的，堪称一个准军事化的部队。它主要负责一个国家的所有海岸线上的警戒、巡逻、执法等任务，是一支军事化的综合执法队伍。

词汇加油站

estimate ['estɪmət] *n.* 估计
typhoon [taɪ'fuːn] *n.* [气象] 台风
indonesian [ˌɪndəu'niːzjən] *adj.* 印尼的
extraordinarily [ɪkˌstrɔː'rdənerəli] *adv.* 非凡地
uninhabited [ˌʌnɪn'hæbɪtɪd] *adj.* 无人居住的
remnant ['remnənt] *n.* 剩余
ashore [ə'ʃɔːr] *adv.* 在岸上

精彩抢先看：兰花站钻井发现能源；能源泄漏需要将岛上居民撤离；天鹅站不顾后果持续钻井

Scene 1 岛上建设科学站

时间： 第 1 集 00:03:41 ～ 00:04:44
地点： 兰花站
人物： 工人，常博士，丹尼尔
事件： 兰花站的工人在钻岩石的时候，发生了奇怪的现象，于是叫来了常博士查看原因，常博士命令不要再继续向深处钻岩石。

 精彩亮点

1 工作人员拿图纸给常博士看，在岩石背后有一个空心的地方，里面有一个轮子模样的东西。其实这就是本杰明用来移动岛屿的那个轮子。

2 常博士说这个东西可以操纵时间，工人觉得很可笑，说"我们是不是就可以回到过去杀了希特勒了，这样就免除了人类一大灾难"。

3 常博士看着那个发疯的工人满脸的鲜血，说愿上帝保佑我们，说明事态非常的严重。事实上事态真的非常严重，工人在工作的时候，无缘无故就受伤了。其他的工人正要把他抬起来送去治疗。

4 有一个工人扛着一个罐子，不小心撞了常博士一下，常博士让他小心点儿。其实这个人是丹尼尔，他时空穿梭到了 1977 年，以科学家的身份在这里工作，发现兰花站有情况，便来查看。

Worker: There's something in there.☺1 And the only way to get to it is to lay charges here and here. And blast through it and take a look…

Dr. Chang: Under no circumstances①. This station is being built here because of its proximity to what we believe to be an almost limitless energy. And that energy, once we can harness it correctly, it's going to allow us to② manipulate time.

Worker: Right. Okay, so what? We're gonna go back and kill Hitler?☺2

Dr. Chang: Don't be absurd.③ There are rules, rules that can't be broken④.

Worker: So what do you want me to do?

Dr. Chang: You're gonna do nothing. If you drill even 1 centimeter further, you risk releasing⑤ that energy. If that you want to happen? God help us all.

Worker: All right, get him up. Let's go.☺3

Dr. Chang: Watch yourself⑥!

Daniel: Sorry, sir. It won't happen again.☺4

Season 5 岛屿之时空穿梭 | Scene 1 岛上建设科学站

译文

工　人：有东西在里面。唯一能进去的办法就是给这儿和这儿放炸药。炸开以后进去看……

常博士：不行。这个站建在这里的原因就是因为它距离我们确认的、无限的能源特别近。而那种能源，如果我们能正确应用的话，就可以操纵时间了。

工　人：对。好吧，那又怎样？我们回到过去杀了希特勒？

常博士：别傻了。这是有规则的，不能被破坏的规则。

工　人：所以现在你要我做什么？

常博士：你什么都别做。如果你哪怕再多钻一厘米，那能量都可能被释放。那是你希望发生的吗？愿上帝保佑我们！

工　人：好的，抬起他。我们走。

常博士：小心点儿！

丹尼尔：对不起，不会再发生这样的事了。

知识点拨

1. under no circumstances= in no circumstances 意思是"决不"，近义词有 in no way, in no case, in no wise, by no means 等。

2. allow 既可做及物动词又可做不及物动词（多用于及物动词），allow sb. to do sth. 意为"允许某人去做某事"，allow sb. doing sth. 即"允许某人做某事"，可以表示当前可允许做的事或习惯性动作。

3. Don't be absurd. 的意思是"别傻了"，absurd 的意思是"荒谬的，可笑的"，在口语中也经常用"Don't be ridiculous."来表达同样的意思，ridiculous=absurd。

4. 这是一个由 that 引导的定语从句，rules 是先行词。

5. risk 做动词的时候，用 risk doing sth. 表示"冒险做某事"；做名词的时候，可以使用句型 take the risk (of) doing sth.。

6. watch yourself 的字面意思是"看你自己"，实际意思就是"管好你自己，小心点儿"。

charge [tʃɑːrdʒ] *n.* 炸药
proximity [prɑːkˈsɪməti] *n.* 接近
manipulate [məˈnɪpjuleɪt] *v.* 操纵
blast [blæst] *v.* 爆炸
limitless [ˈlɪmɪtləs] *adj.* 无限制的
centimeter [ˈsentɪmiːtər] *n.* 厘米

精彩抢先看：兰花站钻井发现能源；能源泄漏需要将岛上居民撤离；天鹅站不顾后果持续钻井

时间：第 14 集 00:08:52 ～ 00:10:01
地点：兰花站
人物：丹尼尔，常博士
事件：兰花站钻孔导致电磁泄漏，丹尼尔劝说常博士将岛上的人撤离。

片段二

精彩亮点

1. 丹尼尔让常博士将岛上的人撤离，但是常博士觉得莫名其妙，为什么要突然做如此重大的事情。

2. 丹尼尔对常博士说因电磁泄漏，需要将岛上的人撤离。但是常博士不相信，因为这里已经控制住了。

3. 常博士不相信丹尼尔，丹尼尔就将自己来自于未来的事告诉了常博士，一般人应该不会相信，但是常博士是科学家，所以丹尼尔希望常博士能够相信他。

4. 常博士听到丹尼尔说自己来自于未来，觉得丹尼尔肯定是听到过自己之前提到过的时空穿梭，是在拿自己开涮。

Daniel: I need you to order the evacuation of every man, woman and child on this island.

Dr. Chang: And why would I do that?☺₁

Daniel: Because that man is on a stretcher as a consequence of the electromagnetic activity that your drilling unleashed down here.

Dr. Chang: Which is now contained.☺₂

Daniel: It's contained down here, but in about① six hours, the same thing is gonna happen at the site for the Swan Station. Only the energy there is about 30,000 times more powerful②, sir. And the accident... It's gonna be catastrophic.

Dr. Chang: That is utterly absurd. What could possibly qualify you to③ make that kind of prediction.

Daniel: I'm from the future.☺₃ Dr. Chang, wait. Will you wait one second④, please? Wait one — one second.

Dr. Chang: Yes, yes, you come from the future. You heard me talking about time travel. Now you've had your fun.☺₄ Good for you⑤.

Season 5 岛屿之时空穿梭 | Scene 1 岛上建设科学站

译文

丹尼尔：我需要你立即下令撤离所有岛上的男女和孩子。

常博士：我为什么要那么做？

丹尼尔：你们在这里钻孔导致电磁泄漏，那个在担架上的人就是后果。

常博士：现在这底下已经控制住了。

丹尼尔：这底下控制住了，但是在六个小时以后，在天鹅站会发生同样的事。并且能量会比刚才的大 30000 倍。而那场事故……将会形成大灾难。

常博士：这绝对是无稽之谈。你有什么资格能做出这样的预测呢？

丹尼尔：我来自未来。常博士，等一下。等一下好吗？等一下。

常博士：是的，是的，你来自于未来，你听到过我谈论时空穿梭。你现在玩够了。满意了吧。

知识点拨

1. about 后面加时间表示"大约"，in 后面加时间表示将来。

2. 在表示倍数的时候，可以采用"……倍数 + 形容词（或副词）的比较级 +than"，这里 than 后面的部分省略了。

3. qualify to do sth. 表示"使有资格做某事"，还可以用 be qualified for sth. 来表达同样的意思。

4. 英语里常用 a second，a minute 来指代"一会儿"，如 wait a minute "等一会"，give me a second "给我一点儿时间"。

5. good for you 单独成句的时候，意思不是"为你好"，而一般表示的是反讽和敷衍，表示"你够了吧，真有你的"。要根据语境进行判断。

词汇加油站

evacuation [ɪ,vækju'eɪʃn] *n.* 疏散
consequence [ˈkɑːnsəkwens] *n.* 后果
unleash [ʌnˈliːʃ] *v.* 解除……的束缚
prediction [prɪˈdɪkʃn] *n.* 预言

stretcher [ˈstretʃər] *n.* 担架
electromagnetic [ɪ,lektroʊmæɡˈnetɪk] *adj.* 电磁的
utterly [ˈʌtərli] *adv.* 绝对地

精彩抢先看：兰花站钻井发现能源；能源泄漏需要将岛上居民撤离；天鹅站不顾后果持续钻井

片段三

时间：第 16 集 00:08:21 ～ 00:09:09
地点：天鹅站
人物：斯图尔特，常博士
事件：常博士因为害怕继续钻井会导致能源泄漏，从而造成无法估计的后果，所以停止了工作。但是斯图尔特坚持要继续钻井，又将设备启动了。

 精彩亮点

1 常博士害怕钻井泄漏产生危害，于是将天鹅站的工作停了下来，但是斯图尔特来了，对于停下工作很不满，就问是谁干的，常博士回答说是自己。

2 在钻井的时候，设备的温度已经过高，所以常博士将设备停下来。但是斯图尔特不顾这些，认为只要准备了冷却水就可以了，将设备降温继续工作就好。

3 常博士害怕后果无法控制，但是斯图尔特反驳说爱迪生要是害怕后果的话，就不会把电灯发明出来了，所以他们也不应该因为害怕而停止工作，他们有可能会取得非常大的成就。

4 斯图尔特和常博士争执以后，坚持要继续钻井。因为他要改变世界，所以他一定要继续工作，说完他就开启了设备。后来真的钻到了能量袋，这个时候杰克带着炸弹投进了井里。

Stuart: Who stopped the damn① drill?

Dr. Chang: I did.☺₁

Stuart: Why?

Dr. Chang: Because when we passed 70 meters, the drill temp went up 60 degrees.② And I didn't want it to melt.

Stuart: Well, Pierre, that's why we have a truck full of water③. So cool it down and turn it on.☺₂

Dr. Chang: Stuart, we've just evacuated the island of all nonessential personnel. We're in the midst of④ a possible insurrection. Do you really think this is the ideal time for your experiments?

Stuart: I've been working on this project for six years…Designing a station that'll be able to⑤ manipulate electromagnetism in ways we only dreamed of.

Dr. Chang: Have you thought about the consequences of drilling into that pocket? We have no idea what we are going to…

Stuart: If Edison⑥ was only worried about the consequences, we'd all still be sitting in the dark.☺₃ I came to this island to change the world, Pierre. That's exactly what I intend to do.☺₄ Let's get it started!

译文

斯图尔特：谁叫停钻井了？
常博士：我。
斯图尔特：为什么？
常博士：因为刚过 70 米，钻头温度就升了 60 摄氏度。我不想钻头熔化。
斯图尔特：哦，皮埃尔，所以我们准备了一卡车的水，将它冷却下来再开机。
常博士：斯图尔特，我们刚将非必需的人员撤出岛，并且这里可能会发生暴动。你真的认为这是你实验的理想时机吗？
斯图尔特：我致力于这个项目六年了……建立一个研究站，可以用我们想要的方式来控制电磁。
常博士：你想过钻穿能量堆的后果吗？我们不知道会发生什么……
斯图尔特：如果爱迪生担心后果的话，我们现在还处在黑暗之中呢。我来到这个岛上是为改变世界的，皮埃尔。我绝对会这么做的。赶紧启动吧。

知识点拨

1. damn 在口语中常用，表示"可恶的，非常，讨厌"，表示惊奇、为难、烦恼或愤怒的感叹语气。

2. 摄氏度是目前世界上使用比较广泛的一种温标，它是 18 世纪瑞典天文学家安德斯·摄尔修斯在 1742 年制定的。摄氏度是在 1 个标准大气压下以纯水结冰的温度作为 0℃，以纯水沸腾的温度作为 100℃。

3. 这是一个由 why 引导的表语从句，在句型 that / it is + 表语从句中，why 强调"结果"，because 强调"原因"。

4. in the midst of 的意思是"在……之中，在……当中，在……正中"，还可以表示"正当……的时候，在……期间，在……过程中"。

5. be able to 的意思是"能够，会（做），有能力（或办法、机会）做某事"，be able to 强调通过努力而获得的能力，而 can 则强调自身已具有的能力。

6. 爱迪生是举世闻名的美国电学家、科学家和发明家，被誉为"世界发明大王"。1879 年 10 月 22 日，爱迪生点燃了第一盏真正有广泛实用价值的电灯。

temp [temp] *abbr.* 温度
nonessential [ˌnɑːnɪˈsenʃl] *n.* 不重要的人
ideal [aɪˈdiːəl] *adj.* 理想的
electromagnetism [ɪˌlektroʊˈmæɡnətɪzəm] *n.* 电磁
melt [melt] *v.* 熔化
insurrection [ˌɪnsəˈrekʃn] *n.* 暴动
experiment [ɪkˈsperɪmənt] *n.* 实验

精彩抢先看：岛上发生时空穿梭；丹尼尔查看岛上氢弹；时空穿梭引发身体病症

Scene 2 孤岛上时空穿梭

时间： 第 1 集 00:15:44 ～ 00:16:54
地点： 岛上
人物： 丹尼尔，詹姆斯，夏洛特，迈尔斯，朱丽叶
事件： 岛上突然闪现了一道亮光，然后詹姆斯等人发现他们的营地消失不见了，他就询问物理学家丹尼尔是怎么回事。

 精彩亮点

1 詹姆斯问丹尼尔到底发生了什么，丹尼尔支支吾吾说不到重点。詹姆斯打了丹尼尔一巴掌之后，对他说"Now talk."，就是让丹尼尔解释清楚到底发生了什么事。

2 本杰明在兰花站转动了轮子，将岛屿的位置移动了，同时也造成了一些"后果"，就是大洋航班和丹尼尔等人会随着闪光穿梭到不同的时间点。

3 这里的 your people 指的是詹姆斯等人，就是815航班的幸存者还有朱丽叶。us 指的就是坐船来的几个人。

4 丹尼尔说时空穿梭的是岛上的人，而不是岛，他跟詹姆斯确认他们的人是否都穿梭到现在这个时空了。但是詹姆斯回答说，洛克的情况还不知道，实际上洛克也和他们一样进行了时空穿越。

Charlotte: What in bloody hell do you think you're doing?
James: Shut it①, Ginger②, or **you're get one too. Now talk.**☺1
Daniel: The island...think of③ the island like a record spinning on a turntable... Only now that record is skipping. **Whatever Ben Linus did down at the Orchid Station...**☺2 I think it may have dislodged us.
Miles: Dislodged us from④ what?
Daniel: Time.
Juliet: So that's why our camp is gone? Because the island is moving through time?
Daniel: Yeah, either the island is, or we are.
James: What?
Daniel: And it's just as likely⑤ that we're moving, **Your people and us.**☺3 And everyone in your group... you're all accounted for⑥, right?
James: Not everyone, Locke.☺4

Season 5 岛屿之时空穿梭 | Scene 2 孤岛上时空穿梭

译文

夏洛特： 你到底想干什么？

詹姆斯： 闭嘴，小黄毛，你是不是也想挨巴掌。（对丹尼尔说）现在说话。

丹尼尔： 这个岛……把这个岛想象成一张在转盘上旋转的唱片。只是现在它在跳转。无论本·林纳斯在兰花站做了什么……我觉得都把我们隔离了。

迈尔斯： 和什么隔离了？

丹尼尔： 时间。

朱丽叶： 所以这就是为什么我们的营地没了？是因为岛在穿梭时空？

丹尼尔： 是的，可能是小岛，也可能是我们。

詹姆斯： 什么？

丹尼尔： 更有可能是我们在穿梭，你们的人和我们。你们的人你心里都有数是吧，对吧？

詹姆斯： 不是每个人都能确定，洛克的情况我不了解。

知识点拨

1. 这里的 shut it 相当于 shut up，意思是"闭嘴"，在使用的时候，是比较粗鲁的。

2. ginger 的意思是"姜黄色"，夏洛特的头发颜色是黄色的，詹姆斯就用这个词称呼她，相当于中文当中的"黄毛"的称呼，是非常不礼貌的。

3. think of 在这里的意思是"把……当作"，这个短语还可以表示"记起，想起；考虑；想象；关心"。还可以用 think highly of 表示"高度评价"。

4. dislodge from 的本义为"把……驱逐出，从……里取出"，根据上下文这里可以理解为"从……隔离"。

5. likely 做形容词的意思是"很可能的；合适的；有希望的"。just as 在这里作为副词修饰形容词，意思是"正如"。

6. account for 的意思是"对……负有责任"，还可以表示"对……做出解释；说明……的原因；导致"等。

词汇加油站

hell [hel] *n.* 究竟
spin [spɪn] *v.* 旋转
skip [skɪp] *v.* 跳过
record [ˈrekərd] *n.* 唱片
turntable [ˈtɜːrnteɪbl] *n.* （唱机上的）转盘
dislodge [dɪsˈlɑːdʒ] *v.* 逐出

精彩抢先看：岛上发生时空穿梭；丹尼尔查看岛上氢弹；时空穿梭引发身体病症

片段二

时间：第3集 00:28:43 ～ 00:31:00
地点：岛上放置炸弹的地方
人物：丹尼尔，埃洛伊丝
事件：丹尼尔等人被理查德等人抓到，理查德以为丹尼尔是来找回他们的炸弹的，便让丹尼尔去将炸弹拆除。

精彩亮点

1 丹尼尔等人被抓到的时候，为了自保，说自己是美国军人。埃洛伊丝目前和理查德是同一战线的人。

2 埃洛伊丝用枪指着丹尼尔问他到底是干什么的，丹尼尔没有回答，而是表示，不管他是干什么的，他都是唯一能拆除炸弹的人，所以埃洛伊丝最好不要对他怎么样。

3 丹尼尔在检查了炸弹之后，觉得危险，让埃洛伊丝后退，埃洛伊丝以为他要耍花招，便用枪指着他。丹尼尔反讽说这真是个好主意，因为真开枪的话就会将炸弹引爆。

Eloise: I don't believe you, by the way①. You may have Richard fooled. **You can't really expect me to② believe that you, a British woman and a Chinese man are all members of the United States Military.**☺₁ Who are you and what are you doing on our island?

Daniel: You wanna know who I am? **I'm your best chance at disarming that bomb.**☺₂

Eloise: Right, then, disarm it. What are you doing up there?

Daniel: I'm examining it. Back up③.

Eloise: What?

Daniel: Get back, get back. It's unsafe. We need to move.

Eloise: I swear, if you try anything...

Daniel: If I try anything… What, you're gonna… you're gonna shoot me? Is that right? Yeah, that would be perfect because, of course, Rifle fire right next to…④ What would you call this… hydrogen bomb? **Yes, fantastic idea.**☺₃ Really…inspired. Okay, listen to me. Do you people have any access to⑤ lead or concrete?

Season 5 岛屿之时空穿梭 | Scene 2 孤岛上时空穿梭

译文

埃洛伊丝：我不相信你，顺便说一句。你也许骗过了理查德，但是你可别指望我会相信你，一个英国女人、一个中国男人居然是美国军人。你是谁？在我们岛上干什么？

丹 尼 尔：你想知道我是谁？我是你们摘除炸弹的最好的人选。

埃洛伊丝：就在那儿，拆除它。你在那里做什么？

丹 尼 尔：我在检查，退后。

埃洛伊丝：什么？

丹 尼 尔：退后，退后。这不安全，我们需要离开。

埃洛伊丝：我发誓，如果你试图做什么……

丹 尼 尔：如果我试图做什么……什么，你要……你要开枪？对吗？好极了，因为，当然，来复枪的火力旁边……你把这个叫什么……氢弹？是的，真是个好主意。真的会将炸弹引爆。好了，听我说。你们能找到铅或者混凝土吗？

知识点拨

1. by the way 的意思是"顺便说一句"，这个词还有"沿路，在旅途中，在路上，在路旁"的意思，要根据语境进行分析。

2. expect to do sth. 表示"期望去做某事"，expect doing sth. 强调时间上的持续。

3. back up 在这里的意思是"后退"，这个词还有"支持，援助，为……撑腰；补充；（资料）备份；（球员）给……补位，后退补位，跑到（本队球员）背后策应"等意思。

4. next to 的意思是"贴近，靠近，最接近"，在口语当中有"几乎，差不多，简直"的意思。

5. access to 的意思是"接近；有权使用；通向……的入口"，have access to do sth. 表示"有权做某事"。

词汇加油站

fool [fu:l] v. 欺骗
hydrogen ['haɪdrədʒən] n. [化学]氢
lead [led] n. 铅

disarm [dɪs'ɑ:rm] v. 拆除武装
inspire [ɪn'spaɪər] v. 激发
concrete ['kɑ:ŋkri:t] n. 混凝土

精彩抢先看：岛上发生时空穿梭；丹尼尔查看岛上氢弹；时空穿梭引发身体病症

时间： 第 4 集 00:23:05 ～ 00:24:25
地点： 岛上
片段三 人物： 詹姆斯，洛克，迈尔斯，丹尼尔
事件： 詹姆斯等人不断地在岛上的时空之间进行穿梭，在去兰花站的路上他们又穿梭到了两个月之前，并且在路上迈尔斯发现自己开始流鼻血了。

精彩亮点

1 上一次的闪光之前，詹姆斯等人到了两个月前，也就是他们所有人在岛上的时候。詹姆斯看见了凯特在给克莱尔接生，其中布恩也是 815 航班的乘客。

2 洛克现在带领大家去往兰花站，因为他觉得这一切都是因本杰明在兰花站的所作所为而开始的，也许结束的办法也是在那里。到了兰花站以后他也确实做到了将时间穿梭停止。

3 时空穿梭以后，随着次数的增多，夏洛特开始流鼻血、头痛。现在迈尔斯也发生了这个情况，其他人也慢慢出现了这个症状，夏洛特最终因为这个症状死了。

4 丹尼尔说，症状应该是在岛上待的时间越长越严重，但是迈尔斯觉得詹姆斯等人明明待的时间更长啊。事实上夏洛特和迈尔斯很小就在岛上了，夏洛特应该比迈尔斯大几岁。

Locke: The night that Boone died ☺1…I went out there and started pounding on it as hard as① I could. I was…confused… scared. Babbling like an idiot asking why was all this happening to me?

James: Did you get an answer?

Locke: Light came on, shot up② into the sky. At the time I thought it meant something.

James: Did it?

Locke: No. It was just a light.

James: So why'd you turn us around③ then? Don't you wanna go back there?

Locke: Why would I wanna do that?

James: So you could tell yourself to do things different. Save yourself a world of pain.

Locke: No, I needed that pain to get to where I am now. ☺2

Miles: Hey, I just got a nosebleed.

Daniel: What? When?

Miles: Let's just not freak out the others, okay? Just tell me…Why — why her? Why me? ☺3

Daniel: I don't know. Uh, I think it might have something to do with④ duration of exposure. You know, the amount of time you've spent on the island. ☺4

Miles: Don't make any sense⑤. Those yahoos⑥ have been here for months.

译文

洛　克：布恩死的那天晚上……我去到那里用尽全力地砸门。我当时感到困惑……害怕……像个傻瓜一样胡言乱语，问这些为什么要发生在我的身上。

詹姆斯：你得到答案了吗？

洛　克：灯亮起来，直射到空中。那时我以为这会意味着什么。

詹姆斯：真的吗？

洛　克：不。只是一道亮光而已。

詹姆斯：那你为什么带着我们绕道？你不想回到那里吗？

洛　克：我为什么要那样做？

詹姆斯：所以你可以告诉自己做事情的另一种方向，可以免去很多痛苦。

洛　克：不，我需要这些痛苦来提醒我的现在身陷何种境地。

迈尔斯：嘿，我刚流鼻血了。

丹尼尔：什么？什么时候的事？

迈尔斯：我们先别惊动其他人，好吗？告诉我……为什么——为什么她，为什么我？

丹尼尔：我不知道。我认为这可能和暴露的时间长短有关系。就是，你待在岛上的时间长短。

迈尔斯：这讲不通。这些笨蛋已经在岛上待了几个月了。

知识点拨

1. as...as 用于比较句型，中间插入的是形容词或副词的原级，意思是"达到与……相同的程度"。其中第一个 as 为副词，其后通常接形容词或副词原级，第二个 as 可用做介词或连词。

2. shoot up 的意思是"射出"，还可以用来表示"（树木等）迅速成长，（人）长高，长大；（价格、行情等）暴涨"的意思。

3. turn around 的意思是"调转方向"，还可以表示"转变，改变（意见），采取（新政策等）"。在口语中还可以表示"努力，发奋"等意思。

4. have something to do with 的意思是"和……有关系"，have nothing to do with 的意思是"和……没关系"。

5. make sense 的意思是"有意义；讲得通；言之有理"，在这个短语中 sense 的意思是"道理"。

6. yahoo 的意思是"邪恶、粗鲁的人，蠢货，野蛮人"。

词汇加油站

pound [paʊnd] v. 猛击
babble [ˈbæbl] v. 胡言乱语
nosebleed [ˈnoʊzbliːd] n. 鼻出血
confuse [kənˈfjuːz] v. 使混乱；使困惑
idiot [ˈɪdiət] n. 傻瓜
duration [duˈreɪʃn] n. 持续

精彩抢先看：萨伊德和雨果去往安全屋；凯特之子是否亲生；伊拉娜有意接近萨伊德

Scene 3 离开岛屿后的生活

时间：第 1 集 00:24:22 ～ 00:25:29
地点：萨伊德安全屋外
人物：雨果，萨伊德
事件：本杰明告诉萨伊德有人在监视雨果，雨果有危险。于是萨伊德就去将那个人杀了，然后带雨果去自己的安全屋。

 精彩亮点

1. 萨伊德刚才在安全屋杀了自己都不知道是谁的人，说明萨伊德很残忍，他对于人命根本不在乎。

2. 这里的边沁指的是洛克。在洛克离开了岛屿以后，查尔斯·维德莫帮助了他，给了他一个新的身份——边沁，并派手下人帮助他找杰克等人，后来他死了。

3. 本杰明告诉萨伊德杀他的妻子的是人查尔斯·维德莫的手下，从那以后萨伊德为了报仇，就一直按照本杰明给的名单在杀人。

4. 萨伊德让雨果提防本杰明，不管他说什么都不要信。后来本杰明去找雨果，当时雨果因为涉嫌杀人被警察堵在家里，雨果为了摆脱本杰明跑出门自首了。

Hugo: So that dude you popped outside Santa Rosa... who was he?
Sayid: I don't care.☺1 He was armed and he was watching you. That made him an enemy.
Hugo: Do you think he was gonna kill me?
Sayid: I'm not taking any risks①. After Bentham died...☺2
Hugo: You mean Locke.
Sayid: Yes, I mean Locke.
Hugo: I need a cool code name②. So when'd you become so paranoid?
Sayid: If you'd spent the last two years doing③ the things I was doing, you'd be paranoid, too.
Hugo: Oh, yeah? Paranoid? Like what? What kind of things?
Sayid: I was working for Benjamin Linus.☺3
Hugo: Wait. He's on our side④ now?
Sayid: Listen to me, Hurley. If you ever⑤ have the misfortune of running into⑥ him, whatever he tells you, just do the opposite.☺4 Wait here.

220

Season 5 岛屿之时空穿梭 | Scene 3 离开岛屿后的生活

译文

雨　果：那个你在圣罗莎外杀死的人……他是谁？

萨伊德：我不管，他有武器并且监视你。他就是敌人。

雨　果：你认为他会杀了我吗？

萨伊德：我不想冒险，在边沁死后……

雨　果：你是说洛克。

萨伊德：是的，我是说洛克。

雨　果：我也需要一个那么酷的代号。你什么时候变得这么多疑了？

萨伊德：如果这两年之间，你和我做同样的事情，你也会变得多疑。

雨　果：噢，是吗？多疑？像什么？类似什么事情？

萨伊德：我一直在为本杰明·林纳斯工作。

雨　果：等等，他现在和我们一伙了？

萨伊德：听我说，赫尔利。如果你不幸遇上他，无论他让你做什么，反着做就好了。在这儿等着。

知识点拨

1. risk 做名词时，既是可数名词，译作"危险的形势或有不良影响的形势"，也是不可数名词，译作"危险，风险"，take a risk 意思是"冒险"。

2. code name 为掩饰真实身份而用的代号，也称作 code phrase，秘密小集团成员懂的代号。

3. spend + 时间/钱 + (in) doing sth. 和 spend + 时间/钱 + on sth. 意思是"花费时间或者金钱做某事"。

4. on one's side 表示"支持某人，站在某人的立场上"，表态度；by one's side 表示"站在某人的旁边"，表位置关系。

5. ever 常用于否定句、疑问句以及表示条件的从句中，意思是"从来，在任何时候，在某时，有时"，常用的短语有 ever since，意思是"从那时到现在"。

6. run into 的意思是"偶然遇见"，还可以表示"（液体）流入，注入；刺入；（使）撞在……上；把……伸入；把……打入。"

词汇加油站

pop [pɑːp] v. 开枪打
enemy ['enəmi] n. 敌人
paranoid ['pærənɔɪd] adj. 类似妄想狂的
arm [ɑːrm] v. 武装
kill [kɪl] v. 杀死
misfortune [ˌmɪsˈfɔːrtʃuːn] n. 不幸

221

精彩抢先看：萨伊德和雨果去往安全屋；凯特之子是否亲生；伊拉娜有意接近萨伊德

时间： 第1集 00:12:54 ~ 00:13:34
地点： 凯特家
人物： 凯特，诺顿
事件： 凯特在家，有一位律师来找她，要抽取她和亚伦的血液进行检验，来确认他们是不是母子。凯特怕被人发现孩子不是她的，会将孩子从她身边带走，于是逃跑了。

片段二

精彩亮点

1 诺顿来找凯特，凯特特意去问和诺顿一起来的人是谁，是因为凯特在经历了岛上的事情之后变得疑心比较重了。

2 律师来找凯特并试图进屋和凯特谈谈，但是凯特觉得此人来者不善，于是拒绝了，让他在门口将事情说清楚。

3 亚伦不是凯特的孩子，是和她一起的幸存者克莱尔的孩子，克莱尔在岛上很奇怪地失踪了，凯特把孩子带回来以后，决定自己抚养。

4 凯特想知道是谁想查清她和孩子的关系，起初她以为是克莱尔的母亲。凯特在刚回来的时候，并不知道克莱尔的母亲的存在，后来知道了，但是不想将孩子还给她。

Norton: Hi, I'm Dan Norton of the law firm Agostoni & Norton①. May we have a moment of your time?

Kate: And who are you?☺₁

Norton: He's my associate. If I could just come in, I'll be glad to② explain…

Kate: No, you can explain right here.☺₂

Norton: Okay, you got it.③ Ms. Austen, we're here to get a blood sample from you and one④ from your son Aaron.☺₃

Kate: Excuse me⑤.

Norton: Now I have a court order signed by a judge for you to relinquish your blood upon being served these papers…

Kate: Why?

Norton: To determine your relationship to the child.

Kate: I'm sorry. I don't understand. Um, who's the…

Norton: I'm not at liberty⑥ to divulge the identity of my client.

Kate: Your client?☺₄

222

Season 5 岛屿之时空穿梭 | Scene 3 离开岛屿后的生活

译文

诺顿：你好，我是阿戈斯托尼和诺顿律师事务所的丹·诺顿。我们能谈谈吗？

凯特：这位是？

诺顿：他是我的同事。如果我能进去谈谈的话，我会很乐意解释……

凯特：不，你可以在这解释。

诺顿：好的，听你的。奥斯汀女士，我们来到这儿是想取得你和你儿子亚伦的血液样本。

凯特：你说什么？

诺顿：我有法官签署的法院的指令，要你根据指令进行抽血……

凯特：为什么？

诺顿：来确定你和孩子的关系。

凯特：抱歉。我不明白。谁是……

诺顿：我无权泄露客户的身份。

凯特：你的客户？

知识点拨

1. 律师事务所的命名采用的是合伙人的名字，Agostoni 和 Norton 是两个合伙人的姓，来的这个人正是 Norton，说明他是事务所的高层。

2. 由连接词 if 引导的状语从句叫作条件状语从句。在含有条件状语从句的复合句中，表示将来时态，主句是一般将来时态，从句要用一般现在时 [主将从现原则]，所以主句用的是 will。

3. 当了解情况或是确认收到什么东西的时候，人们常常会说"Get it / Got it."。当问别人你是否明白了用"Get it?"，回答应该用过去式的"Got it."，不能说成"Get it."。

4. one 和 it 都可指代上文出现过的单数可数名词，但二者是有区别的。it 往往指上文出现过的特定事物，即同一事物，而 one 则代替与前面事物同属一类的事物，并不是同一个事物。这里的 one 代替的是 blood sample。

5. excuse me 在口语中常用，能适用的场合也非常多，在这里表示对对方说出的话有疑惑。

6. at liberty 的意思是"随意的，有权利的，获特许的"，还可以表示"失业的，被解雇的"。

词汇加油站

associate [əˈsoʊʃeɪt] *n.* 同事
relinquish [rɪˈlɪŋkwɪʃ] *v.* 放弃
divulge [daɪˈvʌldʒ] *v.* 泄露
sample [ˈsæmpl] *n.* 样品
determine [dɪˈtɜːrmɪn] *v.* 确定
identity [aɪˈdentəti] *n.* 身份

| 精彩抢先看：萨伊德和雨果去往安全屋；凯特之子是否亲生；伊拉娜有意接近萨伊德 |

时间：第10集 00:22:35～00:24:07
地点：酒吧
人物：萨伊德，伊拉娜，服务员
事件：萨伊德一个人在酒吧里借酒消愁，伊拉娜主动过来搭讪。

精彩亮点

1. 萨伊德在酒吧里借酒消愁，旁边的伊拉娜看到了，就问他那酒里有什么愁思。这时他们两个人还不认识，伊拉娜主动和萨伊德进行攀谈搭讪。

2. 伊拉娜说萨伊德的酒太贵了，太不值。但是她很明确地知道酒的价格，说明她也会喝这种酒，所以萨伊德表示，既然她也喝，为什么还要说萨伊德的酒贵呢？

3. 伊拉娜问萨伊德是以什么谋生的，其实伊拉娜知道。她并不是真的想和萨伊德搭讪，而是有人给她酬金，让她将萨伊德带上指定的飞机。

4. 萨伊德本来就是审讯官，做的工作就是折磨人。后来他又因为各种原因杀了很多人，本杰明说杀人是他的本性。萨伊德对伊拉娜说自己在尝试着改变，也许是真的不想再那样生活了。

Ilana: That Scotch①. **What's a glass of that run you?** ☺₁

Sayid: Whatever it is, it's worth it.

Ilana: I don't understand why someone would pay 120 bucks for a glass of anything.

Sayid: **If you knew what my drink cost, why did you ask me?** ☺₂

Ilana: Same reason I'm eating my dinner here instead of② a table. I'll have the Rib Eye③, bloody④.

Waiter: Yes, Ma'am⑤. Rib Eye, bloody.

Sayid: Are you a professional?

Ilana: A professional what? You think I'm a prostitute? I'm not a professional anything. I just… thought you looked sad. I like sad men. So… other than drinking alone at bars… **what do you do? For a living.** ☺₃

Sayid: I'm between jobs at the moment.

Ilana: So what did you do?

Sayid: The only thing I was ever good at⑥.

Ilana: Then why did you quit?

Sayid: **I'm trying to change.** ☺₄

译文

伊拉娜：苏格兰威士忌。一杯要花多少钱？
萨伊德：无论是什么，都值得。
伊拉娜：我不懂为什么会有人付 120 美元买一杯喝的。
萨伊德：如果你知道我的酒的价格，为什么还问我呢？
伊拉娜：和我不在一个饭桌上吃饭，却在这里用餐的原因是一样的。肋眼牛排，三分熟。
服务员：好的，女士。肋眼牛排，三分熟。
萨伊德：你是专业人士吗？
伊拉娜：什么专业人士？你觉得我是个妓女？我不是妓女。我只是……觉得你看起来很忧郁。我喜欢忧郁的男人。所以……除了一个人在酒吧喝酒……你是做什么来谋生的？
萨伊德：我在待业中。
伊拉娜：那么你之前是做什么的？
萨伊德：做我唯一擅长的事。
伊拉娜：那你为什么不干了。
萨伊德：我在试着改变。

知识点拨

1. 苏格兰生产威士忌酒已有 500 年的历史，其产品有独特的风格，色泽棕黄带红，清澈透明，气味焦香，带有一定的烟熏味，具有浓厚的苏格兰乡土气息。苏格兰威士忌具有口感干冽、醇厚、劲足、圆润、绵柔的特点，是世界上最好的威士忌酒之一。

2. instead of 是介宾短语，其表达的意思与 instead 相同，不同之处在于它后面常接宾语，宾语多由名词、代词、介词、短语、动词 + ing 形式充当。instead 意为"代替，替代"，做副词用，通常位于句尾。

3. 肋眼牛排用的肉质是靠近牛的胸部的肋肌。跟人不一样，牛的胸部极少活动，所以肋眼牛排的肉质也比较嫩。这块肉的特点是外形相当漂亮，大理石纹分布均匀，中间有一块大油花，旁边一块小油花，就像眼睛一样，故名 Rib Eye。

4. 牛排的做法大概分为 rare / bloody 意为 "1-3 分熟"，medium rare "三分熟"，medium "五分熟"，medium well "七分熟"，well done / all the way done "全熟"。

5. Ma'am 相当于 madam，可以表示对妇女的恭敬称呼；正式书信中对妇女的尊称，用于职称或姓名前面的称呼。

6. be good at doing sth. 的意思是"擅长于干某事"，do well in sth. 也是"擅长某事"的意思。

词汇加油站

buck [bʌk] n. 元
professional [prəˈfeʃənl] n. 专业人员
bar [bɑːr] n. 酒吧
rib [rɪb] n. 肋骨
prostitute [ˈprɑːstətuːt] n. 妓女
quit [kwɪt] v. 放弃

精彩抢先看：萨伊德不信任本杰明；埃洛伊丝告知回岛期限；本杰明与杰克的谈话

Scene 4 本杰明设法带众人回岛

时间： 第4集 00:12:15～00:13:05
地点： 医院
人物： 杰克，萨伊德，阿里萨
事件： 萨伊德昏迷，被送到杰克处，经过治疗后醒了，后来本杰明来到医院看他怎么样了。

精彩亮点

1. 萨伊德和雨果到了安全屋以后，有人设了埋伏，萨伊德被麻醉剂射中了，昏迷了42个小时。

2. 萨伊德说的那个人是本杰明，这时候本杰明已经说服了杰克回岛屿，接下来要做的事就是说服其他人。杰克在见到萨伊德之后，通知了本杰明，本杰明就去找赫尔利了。

3. 杰克说本杰明和他们是一边的，但是萨伊德不相信，说本杰明只站在自己那边，只为自己着想。事实上本杰明也不是真心为了他们，他用了很多手段，破坏凯特还有其他人的生活，来让他们跟他回岛屿。

4. 这里的门诊主管对杰克私自对病人治疗的行为很不满，就质问他在医院是干什么的，因为这时候杰克已经被停职了。

Sayid: Good. Now take this I.V.① out of my arm, and let's go②.

Jack: Sayid, you were unconscious for 42 hours.☺₁ You had the equivalent of three doses of horse tranquilizer in your system.

Sayid: If you sent that man to Hurley's house, we have to leave now.☺₂

Jack: You need to relax. Ben is not gonna hurt Hurley. Ben is on our side.

Sayid: The only side he's on is his own.☺₃

Ariza: Dr. Shepherd? I'm Dr. Ariza, director of clinical services. A word with you③, please?

Jack: I'll be right back.

Ariza: What do you think you are doing here?☺₄

Jack: I was treating a patient. I apologize. It was an emergency.

Ariza: You were suspended on charges of④ substance abuse. Emergency or not, Dr. Shepherd, you have no business⑤ being here.

Jack: I understand, and I take full responsibility for⑥ my actions.

Season 5 岛屿之时空穿梭 | Scene 4 本杰明设法带众人回岛

译文

萨伊德：好。把我的针拔了，我们走。
杰　克：萨伊德，你失去知觉 42 个小时了。你身体里的镇静剂相当于一匹马用量的三倍。
萨伊德：如果你让那个人去了赫尔利家，我们现在得马上走。
杰　克：你需要放松。本不会伤害赫尔利的。本是我们这边的。
萨伊德：他只和自己是一边的。
阿里萨：谢帕德医生？我是阿里萨医生，门诊的主管，能和你说句话吗？
杰　克：我马上回来。
萨伊德：你知道你自己在干什么？
杰　克：我在治疗一个病人。抱歉，这是急诊。
萨伊德：你因为滥用药物被停职了。不管是不是急诊，谢帕德医生，都跟你无关。
杰　克：我明白，我会对自己的行为负责。

知识点拨

1. I.V. 是 Intravenous Injection 的缩写，intravenous 的意思是"静脉内的"，I.V. 的意思就是"静脉注射"。

2. let us 的 us 既可指说话者一方（此时表示请求或命令），也可以指说话者和听话者双方（此时表示建议或劝诱，此用法在语体上较正式）；而 let's 中的 's（=us）则只能指说话者和听话者双方（表示建议或劝诱），不能指说话者一方（即不能用来表示命令或请求）。

3. have a word with sb. 表示"和某人说话"，这里的 a 不是指具体的一个词。就像 wait a minute 的意思是"等一会儿"，而不是"等一分钟"。

4. on charges of 这里的 charge 用的是复数，意思是"被指控有……罪名"，用单数的话是 on a charge of。

5. have no business with sb. "与（谁）……无关"，have no business doing sth. "无权做某事"，business 相当于 right。

6. take responsibility for 的意思是"对……负责"，在用形容词的时候，可以使用 be responsible for sth.。

词汇加油站

equivalent [ɪˈkwɪvələnt] n. 等价物
tranquilizer [ˈtræŋkwəlaɪzər] n. 镇静剂
suspend [səˈspend] v. 使暂停
dose [doʊs] n. 剂量
clinical [ˈklɪnɪkl] adj. 诊所的
substance [ˈsʌbstəns] n. 物质

227

精彩抢先看：萨伊德不信任本杰明；埃洛伊丝告知回岛期限；本杰明与杰克的谈话

时间：第 6 集 00:03:58 ～ 00:06:58
地点：岛外灯塔站
人物：埃洛伊丝，本杰明，杰克，白善华
事件：本杰明要将所有人带回岛上，但是目前还没有能说服所有人，只带了杰克还有白善华来找丹尼尔的母亲埃洛伊丝，埃洛伊丝告知他们必须在 36 个小时内回去。

精彩亮点

1 本杰明从洛克嘴里得知要找到丹尼尔的母亲埃洛伊丝，他才能知道如何回到岛上。之后埃洛伊丝让把回来的所有人都带来找她，但是本杰明只带来了杰克和白善华。

2 虽然本杰明没有带来所有的人，但是埃洛伊丝没有办法，只能进行下去，而且最重要的是杰克来了就很好了，杰克可以说服其他人。

3 本杰明说自己不知道，但是杰克现在已经对于本杰明很无语了，对他的话本能地都不信任了，于是就去询问埃洛伊丝。

4 埃洛伊丝对于本杰明也十分了解，也没有给本杰明面子，就直接拆穿了，说他在撒谎。

Eloise: I thought I said all of them. ☺1
Benjamin: This is all I can get on short notice①.
Eloise: Guess it'll have to do for now. ☺2 All right. Let's get started, shall② we?
Jack: What is this place?
Eloise: The Dharma initiative called it the Lamp Post. This is how they found the island.
Jack: Did you know about this place?
Benjamin: No. No, I didn't.
Jack: Is he telling the truth? ☺3
Eloise: Probably not. ☺4 Here we go③. All right. I apologize if this is confusing, but… Let's pay attention④, yes? The room we're standing in was constructed years ago. Over a unique pocket of electromagnetic energy. That energy connects to similar pockets all over the world. The people who built this room, however⑤, were only interested in⑥ one.
Sun: The island.

Season 5 岛屿之时空穿梭 | Scene 4 本杰明设法带众人回岛

译文

埃洛伊丝：我记得我说的是他们所有人。

本杰明：短时间内，我只能找到这么多人。

埃洛伊丝：貌似现在就得开始了。好的。我们现在开始吧，好吗？

杰 克：这是什么地方？

埃洛伊丝：达摩组织将这里叫作灯塔站，这就是他们怎样找到那座岛的。

杰 克：你知道这个地方吗？

本杰明：不。不，我不知道。

杰 克：他说的是实话吗？

埃洛伊丝：很可能不是。开始吧。好吧，如果这令你们感到困惑我很抱歉，但是……让我们集中注意力，好吗？我们所处的房间建造于多年之前，有一种独特的电磁能量在这里，这种能量和世界上其他的类似磁场相连接，然而建造这间房间的人只对一件事感兴趣。

白 善 华：那座岛。

知识点拨

1. on short notice=at short notice，意思是"在很短的时间内；忽然，急忙"，notice 的意思是"通知"。

2. shall 用于第一人称，表示将来。用在问句中表示征求对方意见，主要用于第一、第三人称，意为"好吗？要不要？"；用于陈述句中的第二、第三人称，表示说话人的意图、允诺、警告、命令、决心，意为"必须，应该"。

3. 这里的 Here (There) 在句首采用倒装的形式，Here (There) + 谓语 + 名词主语，但是当主语是代词时，主谓不颠倒，Here (There) + 代词主语 + 谓语。

4. pay attention 的意思是"注意"。

5. 英语中的插入语（Parenthesis）是插在句子中的一个词、短语或从句，通常被逗号、破折号或句子的其他部分隔开，它与句子的其他部分之间没有语法上的关系，因此有的语法学家将其归为独立成分。however 在这里是插入语。

6. be interested in 是固定短语，表示"对某事或某物很感兴趣"，in 是介词，所以后面的动词要加 ing。

词汇加油站

initiative [ɪˈnɪʃətɪv] *n.* 计划
construct [kənˈstrʌkt] *v.* 建造
pocket [ˈpɑːkɪt] *n.* 容器
post [poʊst] *n.* 哨所
unique [juˈniːk] *adj.* 独特的
connect [kəˈnekt] *vi.* 连接

精彩抢先看：萨伊德不信任本杰明；埃洛伊丝告知回岛期限；本杰明与杰克的谈话

时间： 第6集 00:14:44 ~ 00:16:32
地点： 灯塔站所在教堂
人物： 杰克，本杰明
事件： 在埃洛伊丝告诉杰克等人如何回到岛上之后，杰克和本杰明在教堂谈话。

精彩亮点

1 杰克问本杰明洛克在哪儿，这时候洛克已经死了，所以杰克问他尸体在哪里。因为他们坐飞机的时候要将洛克也带着。

2 埃洛伊丝在告诉他们如何回岛之后，将杰克单独留下说了一些话。本杰明问他们说了什么，杰克回答没什么重要的，不想告诉他。其实是说了关于洛克的一些事。

3 本杰明给杰克讲了关于多马的故事，杰克问他多马是不是被耶稣复活的事实说服了，本杰明说是的，他们最终都会被说服的。

4 本杰明曾经找到查尔斯·维德莫，告诉他，要杀了他的女儿潘妮。因为维德莫的人在岛上杀了本杰明的女儿，所以本杰明要为自己的女儿报仇。

Jack: Where's Sun?
Benjamin: She left.
Jack: And Locke? **I mean…his body?** ☺₁ The coffin.
Benjamin: I have a friend looking after① it. I will pick it up on my way to the airport. What did she say to you, Jack?
Jack: **Nothing that matters.** ☺₂ Who is she? Why is she…helping us? How does she know all this?
Benjamin: Thomas② the apostle, when Jesus wanted to return to Judea③, knowing that④ he would probably be murdered there. Thomas said to the others, let us also go, that we might die with him. But Thomas was not remembered for this bravery. His claim to fame came later... when he refused to acknowledge the resurrection. He just couldn't wrap his mind around it. The story goes… that he needed to touch Jesus' wounds to be convinced.
Jack: So was he?
Benjamin: **Of course he was.** ☺₃ We're all convinced sooner or later⑤, Jack.
Jack: Where are you going?
Benjamin: Oh, **I made a promise to an old friend of mine** ☺₄ — Just a loose end that needs tying up⑥. See you at the airport, Jack.

Season 5 岛屿之时空穿梭 | **Scene 4 本杰明设法带众人回岛**

译文

杰　克：白善华在哪儿？

本杰明：她走了。

杰　克：洛克呢？我是说……他的尸体？他的棺材呢？

本杰明：我让一个朋友照看它。去机场的路上我会去取。她说了什么，杰克？

杰　克：没什么。她是谁？为什么她要帮助我们？她怎么会知道这一切？

本杰明：当耶稣想要回到朱迪亚的时候，信徒多马知道他可能会被谋杀。多马对其他人说，让我们随之而去吧，我们则与之同死。但是多马不是因为这样的勇敢而被记住的。而是后来……他不愿承认耶稣的复活，他就是无法相信。故事是这样的……他需要触碰耶稣的伤口来说服自己。

杰　克：他被说服了吗？

本杰明：当然了。我们都要迟早被说服的，杰克。

杰　克：你去哪儿？

本杰明：噢，我答应过一个老朋友——只是一些琐碎的事要处理。机场见，杰克。

知识点拨

1. look after 的意思是"照顾，照料，照看，关心"，相当于 take care of。

2. 圣多默（St. Thomas），本名多默，俗译多马，天主教圣人，耶稣十二门徒之一。

3. 朱迪亚是古巴勒斯坦的一个地名，位于古巴勒斯坦的南部地区，包括今巴勒斯坦的南部地区和约旦的西南部地区。耶稣在世时，它是由希律王室所统治的王国，也是罗马帝国叙利亚行省的一部分。

4. knowing 是现在分词的形式，后面这部分做的是状语。分词的逻辑主语和前面的句子主语一致，现在分词和逻辑主语的关系是主动的。

5. sooner or later 的意思是"迟早，早晚，总有一天"，相当于 matter of time。

6. tie up 的意思是"绑好，缚牢"，loose end 的意思是"未了结的零星问题"，把零星的东西绑起来，就是去处理一些未完成的琐碎的事。

词汇加油站

coffin [ˈkɔːfɪn] *n.* 棺材
fame [feɪm] *n.* 名声
resurrection [ˌrezəˈrekʃn] *n.* 复活
wound [wuːnd] *n.* 伤口
apostle [əˈpɑːsl] *n.* 信徒
acknowledge [əkˈnɑːlɪdʒ] *v.* 承认
wrap [ræp] *v.* 包起来
loose [luːs] *adj.* 散漫的

Scene 5 众人回归岛屿

时间：第 9 集 000:00:42 ～ 00:02:28
地点：阿吉瑞航空 316 号飞机上
人物：弗兰克，副驾驶，雨果
事件：杰克等人为了回到岛屿，登上同一架飞机。飞机真的发生了故障，紧急降落在岛上，杰克等四人在一道闪光中消失了。

精彩亮点

1. 副驾驶员注意到飞机上的雨果，说他还敢再坐飞机胆真大。弗兰克说雨果不相信自己会那么倒霉，会再出事。

2. 飞机发生强烈震动，雨果知道是要出事了，他们真的要回到岛屿了。于是提醒身边的人把安全带系好。

3. 飞机发生了强烈的震动，并且随之出现了一道强烈的闪光，突然从夜晚变成了白天。副驾驶非常震惊，不明白怎么会这样。

4. 弗兰克看到了岛屿，发出了惊叹，知道自己又回到了岛上。幸亏弗兰克飞行技术好，飞机最后没有坠毁。

Copilot: He's one of ① the Oceanic six. Guy's got nerves of steel ②, man. He survives a full-on ③ commercial airliner ④ crash. Now he's back flying over the same south Pacific ⑤ ?

Frank: Yeah, well. Maybe he doesn't believe that lightning will strike twice in the same place. ☺₁

Copilot: You all right there, Frank?

Frank: I'm just fine.

Hugo: Dude… You might wanna fasten your seat belt. ☺₂

Frank: Oh, no. Autopilot off! I got the controls.

Copilot: Autopilot off. You have the controls.

Frank: Pull that rudder!

Copilot: What? What? ☺₃

Frank: We've lost power!

Copilot: Restarting one. Restarting two. Altimeter reads 650.

Frank: Oh, my God! ☺₄ Give me more power! I can pull us out of ⑥ this!

Season 5 岛屿之时空穿梭 | Scene 5 众人回归岛屿

译文

副驾驶员： 他是大洋航班六人之一，他真是胆子大。整架客机坠毁，他却幸存了，现在他又回来乘坐同样在南太平洋上空航行的飞机。

弗兰克： 是啊，也许他不相信闪电会两次击中同一个地方。

副驾驶员： 你没事吧，弗兰克？

弗兰克： 没事。

雨　果： 兄弟，你可能需要系好安全带。

弗兰克： 哦，不。关闭自动驾驶，我来操作。

副驾驶员： 自动驾驶已关闭，你可以进行操作了。

弗兰克： 拉方向盘！

副驾驶员： 什么？什么？

弗兰克： 飞机失去动力了。

副驾驶员： 重启1次。重启2次。高度为650。

弗兰克： 我的天呐。再给我点儿动力。我能冲出去。

知识点拨

1. **one of** 后接可数名词复数，表示后面名词中的一个，谓语动词用单数第三人称。

2. **nerves of steel** 的意思是"有胆量"，**nerve** 的意思是"神经"，**steel** 的意思是"钢铁"，钢铁般的神经形容胆量大。

3. **full-on** 在这里的意思是"完全的；彻底的；绝对的"。

4. **commercial airliner** 是"商务班机"，也可以用 **corporate airliner** 来表示。

5. **The Pacific Ocean** 是"太平洋"，字面意思是"平静的海洋"。麦哲伦于1520年10月，率领5艘船从大西洋找到了一个西南出口（此后称为麦哲伦海峡）向西航行，经过38天的惊涛骇浪后到达一个平静的洋面，他因此称之为太平洋。

6. **pull out of** 的意思是"退出；拉出，取出"，**pull chestnut out of fire** 的意思是"火中取栗"，偷取炉中烤熟的栗子，比喻受人利用，冒险出力却一无所得。

词汇加油站

survive [sər'vaɪv] *v.* 幸存
control [kən'troʊl] *n.* 控制
power ['paʊər] *n.* 动力
autopilot ['ɔːtoʊpaɪlət] *n.* 自动驾驶仪
rudder ['rʌdər] *n.* 飞机方向舵
altimeter [æl'tɪmətər] *n.* 测高仪

精彩抢先看：飞机故障紧急迫降；杰克等人回到1997年的岛屿；雨果和迈尔斯的争执

时间： 第9集 00:21:48～00:22:02
地点： 岛上达摩组织营地
人物： 詹姆斯，杰克，迈尔斯，雨果
事件： 杰克等人回到了1977年的岛上和詹姆斯等人见面之后，詹姆斯试图将他们伪装成坐潜艇来的新成员。

精彩亮点

1 杰克等人回到岛屿以后，詹姆斯告诉他们现在是1977年。詹姆斯现在已经是保安队长了，他将他们带回营地，试图让他们以新人的身份混进组织。

2 达摩组织在岛上发现了特殊的能源，他们来这里做实验，需要大量的工作人员，按照能力分配工作。杰克是医生，但是却让他去做清洁了。

3 雨果害怕被发现不是潜艇上的人，而且他们还是来自于未来。如果有人问他谁是1977年的总统怎么办？詹姆斯觉得谁会无聊到问这种问题，不要闹了。

4 迈尔斯到了之后，看到杰克他们感到无比惊讶，詹姆斯就让他别盯着看了，以免让人看出问题。

James: Put these on and listen up. ☺1 Juliet's got it worked out ① so your names are gonna be on the list, all right? So when you get in there, just watch the little meet and greet video, wait for 'em to call your names. When they do, just smile, step up ②, take your jumpsuits and work assignments.

Jack: Work assignments? ☺2

James: Yeah, don't worry. I got it covered. Just remember to ③ act a little doped up ④, cause you just woke up from the sub.

Hugo: What if ⑤ they start asking us questions we can't answer, like, uh, who's the president in 1977?

James: It's not a damn game show, ☺3 Hugo. Besides ⑥, I'm gonna be in there to get your backs, all right? Let's move.

Miles: Lafleur! Where have you been? I've been trying to reach you on the walkie. What…what the hell are they doing here?

James: They're our new inductees. I'll explain everything later. Stop staring and tell me what your damn problem is. ☺4

Season 5 岛屿之时空穿梭 | Scene 5 众人回归岛屿

译文

詹姆斯：把这个带上然后听着。朱丽叶已经处理好了，你们的名字都在名单上，好吗？所以，你们进去的时候，只要观看欢迎的录像带，等着他们叫你们的名字，被叫到的时候，笑着走上前，领取工服和工作任务。

杰　克：工作任务？

詹姆斯：是，别担心。我能搞定。只要记住假装药劲儿还没过去，因为你们刚从潜艇上下来。

雨　果：如果他们问一些我们回答不上来的问题怎么办？就像谁是1977年的总统？

詹姆斯：这不是游戏，雨果。并且，我会一直帮你们的，好吗？行动起来！

迈尔斯：拉弗勒！你去哪了？我一直在尝试用对讲机联系你。他们在这儿干什么？

詹姆斯：他们是我们新来的成员。我一会再跟你解释。别盯着看了，你找我什么事。

知识点拨

1. work out 的意思是"解决"，还可以用来表示"实行，实现，产生预期的结果；掘尽，采掘完（矿）；消耗完（精力等），使精疲力竭 [一般做被动语态]"。

2. step up 的意思是"走近，靠近"，还可以表达"加紧，加快；增加；提升，晋升"的意思。

3. remember to do 意思是"记住去做某事"，表示这件事情还没有做。remember doing 意思是"记得做过某事"，表示这件事情已经做了。

4. dope up 的意思是"给（某人）服用麻醉品，使（麻醉品）药力发作"，dope 做名词时意思是"麻醉药物"。

5. what if 用于提出假设时，意思是"假若……，假若……怎么办，要是……将会怎么样"，其后句子可用陈述语气（用一般现在时），也可用虚拟语气（用一般过去时或 should+ 动词原形）。

6. besides 与 except 用于肯定句时，except 意为"除……之外（不再有）"；besides 意为"除……之外（还有）"。

词汇加油站

jumpsuit [ˈdʒʌmpsuːt] n. 连身衣裤
sub [sʌb] n. 潜水艇
walkie [ˈwɔːki] n. 对讲机
assignment [əˈsaɪnmənt] n. 任务
president [ˈprezɪdənt] n. 总统
inductee [ˌɪndʌkˈtiː] n. 应召入伍的士兵

精彩抢先看：飞机故障紧急迫降；杰克等人回到1997年的岛屿；雨果和迈尔斯的争执

时间：第13集 00:34:27 ～ 00:35:25
地点：1977年的岛上
人物：雨果，迈尔斯
事件：雨果得知常博士是迈尔斯的父亲，劝迈尔斯抓住这次机会好好和父亲相处，但是迈尔斯却不领情。

精彩亮点

1 迈尔斯在1977年的岛上见到了自己的父亲常博士，但是因为常博士从来没有尽到做父亲的责任，不在他身边，所以他比较排斥，对雨果说自己的父亲就像死了一样。

2 迈尔斯因为父亲的事情很心烦，雨果又喋喋不休，于是就拿雨果开涮。当时雨果在车里坐着正在写着什么，迈尔斯就抢过来看。

3 迈尔斯把雨果的本子抢过来，并且把雨果的脑子说成是花岗岩，这样的脑子应该写不出什么好东西。

4 雨果其实是在写帝国反击战，想要利用时空穿梭，将还没有写出来的续集写出来。迈尔斯说这个主意真的是太蠢了。

Hugo: But he's not gone. We just dropped him off①.

Miles: You want to get into my business? Let's get into yours!

Hugo: Give that back to me.

Miles: How about we read your little diary?

Hugo: It's not a diary! It's personal!

Miles: Let's see what's going on in that piece of granite you call a head.

Hugo: Give that — give that back to me. Give it back!

Miles: Exterior— hoth, a little spy robot thingy zips through the atmosphere and crashes into the snowy planet below. That's when Chewbacca② shows up and blasts it away③ with his crossbow laser. He shakes his fury fist in the sky in triumph. Chewbacca—raaar.

Hugo: It's furry, furry fist. I need to spell-check it.

Miles: What the hell is this?

Hugo: I'm writing *Empire Strikes Back*④.

Miles: Uh… I'm sorry. What?

Hugo: It's 1977, right? So *Stars Wars*⑤ just came out. And pretty soon, George Lucas⑥ is gonna be looking for a sequel.

Season 5 岛屿之时空穿梭 | **Scene 5 众人回归岛屿**

译文

雨　果：但是他并没有死，我们刚刚才把他放下车。

迈尔斯：你想管我的事？让我们管管你的事吧！

雨　果：把那个还给我。

迈尔斯：让我读下你的日记怎么样？

雨　果：那不是日记！那是隐私！

迈尔斯：让我来看看你那花岗岩脑子里面都有什么？

雨　果：把它还给我，还给我！

迈尔斯：霍斯星球外面，一个小侦探机器人飞速从太空飞过，撞上了下面白色的星球。这时楚巴卡出现了，用他的激光弩炸毁了它。他在空中挥舞着拳头表示胜利。楚巴卡……

雨　果：是毛、毛拳头。我需要检查一下拼写。

迈尔斯：这是什么东西？

雨　果：我在写《帝国反击战》。

迈尔斯：嗯……抱歉。什么？

雨　果：现在是 1977 年，对吧？所以《星球大战》刚上映。很快，乔治·卢卡斯会拍续集。

知识点拨

1. drop off 的意思是"让……下车"，还可以表达"把……放下，把……交给某处；落下，掉下，脱落；睡着"的意思。

2. 楚巴卡，也译作乔巴卡、丘巴卡，是《星球大战》中的人物。他是一名伍基族的战士，擅长使用弩枪，而且拥有强大的力量，长得像猿猴。

3. blast away 的意思是"炸去（障碍等），炸掉，炸毁，炸开（沟渠等），轰"，还可以表示"（收音机）高声播送音乐；（乐队）高声吹奏"等意思。

4. 《星球大战 II：帝国反击战》是科幻电影《星球大战》系列的第五集，也是正传系列的第二部，于 1980 年 5 月上映，讲述了三位主人公在霍斯战役及之后在达戈巴、贝斯坪等地的历险故事。

5. 《星球大战》是美国导演兼编剧乔治·卢卡斯所构思拍摄的一系列科幻电影。同时"星球大战"也是该系列电影最早拍摄上映的第四章故事的原始片名。电影首部于 1977 年 5 月 25 日上映。

6. 乔治·卢卡斯（George Lucas），1944 年 5 月 14 日出生于美国加州，美国导演、制片人、编剧。1977 年，卢卡斯执导了影片《星球大战》并获得了第 50 届奥斯卡奖两项提名。1980 年，他参与制作了《星球大战》的续集《帝国反击战》。

词汇加油站

exterior [ɪkˈstɪriər] *adj.* 外部的
crossbow [ˈkrɔːsboʊ] *n.* 弩
fist [fɪst] *n.* 拳
atmosphere [ˈætməsfɪr] *n.* 大气
laser [ˈleɪzər] *n.* 激光
triumph [ˈtraɪʌmf] *n.* 胜利

精彩抢先看：本杰明杀了洛克；白善华等待洛克；岛上从未有人复活

Scene 6 洛克生死真假难辨

时间：第12集 00:09:57 ~ 00:11:14
地点：岛上
人物：本杰明，洛克
事件：洛克被本杰明杀了，尸体放在了杰克等人乘坐的飞机上，但是回到岛上以后，洛克又出现了。

精彩亮点

1 本杰明在办公室里找东西，洛克不请自来。本杰明就问"你需要什么吗？"意思就是说洛克想干什么，没事的话就可以出去了。

2 洛克回到洛杉矶以后，试图去说服杰克等人回到岛屿上，但是大家都觉得他疯了，不愿意跟他回来。

3 本杰明和杰克等人乘坐飞机，飞机失事到了岛上。大家就都回来了，但是杰克几个人却穿梭到了1977年和詹姆斯等人在一起了。

4 本杰明为了给自己辩解说了一大堆理由，显出了本杰明的诡辩与不诚心。

Benjamin: Was there something that you needed, John?☺₁

Locke: Well, Ben, I was hoping that you and I could talk about the elephant in the room①.

Benjamin: I assume you're referring to② the fact that I killed you.

Locke: Yeah.

Benjamin: It was the only way to get you back to the island, along with③ as many of those who left as possible④. You do remember, John… That's why you left in the first place⑤. To convince them to⑥ come back? But you failed.☺₂ And the only way to bring them together was by your death, and you understood that. It's why you were about to kill yourself when I stopped you.

Locke: If all I had to do was die, Ben, then why did you stop me?

Benjamin: You had critical information that would've died with you. And once you'd given it to me… Well, I just didn't have time to talk you back into hanging yourself. So I took a shortcut. And look at you, John, I was right. You're here. You're back. So are the rest of them. I don't know where yet exactly, but they came.☺₃ It worked. And that's why I did it.☺₄

238

Season 5 岛屿之时空穿梭　　Scene 6 洛克生死真假难辨

译文

本杰明：你有什么需要帮忙的吗，约翰？
洛　克：本，我希望你和我谈谈那件我们俩都心知肚明的事。
本杰明：我想你说的是我杀了你那件事吧。
洛　克：是。
本杰明：那是唯一的可以让你回到岛上的办法，并且将离开的人尽可能多地带回来。你应该记得，约翰……那是你一开始离开的原因。去说服他们回来？但是你没有做到。而且唯一让他们聚在一起的办法就是你的死，你知道的。所以你当时要自杀，就在我阻止你的时候。
洛　克：如果我要做的就是去死，本，你为什么要阻止我呢？
本杰明：你掌握着重要的信息，你死了也就没人知道了。而你把信息给我了之后……我只是没有时间去劝你再把自己吊死。所以我走了一个捷径。但是看看你，约翰，我当时是对的。你在这里，你回来了，其他人也回来了。我还不知道他们在哪，但是他们回来了。目的达到了，这就是我杀了你的原因。

知识点拨

1. elephant in the room 的字面意思是"房间里的大象"，形容明明存在却被人刻意回避的问题。

2. refer to 的意思是"涉及，谈到，提到，关系到"，还可以表示"提交（某人或某机关考虑办理或决定）；认为……起源于，认为……与……有关；有……归属于，归功（或咎）于，归于；引证，查阅，参考"的意思。

3. along with 的意思是"与……一道，与……一起，共同，连同，和，做伴，随着"。get along well with 的意思是"与……相处融洽"。

4. as many as possible 的意思是"尽可能多"，后面的 of those who left 是用来修饰 many 的，who left 是用来修饰 those 的。这句话的意思就是"将离开的人尽可能多地……"

5. in the first place 的意思是"从一开始，首先，第一，原本"，一般放在句后，放在句前时和 at first 相同。at the first place 的意思是"在第一个地方"。

6. convince sb. to do sth. 意为"劝说某人做某事"，convince sb. of sth. 意为"使某人相信某事"。

词汇加油站

assume [əˈsuːm] v. 假定
critical [ˈkrɪtɪkl] adj. 决定性的
hang [hæŋ] v. 绞死
fact [fækt] n. 事实
information [ˌɪnfərˈmeɪʃn] n. 信息
shortcut [ˈʃɔːtkʌt] n. 捷径

精彩抢先看：本杰明杀了洛克；白善华等待洛克；岛上从未有人复活

时间： 第12集 00:19:27 ～ 00:20:17
地点： 岛上本杰明的住处
人物： 本杰明，白善华，拉皮德斯
事件： 本杰明和洛克来到本杰明原来的住处，发现白善华和拉皮德斯在这里。

精彩亮点

1
本杰明和洛克在外面说话的时候，发现本杰明房子里的灯亮了，并且还是本杰明死了的女儿艾丽克丝的房间。拉皮德斯看见本杰明的时候感到很惊讶。

2
白善华给本杰明看了一张照片，里面是杰克和雨果等人在1977年加入达摩组织的大合照。杰克等人在这次回到岛上的时候时空穿梭到了1977年，詹姆斯将他们弄进了达摩组织。

3
这里的克里斯汀是杰克的父亲，他已经死了，这里其实是黑烟变成了克里斯汀的样子。

4
白善华说她要在这里等洛克找到自己的丈夫，拉皮德斯就说洛克已经死了，这件事没有什么希望了。但是本杰明让他们往窗外看，发现洛克活生生地站在那里。

Lapidus: What are you doing here?☺₁
Benjamin: This used to① be my house. I saw a light turned on②. What are the two of you doing in here?
Sun: That was taken in 1977.☺₂
Benjamin: Are you trying to tell me that your friends were in the Dharma initiative?
Sun: You don't know about this?
Benjamin: Of course not③. Where did you get this? Who gave this to you?
Lapidus: We met some crazy old man outside.
Sun: He said his name was Christian.☺₃ He told us to come in here and wait.
Benjamin: Wait for what?
Sun: He said if I ever wanted to see my husband again. I had to wait here for John Locke.
Lapidus: But considering④ he's dead, we ain't⑤ holding our breath⑥.
Benjamin: Well, you might want to look outside.☺₄

Season 5 岛屿之时空穿梭 | Scene 6 洛克生死真假难辨

译文

拉皮德斯：你在这儿干什么？
本 杰 明：这以前是我的房子。我看见灯打开了，你们两个在这儿干什么？
白 善 华：这是1977年照的。
本 杰 明：你是说你们的朋友加入了达摩组织？
白 善 华：你不知道？
本 杰 明：当然不知道。你从哪得到这个的？谁给你的？
拉皮德斯：我们在外面遇到的一个老疯子。
白 善 华：他说他的名字叫克里斯汀，他告诉我们来这儿等着。
本 杰 明：等什么？
白 善 华：他说我要是想再见到我的丈夫，我必须在这里等着约翰·洛克。
拉皮德斯：但是考虑到他已经死了，我们就没等待的希望了。
本 杰 明：你可能需要看看窗外。

知识点拨

1. used to do 表示"过去常常做某事，而现在往往不做了"。be used to doing 表示"习惯于做某事"。be used to do 表示"被用来做某事"。

2. turn on 的意思是"拧开，旋开，打开（水源、煤气、电源等）；使兴奋"的意思。

3. of course 可以单独使用，表示"当然，自然，毫无疑问"，在表示否定的时候直接在后面加 not。

4. considering 的意思是"就……而论，照……来说，鉴于"。

5. ain't 是 am not, are not, is not, has not 和 have not 的缩略语，但是这个词在书面语中不使用，并且在口语中带有粗俗的色彩。

6. hold one's breath 的意思是"屏息，屏住呼吸，不出气，憋住气"，表示由于激动、紧张、害怕等不出声，暂时停止呼吸或倒抽一口气。

 词汇加油站

crazy ['kreɪzi] *adj.* 疯狂的
ever ['evər] *adv.* 永远；曾经
outside ['aʊtsaɪd] *adj.* 外面的
again [ə'gen] *adv.* 又

精彩抢先看：本杰明杀了洛克；白善华等待洛克；岛上从未有人复活

时间：第 12 集 00:26:12 ～ 00:27:49
地点：本杰明的住处
人物：本杰明，白善华，洛克
事件：白善华觉得之前洛克的死是假的，但是本杰明确认他真的死了，但是这座岛上从来没有发生过这样的事。

精彩亮点

1
白善华说洛克一定是假死，但是本杰明十分确定洛克是真的死了。事实是本杰明把洛克勒死的，所以他十分确定，但是他没有告诉白善华这件事。

2
白善华问本杰明是不是把洛克带回岛上，洛克就会活过来。本杰明说他不知道，并且岛上从来没有发生过这样的事。但事实上他曾告诉洛克他知道洛克会活过来才把他勒死的。

3
本杰明来到自己的住处是为了召唤黑烟出来，因为自己把女儿害死的这件事要接受黑烟的审判。他听到林子里有响动，就告诉白善华让她进去，以免伤到她。

4
从林子里出来的并不是黑烟，而是洛克。讽刺的是本杰明等的是黑烟，而出来的正是黑烟，只是变成了洛克的样子，而本杰明并不知道。

Sun: No, I didn't ask. Jack must have lied①.
Benjamin: Excuse me?
Sun: About Locke being dead? I don't know why he would, but that's the only explanation.
Benjamin: Jack didn't lie. John was dead.
Sun: Just because he was in a coffin doesn't mean that he couldn't have faked② his dead…
Benjamin: Trust me. I'm sure.☺1
Sun: So you knew this would happen to Locke if we brought him back③ here?
Benjamin: Sun, I had no idea it would happen.☺2 I've seen this island do miraculous things. I've seen it heal the sick, but never once has it done anything like this. Dead is dead. You don't get to come back④ from that, not even here. So the fact that John Locke is walking around this island…scares the living hell out of me⑤. You may want to go inside.☺3
Sun: Why?
Benjamin: Because what's about to come out of that jungle is something I can't control.
Locke: Any luck?☺4
Benjamin: It hasn't shown up⑥ yet.

Season 5 岛屿之时空穿梭 | **Scene 6 洛克生死真假难辨**

译文

白善华：没，我没问。杰克一定是在撒谎。
本杰明：什么？
白善华：洛克死了那件事。我不知道他为什么撒谎，但是这是唯一的解释。
本杰明：杰克没有撒谎，洛克确实是死了。
白善华：只是因为他在棺材里，并不代表他不可以伪造他的死……
本杰明：相信我，我很确定。
白善华：所以你知道我们把他带回来的话，洛克会重新活过来？
本杰明：我根本就不知道这会发生。我见过这座岛上的不可思议的事，我看到它治愈了疾病，但是没有一次发生过像这样的事。死了就是死了，你不会像那样活过来，在这儿也不行。所以当约翰·洛克活过来出现在这个岛上时，我被吓得魂飞魄散。你该进房间去了。
白善华：为什么？
本杰明：因为将要从林子里出现的东西，不受我的控制。
白善华：怎么样了？
本杰明：它还没有出现。

知识点拨

1. must have done 是对过去发生的动作最有把握的猜测，意思是"一定"，译成"一定做过某事"，该结构只用于肯定句。

2. could have done 的否定形式是 could not have done，表示"本不能做某事却做了，不可能做某事"是对过去事情的推测。这里加上之前的 doesn't mean 中的否定含义就变成了肯定意思。

3. bring back 的意思是"把……带回来，拿回来，使（某人）回来，归还"，还可以表示"使被忆起，使被想起，使回忆起，使记起；（使）恢复"的意思。

4. come back 的意思是"回来，返回"，还可以表示"恢复原状；重新流行；回想起来，被回忆起来；回答，答辩；回嘴，反驳"的意思。

5. scare out of 的意思是"吓得某人不敢做某事"，scare the hell out of me 在口语中使用的频率比较高，就是"吓死我了"。

6. show up 的意思是"出席，露面"，还可以表示"领……上楼；（使）醒目，显眼，突出；揭穿，揭露"的意思。

词汇加油站

dead [ded] *adj.* 无生命
mean [mi:n] *v.* 意味着
heal [hi:l] *v.* 治愈

explanation [ˌekspləˈneɪʃn] *n.* 解释
miraculous [mɪˈrækjələs] *adj.* 不可思议的
control [kənˈtrəʊl] *n.* 控制

Scene 7 最终幕后者雅各布

时间： 第 15 集 00:34:40 ~ 00:35:45
地点： 岛上
人物： 假洛克，理查德
事件： 假洛克要去找雅各布，于是说服理查德手下的人和他一起去。

精彩亮点

1. 理查德还没有认出来洛克是假的，所以真把他当成洛克来看待。假洛克要理查德带自己去见雅各布，这时候天色已经很晚了，但是假洛克要求现在就出发，理查德感到有点儿惊讶。

2. 理查德对于假洛克的决定感到有些不能接受，想要避开手底下的人，和他单独在自己的帐篷里商量一下这件事。但是假洛克拒绝了他，直接去鼓动所有人一起去找雅各布。

3. 假洛克说的话非常鼓动人心，并没有直接去诋毁雅各布，而是非常委婉地劝说众人，这样鼓动的效果会更好。

4. 假洛克对众人说，要是有人命令自己去做什么事的话，自己会想知道这个人到底是谁。意思就是，"难道你们不想知道吗？"以此来鼓动理查德的人跟自己走。

Richard: Now?☺₁
Locke: I'm eager.
Richard: We can do whatever you want, **but maybe the two of us should go to my tent and talk about.**☺₂
Locke: Is this everyone?
Richard: Well, there's another① group at the temple, but…
Locke: Well, if you don't mind, I would like to talk to everyone here now.
Richard: Of course. Be my guest②.
Locke: Hello, everyone. My name is John Locke. I've been told that… for some time, you all have been accepting③ orders from a man named Jacob. And yet, oddly enough④. It seems that⑤ no one has actually seen him. Now I'm sure there are very good reasons why his existence and whereabouts⑥ are secret. **I just don't know what they are.**☺₃ And to be honest with all of you, **if there's a man telling us what to do, I want to know who he is.**☺₄

Season 5 岛屿之时空穿梭 | Scene 7 最终幕后者雅各布

译文

理查德：现在？
洛　克：我很急切。
理查德：你想做什么都可以，但是我们两个或许可以进我的帐篷里商量一下。
洛　克：这是所有人吗？
理查德：还有一部分人在神殿，但是……
洛　克：如果你不介意，我想要和所有人在这里谈谈。
理查德：当然，请便。
洛　克：大家好。我的名字是约翰·洛克。有人告诉我……有段时间，你们都听从一个叫作雅各布的人。但是说来奇怪，似乎从来没有人真正见过他。我相信对于他的存在和他到底在哪，这些秘密都是有很好的理由的，我只是不知道这些理由是什么。实话对你们说，如果有一个人命令我去做什么，我是想要知道他是谁的。

知识点拨

1. another 既可做形容词，也可做代词，泛指同类事物中的三者或三者以上的"另一个"，只能代替或修饰单数可数名词，the other 是两个人或物中的一个，other 是其他的意思。

2. be my guest 的意思是"别客气，请用，请便"，用于礼貌地同意别人的请求。在招待客人的时候相当于 help yourself。

3. have been doing 是现在完成进行时，表示主动动作，即从过去某一时间开始一直持续进行到现在为止的动作，还有可能继续进行下去。表示主动动作，该动作尚未停止，只有延续性动词才能用于此种时态。

4. oddly enough 在这里做插入语，意思是"奇怪得很，够奇怪的，说来也奇怪，说来稀奇"。

5. It seems that... 的句型是"主+系+表"结构。其中 it 是人称代词，并无实意，指的是某种情况，seems 为系动词，that 引导表语从句，强调根据一定的事实所得出的一种接近于实际情况的判断。

6. whereabouts 在这里的意思是"下落；行踪；去向；所在之处"。

词汇加油站

eager [iːgər] *adj.* 热切的
order [ˈɔːrdər] *n.* 命令
secret [ˈsiːkrət] *n.* 秘密
course [kɔːrs] *n.* 过程
actually [ˈæktʃuəli] *adv.* 实际上
honest [ˈɑːnɪst] *adj.* 诚实的

精彩抢先看：寻找雅各布；洛克游说本杰明；雅各布被本杰明杀害

片段二

时间： 第16集 00:35:54～00:37:13
地点： 岛上
人物： 假洛克，本杰明
事件： 假洛克带领人们去找雅各布，在路上休息的时候和本杰明谈话，他认为本杰明应该要杀了雅各布。

精彩亮点

1 假洛克要连夜带众人去找雅各布，所以建议大家抓紧时间休息一下。

2 假洛克看见本杰明一个人坐着，就问他是不是一切都好，本杰明回答说他刚才在享受一个人的时光，意思就是假洛克将本杰明一个人的美好时光给破坏了。

3 假洛克问本杰明，可否问他一个问题，本杰明回答说，"我是双鱼座的。"其实他当然知道问题不是这个，只是不想回答而已。

4 本杰明是雅各布的手下，一直接受其指令，但是从来没有见过雅各布，所以觉得非常没有面子，他在假装自己知道发生的事情。

Locke: So why don't you all take this opportunity to rest up ① and catch your breath? Considering what I have planned ② for ya, you're gonna need it. ☺₁ Everything all right?

Benjamin: I was enjoying some alone time. ☺₂

Locke: You see what's behind you?

Benjamin: It's a door. How about that?

Locke: It's not just a door, Ben. It's the door to the hatch where you and I first met. You mind if I ask you a question?

Benjamin: I'm a Pisces. ☺₃

Locke: What happened that day at the cabin, when you first took me to meet Jacob?

Benjamin: Well, you clearly already know that I was talking to an empty chair, John... That I was pretending ☺₄, which ③ is not to say that I wasn't as surprised as you were ④ when things started flying around ⑤ in the room.

Locke: But why would you go to all the trouble to make something like that up ⑥?

Season 5 岛屿之时空穿梭 | **Scene 7 最终幕后者雅各布**

译文

洛　克：大家借机休息一下，喘口气吧。考虑到我为你们计划的，大家有必要休息一下。(对本杰明说)没事吧？

本杰明：我在享受一个人的时光。

洛　克：看见你后面的东西了吗？

本杰明：是一个门，怎么了？

洛　克：不仅仅是个普通的门，本。是你和我第一次见面的时候的舱门。我可以问你一个问题吗？

本杰明：我是双鱼座的。

洛　克：那天在木屋发生了什么？就是你第一次带我去见雅各布的时候。

本杰明：你很明显已经知道我当时是对着一张空椅子在说话，约翰……那是我假装的，当那些东西在屋子里乱飞的时候，我和你一样惊讶。

洛　克：但是你为什么费这么多周折编造那些事呢？

知识点拨

1. rest up 的意思是"休息"，但是 rest 和其他介词组成的短语不全是这个意思，比如 rest upon 的意思是"依赖于，取决于；信任；停留在……上，落在……"。

2. have planned for 用的是现在完成时，在这里表示的是过去的动作或状态持续到现在。现在完成时还可以表示过去发生的动作对现在造成的影响或结果，形式是主语+have/has+动词的过去分词。

3. which 在这里引导的是非限定性定语从句，非限定性定语从句起补充说明作用，缺少它也不会影响全句的理解，它与主句往往用逗号隔开。

4. that 引导的是宾语从句，not to say 可以解释成"不说"，I wasn't as surprised as you were 的意思是"我不和你一样惊讶"，双重否定表示肯定，"不是说我不和你一样惊讶"，意思就是"我和你一样惊讶"。

5. fly around 的意思是"飞来飞去"，可以用 relative fly around 来表达"相对绕飞"。

6. make up 的意思是"编造，捏造；即席作(诗)；虚构"，还可以表示"构成，组成，形成，占；和解，言归于好"的意思。

词汇加油站

opportunity [ˌɑːpərˈtuːnəti] *n.* 机会
cabin [ˈkæbɪn] *n.* 小屋
empty [ˈempti] *adj.* 空的
behind [bɪˈhaɪnd] *adv.* 在后面
already [ɔːlˈredi] *adv.* 已经
trouble [ˈtrʌbl] *n.* 麻烦

精彩抢先看：寻找雅各布；洛克游说本杰明；雅各布被本杰明杀害

时间： 第17集 00:36:28～00:39:03
地点： 雕像处
人物： 雅各布，假洛克，本杰明
事件： 理查德带假洛克来见雅各布，假洛克将本杰明一同带去，本杰明按照假洛克的指示，并且为了发泄自己的不满，将雅各布杀了。

 精彩亮点

1 假洛克和本杰明进入到雕像内部来找雅各布，本杰明看到一些图案。坐在暗处的雅各布就问他是不是喜欢这些，这些都是雅各布自己动手做的。

2 雅各布说自己动手做这些图案，花费了不少的时间，其实雅各布像神一样有神秘的力量，可以做很多事。

3 假洛克让本杰明做的事是杀了雅各布，因为他自己做不到，所以需要借本杰明之手，本杰明最后照做了。

4 雅各布对本杰明说，他可以按照自己的意志选择做什么，本杰明对雅各布说，这些年自己一直被忽视，现在他终于有选择的权利了，雅各布终于不再忽视自己了。

Jacob: **You like it?** ☺₁ I did it myself. It takes a very long time when you're making the <u>thread</u>, but, uh… **I suppose that's the point,** ☺₂ isn't it?

Locke: Hello, Jacob.

Jacob: Well, you found your <u>loophole</u>.

Locke: Indeed I did. And <u>you have no idea</u>① what I've <u>gone through</u>② to be here.

Benjamin: Have you met before?

Locke: In a manner of speaking③, **do what I asked you to, Ben.** ☺₃

Jacob: Benjamin… Whatever he's told you, I want you to understand one thing. You have a choice.

Benjamin: What choice?

Jacob: You can do what he asked, or you can go, leave us to discuss our… <u>issues</u>.

Benjamin: So now, after all this time, **you've decided to stop ignoring me.** ☺₄ 35 years I lived on this island, and all I ever heard was your name over and over. Richard would bring me your <u>instructions</u>…all those <u>slips</u> of paper, all those lists…And I never questioned anything. I did as I was told. But when I dared to <u>ask to</u>④ see you myself, I was told, you have to wait. You have to be patient. But when he asked to see you? He gets <u>marched</u> straight up here as if <u>I</u>⑤ was Moses⑥.

Season 5 岛屿之时空穿梭 | Scene 7 最终幕后者雅各布

译文

雅各布：你喜欢它？我自己做的。纺织花费了很长时间，但是，嗯……那才是关键，不是吗？

假洛克：你好，雅各布。

雅各布：你找到你的漏洞了。

假洛克：是的。你不知道我经历了什么才到现在这步的。

本杰明：你们之前见过吗？

假洛克：可以说，做我让你做的事，本。

雅各布：本杰明……不管他跟你说了什么，我想要你明白一件事。你可以进行选择。

本杰明：什么选择？

雅各布：你可以按照他说的做，或者你可以离开，让我们讨论我们的……问题。

本杰明：噢……所以，过了这么久，你决定不无视我了。我在岛上生活了35年，我只是一遍又一遍地听过你的名字。理查德把你的指令带给我……所有这些纸张，所有这些清单……我从来不怀疑。我按你指示的去做。当我有勇气要求见你的时候，我却被告知，必须要等待，要有耐心，但是当他要见你的时候，他却像摩西一样直接到了这儿。

知识点拨

1. you have no idea 的意思是"你无法想象，你不知道"，相当于 you don't know，不是"你没有主意"的意思。

2. go through 的意思是"经历（痛苦、困难等），遭受，忍受"，还可以表示"审查，检查，讨论；通过，穿过，透过"。

3. in a manner of speaking 的意思是"说起来，在某个意义上说，不妨说"。

4. ask sb. to do 意思是"要求某人做某事，叫某人做某事"，ask to 的意思是"邀请（某人）去（某场合）做客，要求，询问。"

5. as if 和 as though 所引导的从句的谓语动词多用虚拟语气，表示所叙述的情况与事实相反。

6. 摩西是公元前13世纪时犹太人的民族领袖。《出埃及记》中记载，摩西受上帝之命，率领被奴役的希伯来人逃离古埃及，前往一块富饶之地——迦南地。

词汇加油站

thread [θred] *n.* 线
issue [ˈɪʃuː] *n.* 问题
slip [slɪp] *n.* 片
loophole [ˈluːphoʊl] *n.* 漏洞
instruction [ɪnˈstrʌkʃn] *n.* 指令
march [mɑːrtʃ] *v.* 前进

Scene 8 将炸弹投向磁源

时间: 第 14 集 00:33:57 ～ 00:35:42
地点: 岛上小溪处
人物: 丹尼尔
事件: 丹尼尔告诉了杰克自己的研究，认为可以改变时间，阻止 815 航班的坠毁，办法是引爆炸弹来中和磁源的能量。

精彩亮点

杰克等人来到岛上的时候，发现了这个按钮，他发现要通过定时按它来拯救世界。人们在初次听到这件事的时候都觉得是无稽之谈，不过经丹尼尔的解释之后，大家觉得应该是合理的。**1**

货轮被送去岛上，是因为维德莫要找本杰明，应该与杰克的坠机无关。但是这将丹尼尔和杰克等人的命运联系在了一起，似乎变得有关系了。**2**

照丹尼尔之前的说法，已经发生的是不会改变的，所以他们所做的努力都是白费的。**3**

按照丹尼尔的理论，人就是这个变量，可以改变历史进程，他改变这一切的方式就是人为地引爆一颗炸弹。**4**

Daniel: In about four hours the Dharma folks at the swan work site, they're gonna... gonna drill into ① the ground and accidentally tap into a massive pocket of energy. The result of the release of this energy would be catastrophic. So in order to ② contain it, they're gonna have to cement the entire area in, like Chernobyl ③. And this containment — the place they built over it — I believe you called it "the hatch". The swan hatch. Because of this one accident, these people is gonna spend next twenty years keeping that energy at bay... **by pressing a button** ☺1... A button that your friend Desmond will one day fail to ④ push, and that will cause your plane — Oceanic 815 — to crash on this island. And because your plane crashed, **a freighter will be sent to this island** ☺2. A freighter I was on it and Charlotte was on it and so forth ⑤. This entire chain of events, it's gonna start happening this afternoon. But...we can change that. I studies Relativistic Physics my entire life. One thing emerged over and over ⑥ — can't change the past. Can't do it. **Whatever happened, happened.** ☺3 All right? But then I finally realized... **I had been spending so much time focused on the constants; I forgot about the variables.** ☺4 Do you know what the variables in these equation are, Jack?

Season 5 岛屿之时空穿梭 | Scene 8 将炸弹投向磁源

译文

丹尼尔：大约四个小时，达摩组织在天鹅站的工作人员，将会……将会钻到地下，并且会意外碰到巨大的能量袋。能源释放的后果是灾难性的，所以为了抑制它，他们必须将整个区域封闭起来，像切尔诺贝利核事故时的做法一样。这个封闭区——就是他们建造的地方——我相信你们把它叫作"舱门"，天鹅舱门。因为这场意外，这些人会花费接下来的 20 年时间来抑制那个能量……通过按一个按钮。你们的朋友德斯蒙德有一天没有按这个按钮，然后就导致你们的飞机——大洋航空 815 航班——坠毁到这个岛上。因为你们的飞机坠毁了，一艘货轮被派到这个地方，我和夏洛特还有其他人都在这条货轮上。这一系列的事件将要发生在今天下午，但是……我们可以改变这一切。我一生都在研究相对物理学。有一个观念一直主导着我——不可以改变过去，做不到。已经发生的，就会发生。是吧？但是我最后意识到……我花了大量的时间来研究常量，我忘记了变量。你知道在这些公式里的变量是什么吗，杰克？

知识点拨

1. drill into 的意思是"用（机器、工具等）在（某物）上钻孔"，还可以表示"通过不断地练习和重复来灌输（或教授），反复教导，强行灌输，反复向……灌输"的意思。

2. in order to = so as to 意思是"为了，以便，目的"，例如：concessions in order to…以退为进。

3. 切尔诺贝利核事故是一次发生在苏联统治下乌克兰境内切尔诺贝利核电站的核子反应堆事故。该事故被认为是历史上最严重的核电事故，也是首例被国际核事件分级表评为第七级事件的特大事故。

4. fail to do 意为"未能（做）……没能（做）……"，fail to have done 意为"过去未能成功做成某事"。

5. and so forth=and so on 意思是"等等"，也可以说 and so on forth。

6. over and over=over and again 意思是"反复，再三"，后面可以加形容词，例如：over and over thinking 意思是"反复思考"。

 词汇加油站

tap [tæp] *v.* 轻拍
cement [sɪ'ment] *v.* 巩固
relativistic [ˌreləti'vɪstɪk] *adj.* 相对论的
catastrophic [ˌkætə'strɑːfɪk] *adj.* 灾难
containment [kən'teɪnmənt] *n.* 抑制
equation [ɪ'kweɪʒn] *n.* 方程式

精彩抢先看：炸弹可以将磁源的能量中和；移动氢弹核心；杰克带炸弹去天鹅站

片段二

时间： 第16集 00:07:07～00:07:58
地点： 岛上地下埋藏炸弹的地方
人物： 杰克，萨伊德，理查德，埃洛伊丝
事件： 埃洛伊丝带杰克来找炸弹，杰克和萨伊德按照丹尼尔的日记知道了怎样移动炸弹，于是行动起来。

精彩亮点

1 杰克等人找到了炸弹，但是非常大，幸运的是不用移动整个炸弹，杰克听到这个消息后追问萨伊德为什么。

2 萨伊德在向小本杰明开枪以后游荡在林子里，遇见了杰克，杰克告诉了他关于炸弹的计划，他决定帮助杰克。

3 杰克说服了埃洛伊丝带他们去找炸弹，埃洛伊丝现在是理查德这批人的领导。理查德20年前把炸弹埋了起来，他觉得移动炸弹不是个好主意。

4 丹尼尔的笔记上将时间做了非常详细的记录，他们要赶在能量爆发之前将炸弹引爆，以此来中和能量。

Sayid: Fortunately, it seems that Faraday never intended to ① freight the device in its entirety.

Eloise: What? ☺₁

Sayid: He left detailed instructions on how to remove the plutonium core... And how to detonate it.

Jack: Faraday told me that we need to wipe out ② some kind of pocket of energy. Is only part of the bomb gonna be enough to do ③ that?

Sayid: The core itself is a thermonuclear weapon. ☺₂ It'll be more than ④ enough.

Richard: Hey, hey. Wait. We sealed that thing up 20 years ago, and we put it underground because it was emitting radiation. Does this sound like a good idea to you, Eloise?

Eloise: Richard... ☺₃

Richard: You're pregnant.

Eloise: Which is exactly why we have to help them ⑤ see this through ⑥. Once the core is removed, then what?

Sayid: Then we have approximately two hours to take it to the swan site. ☺₄

252

译文

萨伊德： 幸运的是，法拉第并没有打算移动整个炸弹。

埃洛伊丝： 什么？

萨伊德： 他留下了详细的介绍来解释如何去除钚心，还有如何引爆它。

杰 克： 法拉第告诉我，我们需要毁掉某种能量袋。只有炸弹的一部分能够做到吗？

萨伊德： 核心部分本身就是一个热核武器，足够了。

理查德： 嘿，嘿，等一下。我们20年前把那个东西封起来，并且把它藏在地下，因为它有辐射。现在又挖出来这是个好主意吗？埃洛伊丝。

埃洛伊丝： 理查德……

理查德： 你怀孕了。

埃洛伊丝： 所以我们才要帮助他们做这件事。一旦等到钚心移除以后，然后就怎么做？

萨伊德： 然后我们大约有2个小时的时间将它带到天鹅站。

知识点拨

1. intend to do sth. 意为"打算、想要做某事"，intend for 即"（为……而）准备"，intend as "打算使……（成为）"。

2. wipe out 的意思是"破坏，彻底毁掉"，在美国俚语中还可以表示"（冲浪时）被（浪）打翻，（从冲浪板上）翻跌，（滑雪中）跌倒"的意思。

3. enough to do 意为"能够做某事"，否定形式是在 enough 前加 not。

4. more than+ 形容词表示"很"或"非常"的意思，more than+ 名词表示"不仅仅是"，more than+ 数词含"以上"或"不止"之意。

5. help sb. (to) do sth.，其中 to 可以省略，需注意的是 help 之后的动词一定要用原形。此外，help 之后还可以用介词 with 接事或物，同样表示"帮助某人做某事"。

6. see through 的意思是"帮助渡过难关"，还可以表示"看透，看穿，识破；做完，进行到底"的意思。

词汇加油站

freight [freɪt] v. 运送
remove [rɪˈmuːv] v. 移动
seal [siːl] v. 密封
instruction [ɪnˈstrʌkʃn] n. 用法说明
plutonium [pluːˈtəʊniəm] n. [化学] 钚
emit [iˈmɪt] v. 放射

精彩抢先看：炸弹可以将磁源的能量中和；移动氢弹核心；杰克带炸弹去天鹅站

时间: 第17集 00:25:15～00:26:30
地点: 岛上天鹅站
人物: 迈尔斯，詹姆斯，凯特，金，朱丽叶，斯图尔特，菲尔，常博士
事件: 杰克按照丹尼尔的话设法将炸弹投向天鹅站的磁源内，但这受到了达摩组织的人的阻挠。

精彩亮点

1
拉弗勒是三年前詹姆斯进入达摩组织的时候瞎编的名字，他本名不是这个。并且此事已经被达摩组织发现了，双方已经反目，就没有必要再用这个名字了。

2
菲尔是达摩组织的人，凯特看见他拿着枪开车往天鹅站的方向去，料定事情不妙。因为杰克这时候正带着炸弹在天鹅站。

3
斯图尔特说菲尔来得挺快的，因为这时候杰克带着炸弹过来了，他们是来阻止杰克的。

4
常博士见到菲尔等人来到了天鹅站，非常着急。他试图将岛上的人都撤离出去，来保护他们。

Miles: Can I ask you something, Lafleur?

James: There ain't no more Lafleur.☺1 Go ahead①, shoot.

Miles: Has it occurred to② any of you that your buddy's actually gonna cause the thing he says he's trying to prevent?③ Perhaps that little nuke is the incident? So maybe the best thing to do…is nothing?④ I'm glad you all thought this through⑤.

Kate: What's going on?

Jin: It's Phil. That's the road to the Swan.☺2

Kate: If they see Jack, they're gonna kill him.

James: What do you think, Blondie?

Juliet: Live together, die alone.

Stuart: Good for you. You got here fast.☺3

Phil: Any sign of 'em yet?

Stuart: No, not yet. You got time to set up⑥ a perimeter.

Dr. Chang: You called these men to reset?☺4

Phil: You, rear ridge line. You, top ridge line.

Dr. Chang: We need to be getting people away from here!

Season 5 岛屿之时空穿梭 | Scene 8 将炸弹投向磁源

译文

迈尔斯：我能问你点儿事情吗，拉弗勒？
詹姆斯：已经没什么拉弗勒了，直说吧。
迈尔斯：你们有没有想过，有可能你们朋友要做的那件事，就是他想要阻止的？也许那个核弹就是那个事故？所以也许最正确的事情就是……什么都不做？我很高兴你们终于想清楚了。
凯　特：怎么回事？
金　：是菲尔，那是去天鹅站的路。
凯　特：如果他们看见杰克，他们就会杀了他的。
詹姆斯：你怎么想，美女？
朱丽叶：同生共死。
斯图尔特：好样的，来得挺快的。（对菲尔等人说）
菲　尔：看见他们了吗？
斯图尔特：没，还没。你们还来得及设防线。
常博士：你把这些人叫过来重新布置一下？
菲　尔：你负责，山后面的防线。你负责山上。
常博士：我们得把人撤走！

知识点拨

1. go ahead 经常用在口语中，做祈使句，意思是"说吧，开始吧，开始（做某事）"，go ahead with 的意思是"继续做（某事），继续说（某事）"。

2. it occurred to sb. that 意为"某事为某人想起，或某人想起某事"，这里 occurred 不能解释为"发生"。

3. 这句当中 thing 是先行词，后面跟的是 that 引导的定语从句修饰 thing，这里的 that 省略了。在从句当中，that 做的是 prevent 的宾语，可以省略。

4. 这句中的 to do 在句子中做的是定语，用来修饰代词 the best thing，放在代词的后面，is 是系动词，nothing 是表语。

5. think through 的意思是"想明白，细心（或仔细）考虑清楚，思考……直到得出结论（或解决办法）"。thought 是 think 的过去式。

6. set up 的意思是"建立，开办"，还可以表示"引起，导致；提出（意见等）；创造（新纪录）"，常用于被动语态表示"供给，供应"。

词汇加油站

nuke [njuːk] n. 核武器
glad [glæd] adj. 高兴的
rear [rɪr] adj. 后方的
incident ['ɪnsɪdənt] n. 事件
perimeter [pə'rɪmɪtə] n. 防御带
ridge [rɪdʒ] n. 山脊

精彩抢先看：去神殿救萨伊德；萨伊德复活；萨伊德被感染了

Scene 1 寻找神殿救萨伊德

时间： 第 1 集 00:23:34 ～ 00:24:21
地点： 岛上
人物： 雨果，雅各布
事件： 雅各布的鬼魂来找雨果，让他带着萨伊德去神殿救萨伊德的性命。

精彩亮点

雨果问了雅各布一大堆问题，雅各布不理他，只是去查看萨伊德。所以雨果就说他的朋友金就要来了，雅各布最好开口回答他。但是雅各布说金看不见他，因为他死了。 **1**

雨果有看见鬼魂的能力，所以可以看见雅各布，而其他人看不见。 **2**

雅各布让雨果救萨伊德，雨果说在等杰克来，因为杰克是医生，但是这时候萨伊德的伤势已经很重了，杰克不能救他了。 **3**

雅各布让雨果带萨伊德去神殿，雨果不知道怎么带萨伊德去。 **4**

Hugo: Look, my friend Jin's gonna be here any <u>second</u>, so <u>you'd better stop</u>① <u>ignoring</u> me.

Jacob: Your friend Jin won't be able to see me. ☺₁

Hugo: Why not?

Jacob: Because I died <u>an hour ago</u>②.

Hugo: Sorry, dude. That sucks. How'd you died? ☺₂

Jacob: I was killed by an old friend who <u>grew tired of</u>③ my company.

Hugo: You want me to do something crazy again, <u>don't you</u>④?

Jacob: No, I need you to <u>save</u> Sayid, Hugo.

Hugo: Well, that's when Jin went to get Jack to… ☺₃

Jacob: Jin can't help him. You need to take Sayid to the temple. That's only chance he's got. And <u>the rest of</u>⑤ them will be safe there.

Hugo: The temple? I'm supposed to know what that is? ☺₄

Jacob: Jin knows. Tell him to take you to the <u>hole</u> in the wall where he was with the <u>French</u> team.

译文

雨　果：听着，我的朋友金就要回来了，所以你最好不要再无视我。

雅各布：你的朋友金看不见我。

雨　果：为什么？

雅各布：因为我一个小时之前死了。

雨　果：抱歉，兄弟。那可真糟。你是怎么死的？

雅各布：我被一个厌倦我的陪伴的老朋友杀了。

雨　果：你又想让我做什么疯狂的事，是吗？

雅各布：是的，我需要你救萨伊德，雨果。

雨　果：等金把杰克带来……

雅各布：金帮不了他。你要带萨伊德去神殿，那是他唯一的机会，其他人在那儿也会安全的。

雨　果：神殿？我不知道那是什么？

雅各布：金知道。告诉他带你去他和法国人队伍去过的那个围墙上的洞那里。

知识点拨

1. had better 是"最好"的意思，可将其视为情态动词，可用于一切人称，没有任何词形变化，后面加动词原形。

2. an hour ago 的意思是"一个小时前"，ago 是形容词，意思是"以前的，过去的"，只能用在被修饰的词之后。

3. grow tired of 的意思是"厌倦"，一般 get tired of 和 be tired of 用得比较多。也可以用 be tired from 表示"因……而厌倦，因……而疲劳"。

4. don't you 放在句末，回答的时候根据事实回答，"是"的话就回答 yes，翻成成汉语是"不"；"不是"的话就回答 no，翻成成汉语是"是"。

5. the rest of 意思是"剩下的……，其余的……"，指的是剩余部分的所有内容，做主语时谓语动词的单复数取决于 of 后边的名词。

词汇加油站

second ['sekənd] *n.* 秒
company ['kʌmpəni] *n.* 陪伴
hole [houl] *n.* 洞
ignore [ɪgˈnɔːr] *v.* 忽视
save [seɪv] *v.* 解救
French [frentʃ] *a.* 法国人的

精彩抢先看：去神殿救萨伊德；萨伊德复活；萨伊德被感染了

时间：第3集 00:01:11～00:02:13
地点：神殿
人物：杰克，迈尔斯，萨伊德，凯特，詹姆斯
事件：神殿的人把萨伊德溺在水里之后，萨伊德失去了呼吸将近两个小时，然后突然醒过来了。

精彩亮点

1 萨伊德本来躺在地上，已经没有了呼吸。雨果突然看见萨伊德醒了非常开心，就去拥抱他，杰克说让萨伊德先缓口气。

2 萨伊德醒来之后，问杰克自己发生了什么事？杰克说他死了。萨伊德在被带到神殿以后，神殿的人把他溺在水里，然后他没有了呼吸将近两个小时。

3 萨伊德是伊拉克的审讯官，折磨过很多人。这时候詹姆斯失去了朱丽叶，并且大家的处境都不好，詹姆斯就说萨伊德做了这么多坏事，当然应该在这个地狱般的岛上再走一遭。

4 本来詹姆斯和迈尔斯在林子里埋葬朱丽叶，没有跟着杰克等人来到神殿。但是神殿的人在林子里袭击了他们，将詹姆斯打晕了。然后将詹姆斯和迈尔斯带到了神殿里。

Jack: Hugo, let him breathe.☺₁ Miles, can you go get some water?
Miles: Yeah, on it.
Jack: Sayid. Hey. How are you feeling?
Sayid: A little① light-headed. Jack…. what happened to me?
Jack: You died.☺₂
Kate: How is that even② possible? I mean… one minute he's gone, and now he's fine?
James: Of course he's fine.
Kate: What does that mean?
James: He an Iraqi③ torturer who shoots kids.☺₃ He definitely deserves another go-around④.
Kate: What are you looking at?
James: How many guys⑤ with guns you think are outside this place?
Kate: What?
James: I was out cold when they brought me in here.☺₄ How many guards did you see? Five? Ten?

Season 6 历史改变众人获救 | Scene 1 寻找神殿救萨伊德

译文

杰　克：雨果，让他喘口气。迈尔斯，你可以弄点儿水来吗?
迈尔斯：好的，这就去。
杰　克：萨伊德，嘿。你觉得怎么样?
萨伊德：有点儿头晕。杰克……我怎么了?
杰　克：你死了。
凯　特：这可能吗? 我的意思是前一分钟他死了，现在他又没事了。
詹姆斯：他当然没事了。
凯　特：什么意思?
詹姆斯：他是个向孩子开枪的伊拉克的审讯官，他当然应该再走一遭。
凯　特：你在看什么?
詹姆斯：你觉得外面带枪的有多少人?
凯　特：什么?
詹姆斯：我被带进来的时候昏迷着。你看见了多少守卫? 5个? 10个?

知识点拨

1. a little / little 用来修饰不可数名词，a little 表示肯定意思，表示"有一点儿"; little 表示否定意思，表示"没有，几乎没有"。

2. even 放在它所强调的词、短语或从句前，用来加强语气，表示"即使，甚至连……都"之意。even 的位置较灵活，一般来说，even 的位置应靠近它所强调的词语或短语。

3. Iraqi 做名词是"伊拉克人"，形容词是"伊拉克的，伊拉克人的"。伊拉克这个国家位于亚洲西南部，阿拉伯半岛东北部。

4. go-around 的意思是"回合，一轮，全过程"，还可以表示"(回答问题等时的)躲闪，拖延; 激烈的争论; 周游(到各地旅行，最后回到出发地)"的意思。

5. how many 和 how much 都可以用来提问多少，how many 用来修饰可数名词的复数，它的句式是: How many+ 复数名词 + 一般疑问句 + ?

 词汇加油站

light-headed [lait'hedid] *adj.* 头晕的
definitely ['defɪnətli] *adv.* 当然
another [ə'nʌðər] *adj.* 又一
torturer ['tɔːrtʃərər] *n.* 拷问者
deserve [dɪ'zɜːrv] *v.* 应得
cold [koʊld] *adj.* 失去知觉的

精彩抢先看：去神殿救萨伊德；萨伊德复活；萨伊德被感染了

时间： 第3集 00:17:43～00:19:16
地点： 神殿
人物： 杰克，翻译
事件： 神殿的首领折磨了萨伊德，杰克去找他们理论，首领说经过诊断，萨伊德受到了感染需要吃药。

精彩亮点

1 萨伊德从神殿首领那里回来后，告诉杰克等人首领折磨了他，杰克非常气愤于是就去找他们。在门口守卫的人让他进去了，他就问首领对萨伊德到底做了什么。

2 翻译说他们不是在折磨萨伊德，而是在给他做诊断，发现他已经感染了。但是杰克不相信，感染一般会引起发烧，萨伊德没有发烧的迹象，怎么会感染了呢。听到这话首领笑了。

3 首领让杰克把药拿给萨伊德吃，说要是他们逼萨伊德吃的话是不会起作用的，杰克就讽刺他说，要是他们在折磨萨伊德之前好好跟萨伊德说，也许萨伊德就会自愿吃了。

4 翻译说他们不是在折磨萨伊德，而是在给萨伊德做诊断看他是不是被感染了，结果是肯定的，需要吃药。

Jack: Step aside①.
Translator: Shepard. We were hoping you'd come on your own②.
Jack: What the hell did you do to Sayid? ☺1
Translator: We… we didn't do anything to him. Your friend is sick.
Jack: Sick with what?
Translator: He's… Yeah, I… not really… There's not really a literal translation③. The closest thing would be… infected.
Jack: Infected? He's not even running a fever. Did I say something funny? ☺2
Translator: I doubt it. He doesn't really have a sense of humor④. He says you have to give your friend this pill.
Jack: Are you serious? Why don't you give it to him?
Translator: Because it won't work unless⑤ he takes it willingly, and he won't take it willingly from us.
Jack: Well, then maybe you should've asked⑥ him to take it before you tortured him. ☺3
Translator: We didn't torture him. We were diagnosing him.
Jack: To see if he was infected. ☺4

Season 6 历史改变众人获救 | Scene 1 寻找神殿救萨伊德

译文

杰克：让开。

翻译：谢帕德。我们正盼望你自己来呢。

杰克：你们到底对萨伊德做了什么？

翻译：我们什么事也没做。你的朋友病了。

杰克：什么病？

翻译：他……是的，我……没有，还没有一个直译的词。最接近的应该是……感染。

杰克：感染？他甚至都没有发烧的迹象。我说了什么可笑的事了吗？

翻译：我怀疑。他这人没什么幽默感，他说你得给你朋友吃这个药。

杰克：你是当真吗？为什么你们不给他？

翻译：因为如果不是他自愿服药的话，不会起作用的，可他也不可能主动管我们要药的。

杰克：也许你们应该在折磨他之前给他。

翻译：我们没有折磨他，我们在给他做诊断。

杰克：看他是否被传染？

知识点拨

1. **step aside** 的意思是"避到一旁，让到一边，让路"，还可以表示"退出，让位，下台；犯错，走上邪路；（谈话）离题"。

2. **on one's own** 的意思是"独自地，独立地，靠自己地，自食其力"。**of one's own** 的意思是"属于某人自己的，自己的"。

3. **literal translation** 的意思是"直译，直译法，逐字翻译"。**literal** 的意思是"字面上的，逐字的，完全按照原文的"。**free translation** 的意思是"意译"。

4. **a sense of humor** 的意思是"幽默感"，**sense** 的意思是"感觉"，这时多用作单数，并与 a 连用。做"判断力；见识；道理"解时，常用作不可数名词。

5. 连词 **unless** 意为"除非……如果不……"，多引导一个含否定意义的真实条件句，有时也可引导非真实条件句。

6. **should+have+** 过去分词可以表示过去本来应该发生而实际上没有发生的情况，往往含有遗憾、责备、批评等感情色彩，通常可译为"应该，本来应该"等。如果是否定式，则表示本来不该发生的情况却发生了。

词汇加油站

infect [ɪnˈfekt] v. 感染
doubt [daʊt] v. 怀疑
torture [ˈtɔːrtʃər] v. 折磨
fever [ˈfiːvər] n. 发烧
serious [ˈsɪriəs] adj. 认真的
diagnose [ˌdaɪəɡˈnoʊs] v. 诊断

精彩抢先看：丹尼尔引爆核弹改变历史；洛克与布恩的闲谈；杰克与洛克相遇

Scene 2 飞机脱险从未坠毁

片段一

时间： 第 11 集 00:33:12 ～ 00:34:34
地点： 洛杉矶
人物： 德斯蒙德，丹尼尔
事件： 德斯蒙德来找埃洛伊丝，听到了邀请名单上有潘妮的名字，便想要看邀请名单。这一幕被丹尼尔看见后便来找他，然后将自己的笔记拿给德斯蒙德看。

精彩亮点

1 丹尼尔应该说的是夏洛特。在前一季，他和夏洛特一同坐船去了岛上，并且他爱着夏洛特。丹尼尔在这里说自己在看到她的时候，好像就已经爱上她了，因为这件事也确实发生了。

2 丹尼尔给德斯蒙德看的是物理公式。他在历史未改变的时候是个物理学家，现在是个音乐家。所以他写出来的东西，他自己也看不懂。

3 丹尼尔说得这件事就是杰克的飞机坠毁到了岛屿上，他试图去阻止这件事的发生。

4 通过这些公式和他看见夏洛特时候的感觉，丹尼尔认为自己通过引爆核弹，已经改变了历史。

Daniel: The first time I saw her, I was walking through this museum. A few weeks ago. She… she works here. She was on her lunch break. She was eating a chocolate bar. She has these incredible blue, blue eyes, red hair. And as soon as① I saw her, right… right in that moment, it was like… **It was like I already loved her.** ☺₁ And that's when things got weird. That same night after I saw that woman… I woke up and I wrote this.

Desmond: So what is it?

Daniel: **I'm a musician. I have no idea.** ☺₂ So I took it to a friend of mine at CalTech②. He's a math whiz. He said this is quantum mechanics③. He said these equations are so advanced that only someone who'd been studying physics their entire life could've come up with④ them.

Desmond: So… so what do they mean?

Daniel: Okay, imagine… **imagine something terrible is about to happen, something catastrophic.** ☺₃ And the only way to stop it from⑤ happening was by… releasing a huge amount of energy, **like set off a nuclear bomb.** ☺₄

Season 6 历史改变众人获救 | Scene 2 飞机脱险从未坠毁

译文

丹尼尔：我第一次见到她，是我路过博物馆的时候。是几周之前的事。她……她在这工作，当时正在午休，在吃着巧克力棒。她的眼睛非常蓝、非常美，红色的头发。当我一看到她，就在那一刻，就像……就好像我已经爱上她了。然后事情就变得奇怪起来。我见到那个女人的晚上……我醒来后就写了这些。

德斯蒙德：这是什么？

丹尼尔：我是个音乐家。我不知道。我把它拿给加州理工学院的一个朋友看。他是个数学奇才，他说这是量子力学。这些公式非常深奥，只有终身致力于物理学的人才能够写出来。

德斯蒙德：所以这些公式是什么意思？

丹尼尔：好吧，想象一件非常可怕的事情将要发生，灾难性的事件。唯一能够阻止的方法就是释放一种巨大的能量，比如引爆一颗核弹。

知识点拨

1. as soon as 意思是"一……就……；一经；不久后，一会儿"。引导时间状语从句，既可以表过去，又可以表示将来。as soon as 引导时间状语从句，当主句用一般过去时时，从句中用一般过去时或过去完成时。

2. CalTech 是 California Institute of Technology 的简称，是"加州理工学院"，位于美国加利福尼亚州洛杉矶市区东北郊帕萨迪纳市，是世界著名的私立研究型大学，与麻省理工学院并称为美国最顶尖的理工学院。

3. quantum mechanics 的意思是"量子力学"，研究微观粒子的运动规律的物理学分支学科。

4. come up with 的意思是"提出，想出"，还可以表示"提出，提议；赶上，接近，走近"，catch up with 为"赶上（某人或某事）"，有追上并可能超过的含义。keep up with 意思是"不落后于（某人或某对手）"，有与之并驾齐驱的含义。

5. stop... from doing... 表示"阻止……做某事"。它与 keep / prevent... from... 的意思是一样的，stop / prevent... from... 中使用主动语态时，可省略介词 from，而词组 keep... from... 中的 from 不可省略。

词汇加油站

museum [mjuˈziːəm] *n.* 博物馆
incredible [ɪnˈkredəbl] *adj.* 难以置信的
whiz [wɪz] *n.* 奇才
bar [bɑːr] *n.* 棒
weird [wɪrd] *adj.* 怪异的
release [rɪˈliːs] *v.* 释放

精彩抢先看：丹尼尔引爆核弹改变历史；洛克与布恩的闲谈；杰克与洛克相遇

时间： 第 1 集 00:17:47 ～ 00:18:53
地点： 815 航班
人物： 布恩，洛克
事件： 杰克改变了历史，815 航班如期飞行，洛克和布恩在飞机上闲谈。

精彩亮点

1. 洛克在看救生手册，布恩觉得飞机要是在这儿出事的话，他们是不会活下来的，事实上在另一个时空飞机确实失事了。

2. 洛克对布恩说了飞机可以在海上降落，布恩一脸不可思议的表情，洛克就问怎么了，布恩说没什么，只是对于他知道那么多表示很钦佩。

3. 布恩去澳大利亚帮姐姐结束一段不好的感情，结果只是他自己一厢情愿，她姐姐自己并不想抽身出来，所以他就坐飞机回来了。

4. 洛克对自己的经历撒了谎，等到所有人都下飞机走了，乘务人员给他把轮椅推了过来。他残疾了并不能进行徒步旅行。

Boone: You're wasting your time①, man. The plane goes down in the ocean way out here,☺₁ I think our chances of survival are exactly zero.

Locke: Actually, in calm sea with a good pilot, we could survive a water landing②. And uh, the fuel tanks are buoyant enough to keep us afloat until we've got in the life rafts. What?

Boone: No, it's just impressive you know that.☺₂ What were you doing in Australia? Business or pleasure?

Locke: Pleasure. You?

Boone: I went down to get my sister out of a bad relationship, but turns out③ she didn't want to get out of. So... Here I am.☺₃ So what, you were just down under for vacation?

Locke: Actually, I went on a walkabout.

Boone: Really? Like—like *Crocodile Dundee*④?

Locke: No, not exactly.☺₄ But—but, uh, it was pretty intense. We spent ten days in the outback and, uh, nothing but⑤ our packs and our knives.

266

Season 6 历史改变众人获救 | **Scene 2 飞机脱险从未坠毁**

译文

布恩：老兄，你这是在浪费时间。如果飞机要是在这儿坠海，我们生还的机会为零。

洛克：实际上，在平静的海面上，加上一个好的飞行员，我们可以通过水上降落幸存下来。油箱有足够的浮力能够让我们漂浮起来直到我们上救生筏。怎么了？

布恩：没什么，只是很钦佩你知道那些。你去澳大利亚做什么？出差还是去玩？

洛克：去玩。你呢？

布恩：我去那儿帮我姐姐结束一段不好的感情，但是结果她不愿意结束。所以……我就在这儿了。那么，你只是来度假？

洛克：实际上，我来参加一个徒步旅行。

布恩：是吗？像《鳄鱼邓迪》里面的邓迪？

洛克：不，不是。但是，嗯，还是挺刺激的。我们在内陆花了十天的时间，除了背包和刀子什么都不带。

知识点拨

1. waste sb.'s time 意思是"浪费某人的时间"，后面加动词时结构是 waste time in doing sth.，名词用法是 a waste of time。

2. 2009 年的时候，全美航空公司一架空客 A320 飞机成功降落于纽约哈德逊河中。当时机翼上的油箱充当了浮筒，飞机随后漂浮了相当长的时间，乘客得以从机舱前门或紧急出口出来登上救生筏。

3. turn out 的意思是"结果是"，还可以表示"熄灭，关闭，关（灯等）；逐出，驱逐，赶走，让……离开，打发；辞退，解雇，开除，罢免"等意思。

4.《鳄鱼邓迪》是 1986 年 4 月 24 日上映的澳大利亚冒险喜剧电影，由保罗·霍根、琳达·柯兹洛斯基等主演。至今为止已经拍摄了三部。

5. nothing but 意思是"除……而外；什么也没有；只有"，后面可接名词或代词，nothing but + to do sth. 常用于 want, like, decide, hope, wish, need 等可跟不定式的动词后面。nothing but + doing sth. 常用于 enjoy, finish, mind, appreciate 等可跟动名词的动词后面。

词汇加油站

survival [sər'vaɪvl] *n.* 幸存
afloat [ə'floʊt] *adj.* 飘浮的
vacation [və'keɪʃn] *n.* 假期
intense [ɪn'tens] *adj.* 紧张的

buoyant ['buːjənt] *adj.* 有浮力的
raft [ræft] *n.* 筏
walkabout ['wɔːkəbaʊt] *n.* 徒步旅行

精彩抢先看：丹尼尔引爆核弹改变历史；洛克与布恩的闲谈；杰克与洛克相遇

时间： 第 2 集 00:36:39 ~ 00:38:28
地点： 失物招领处
人物： 杰克，洛克
事件： 下飞机后，洛克和杰克因为都丢了东西而在失物招领处相遇。

精彩亮点

1 杰克说乘务人员把自己的父亲弄丢了，洛克告诉他，他丢的不是父亲，只是尸体而已。意思就是说杰克的父亲已经去世了，是在杰克的心里丢了，找回尸体并不能把杰克的父亲找回来。

2 洛克说杰克的故事比自己的重要，因为杰克丢的是一个棺材，里面是杰克的父亲，自己只是丢了一堆刀子而已。

3 杰克问洛克怎么会坐上轮椅的，但是洛克迟疑没有回答，杰克就说只是出于一名外科医生的关心，没有侵犯别人隐私的意思。

4 洛克说自己的情况做手术是治不好的，但是杰克说没有什么是治不好的，有一线希望还是应该抓住的，并且表示自己可以帮他。

Jack: He died in Australia a couple days① ago, and I flew down to get him.
Locke: My condolences.
Jack: The coffin was supposed to go on the plane in Sydney②, but it didn't. Apparently, he's somewhere in transit, which is their way of saying they have no idea where the hell he is.
Locke: Well, how could they know?
Jack: They're the ones that checked him in③. I mean, they've gotta have some kind of tracking system.
Locke: No, I'm not talking about the coffin. I mean, how could they know where he is? They didn't lose your father. They just lost his body.☺₁ Either way④, your story beats the hell out of mine.☺₂ All that was in my suitcase was a bunch of⑤ knives.
Jack: You some kind of salesman?
Locke: Yeah, something like that. Well, it's nice talking to you. I hope you find that coffin.
Jack: I hope you find your knives. Mind if I ask what happened to you? I'm sorry. I'm only asking because I'm a spinal surgeon. I didn't mean…☺₃
Locke: Uh… Surgery isn't gonna do anything to help me. My condition is irreversible.
Jack: Nothing's irreversible.☺₄ If you ever want a consult… just give me a call. It's on the house⑥.

Season 6 历史改变众人获救 | **Scene 2 飞机脱险从未坠毁**

译文

杰克：他几天前在澳大利亚去世了，我飞去那儿接他。
洛克：节哀顺变。
杰克：棺材应该在悉尼的飞机上，但是没有。很明显，他在运输的途中，而且他们说，他们不知道他在哪。
洛克：他们怎么能知道呢？
杰克：是他们做的登记。我是说，他们总该有一些追踪的系统吧。
洛克：不，我不是说棺材。我是说，他们怎么能知道他在哪呢？他们没有弄丢你的父亲，他们只是把他的尸体弄丢了。无论怎样，你丢的东西比我的重要。我的手提箱里面只是一堆刀子而已。
杰克：你是销售员？
洛克：是，差不多。很高兴和你聊天，希望你找到那个棺材。
杰克：希望你找到你的刀子。介意我问一下你是出了什么事吗？抱歉，我这么问因为我是一个脊柱外科医生，没有别的意思。
洛克：嗯，手术帮不了我，我的情况无法康复了。
杰克：没什么是无法康复的。如果你想要咨询……给我打电话。免费的。

知识点拨

1. a couple of 后面用复数名词，它的意思相当于 a few，a couple of days 的意思相当于 a few days。这类词组做主语时，谓语动词常用复数形式。

2. 悉尼位于澳大利亚东南海岸，这里气候宜人、环境优美。

3. check in 的意思是"（在旅馆、机场、大会等处）办理登记手续，记录，报到"，还可以表示"报到上班，签到；办归还手续，登记收回"。

4. either way 的意思是"不管怎样，无论哪种方式，总之，反正都，两边都"，相当于 one way or the other。either 的意思是"两者之中任一的"。

5. a bunch of 的意思是"一群，一束，一堆"，做"一束，一串"讲时，后面接可数名词复数。如：a bunch of flowers；做"大量的，许多的"讲时，既可接复数名词，也可接不可数名词。

6. on the house 的意思是"免费"，如果有人说 on me 就是说"他请客，钱由他付"。

词汇加油站

condolence [kənˈdoʊləns] *n.* 哀悼
transit [ˈtrænzɪt] *n.* 运送
spinal [ˈspaɪnl] *adj.* 脊柱的
irreversible [ˌɪrɪˈvɜːrsəbl] *adj.* 不可逆的
apparently [əˈpærəntli] *adv.* 显然地
suitcase [ˈsuːtkeɪs] *n.* 手提箱
condition [kənˈdɪʃn] *n.* 条件

精彩抢先看：山洞里的名字；雨果是候选人；雅各布的接替者

Scene 3 保护岛屿的候选人

时间： 第4集 00:40:08～00:41:18
地点： 山洞
人物： 詹姆斯，假洛克
事件： 假洛克带詹姆斯来到一个山洞，里面写了很多名字，包括詹姆斯和杰克等人的。

精彩亮点

1 这个山洞的墙上写了很多人的名字，包括杰克、白善华、金，以及詹姆斯的姓福特。

2 詹姆斯很奇怪为什么一个素未谋面的人要把自己的名字写在墙上。假洛克告诉他，他肯定是见过雅各布的。詹姆斯见到雅各布的时候只有8岁，是在自己的父母去世后举办葬礼的时候。

3 其实雅各布并没有操纵詹姆斯等人，但是确实是雅各布把他们带到岛上来的。

4 这里假洛克说雅各布认为自己是这个岛屿的保护者，意思是这是雅各布的一厢情愿，其实并没有什么可保护的。

James: Why would he write my name on this wall? ☺₁ I never even met the guy.

Locke: Oh, no. I'm sure you did meet Jacob. ☺₂ At some point in your life, James, probably① when you were young, when you were miserable and vulnerable, he came to you. He manipulated you, ☺₃ pulled your strings② like you were a puppet. And as a result③, choices that you thought you made were never choices at all. He was pushing you, James. Pushing you… to the island.

James: Why the hell would he do that?

Locke: Because you're a candidate.

James: Candidate for what?

Locke: He thought he was the protector of this place. ☺₄ And you, James, have been nominated… to take over④ that job.

James: What does that mean?

Locke: It means you've got three choices. First, you can do nothing and… see how all this plays out⑤. And possibly, your name…will get crossed out⑥.

Season 6 历史改变众人获救 | Scene 3 保护岛屿的候选人

译文

詹姆斯：他为什么把我的名字写在墙上？我甚至从没见过他。

假洛克：不，你肯定见过雅各布。在你生命中的某个时刻，詹姆斯，可能是当你小的时候，当你痛苦和脆弱的时候，他来到你身边。他操纵你，你像一个玩偶一样被操纵。结果，你以为是你做出的选择其实并没有真的选择过。他在推着你，詹姆斯。推动你……来到这个岛上。

詹姆斯：他为什么要那么做。

假洛克：因为你是一个候选人。

詹姆斯：什么的候选人？

假洛克：他认为他是这个地方的保护者。你，詹姆斯，被指定……接管他的工作。

詹姆斯：什么意思？

假洛克：这意味着你有三个选择。第一，你可以什么也不做……然后看着这一切是怎么结束的。很有可能，你的名字……将会被划掉。

知识点拨

1. probably 意为"大概，很可能"，所表示的可能性比 maybe, perhaps 实现的可能性大，多与动词连用。

2. pull strings, pull 是"拉"的意思，string 是"绳子"的意思。pull strings 连在一起，就是"通过重要人物在幕后操纵，在幕后牵线"的意思。也有"买通关系，走后门"的意思。

3. as a result 的意思是"因此，结果（发生某种情况），作为结果"， as a the result of 的意思是"由于……而，作为……的结果；因此，结果"。

4. take over 的意思是"接收，接管，接任，接办"，还可以表达"把……从一地带到（或运送到）另一地，把……载送过去；采用，借用，袭用，模仿"的意思。

5. play out 的意思是"结束，完结"，还可以表示"把（戏等）演完；把……表演到底；把（比赛）进行到底；无用，过时；退绕或放开（线等），放出，放松（绳索等）"的意思。

6. cross out 的意思是"划掉"，还可以表示"删去，取消，注销"的意思。也可以用 cross off 来表达这个意思。

词汇加油站

miserable ['mɪzrəbl] *adj.* 痛苦的
puppet ['pʌpɪt] *n.* 木偶
push [pʊʃ] *v.* 推动
nominate ['nɑːmɪneɪt] *v.* 指定

vulnerable ['vʌlnərəbl] *adj.* 易受伤害的
choice [tʃɔɪs] *n.* 选择
candidate ['kændɪdət] *n.* 候选人

精彩抢先看：山洞里的名字；雨果是候选人；雅各布的接替者

时间：第 5 集 00:09:46～00:10:54
地点：神殿
人物：雨果，雅各布，道元
事件：雅各布告诉了雨果一个神殿的秘密通道，让雨果带着杰克从那儿出去。

精彩亮点

1 雨果在神殿内部找秘密通道的时候，被这里的首领道元看见了。问他在干什么。雨果就开始胡编乱造，说自己喜欢历史和神殿的建筑，来看看。

2 道元试图赶走雨果，这时雅各布出现了。雅各布已经死了，因为雨果能看到鬼魂，所以他可以和雨果交流。雅各布让雨果说自己是候选人，雨果就照说了，然后道元就走了。

3 雅各布让雨果带杰克一起走，但是雨果却自己在走廊里晃荡寻找出口，雅各布就问他怎么回事。

4 杰克的个性很难让人说服，加之在来到岛上以后，大家基本上都是听他的，所以雨果觉得没有办法让杰克乖乖听话跟自己走。

Hugo: Cause I'm a big fan of temples. And like history.☺1 .. And *Indiana Jones*'① stuff.
Dogen: You shouldn't② be here. Go back to the courtyard.
Jacob: Tell him you can do what you want. Tell him you are a candidate.☺2
Hugo: I'm a candidate, and I can do what I want.
Dogen: Who told you that?
Hugo: Doesn't matter. Why don't you go back to the courtyard? What'd he say?
Jacob: You don't want to know. What are you doing here, Hugo?☺3
Hugo: Going through③ the secret passageway like you told me.
Jacob: I told you to bring Jack with you.
Hugo: You ever tried to get Jack to do something? It's like, impossible.☺4 I can just go myself.
Jacob: You have to bring Jack with you.
Hugo: It's bad enough④ you already made me write down way too much⑤ stuff, and I just lied to a Samurai⑥.

Season 6 历史改变众人获救 | Scene 3 保护岛屿的候选人

译文

雨　果： 因为我对神殿比较着迷，而且喜欢历史……就比如像《夺宝奇兵》里演的那样。

道　元： 你不该来这儿，回到院子里去。

雅各布： 告诉他你可以做你想做的，告诉他你是一个候选人。

雨　果： 我是候选人，我想干什么都行。

道　元： 谁告诉你的？

雨　果： 不重要了。你为什么不回到院子去？他说什么？

雅各布： 你不会想知道的。你在这儿干什么，雨果？

雨　果： 穿过秘密通道，你告诉我的。

雅各布： 我跟你说让你带上杰克。

雨　果： 你试过让杰克听你的话去做事吗？这，不可能。我可以自己走。

雅各布： 你必须得带上杰克。

雨　果： 你让我写下这么多东西已经很糟了，而且我刚还对那个日本武士撒谎了。

知识点拨

1. *Indiana Jones* 中文也译作《夺宝奇兵》，主演是哈里森·福特，导演是斯蒂文·斯皮尔伯格，编剧是乔治·卢卡斯。剧中主角就是印第安纳·琼斯。

2. should not 的语气很强烈，表示对方做了不该做的事，意为"不该……，不应当……"。一般来说 must 强调客观要求，must not 表示"一定不能"。should 强调主观感受。

3. go through 的意思是"通过，穿过，透过"，还可以表示"审查，检查，讨论；翻找，搜寻，查看；从头到尾看（或做、说、排练）一遍；经历（痛苦、困难等），遭受，忍受"的意思。

4. enough 在修饰形容词的时候放在形容词后面，后面可以加不定式 to do sth.。

5. way too much 中的 way 和 too 都是副词，way 用于副词时表示"更加，不少"，这句的意思是"太多"。

6. Samurai 的意思是"日本武士"，日文中，"武士"一词其本意是"侍者，贴身随从"。日本武士的产生是在平安时代，九世纪中期开始，一些地方领主开始建立保卫自己的私人武装，并利用其扩张势力。

 词汇加油站

temple ['templ] *n.* 神殿
courtyard ['kɔːrtjɑːrd] *n.* 院子
stuff [stʌf] *n.* 东西
passageway ['pæsɪdʒˌweɪ] *n.* 通道

精彩抢先看：山洞里的名字；雨果是候选人；雅各布的接替者

时间： 第16集 00:31:49～00:33:26
地点： 岛上
片段三 **人物：** 雅各布，詹姆斯，凯特，杰克
事件： 雅各布告诉杰克等人将他们带到岛上是因为要让他们做自己的接替者来保护岛屿。

精彩亮点

1. 雅各布把自己的骨灰撒在火里，杰克等人能看见他了。他于是对他们说出他为什么把杰克等人带来这个岛上，是因为怪物黑烟。

2. 雅各布说黑烟试图杀了他，并且已经做到了。黑烟确实做到了，黑烟应该是自己无法杀死雅各布的，所以他借本杰明之手将雅各布杀了。

3. 这些人来到岛上之前的生活都是不幸福的，雅各布告诉他们这一点后，他们也就不那么生气了。

4. 凯特的名字被划掉，是因为做了母亲的凯特有了人生的目标和意义。而墙上的名字只是粉笔留下的印记而已，并不是不可改变。

Jacob: **You called him the monster.**☺1 But I'm responsible for what happened to him. I made him that way. And ever since then, he's been trying to kill me. It was only a matter of time before he figured out① how. **And he did.**☺2 Someone would have to replace me. And that's why I brought you all here.

James: Tell me something, Jacob. Why do I gotta② be punished for your mistake? What made you think you can mess with③ my life? I was doing just fine till you dragged my ass to this damn rock.

Jacob: No, you weren't. None④ of you were. I didn't pluck any of you out of a happy existence. You were all flawed. I chose you because you were like me. You were all alone. **You were all looking for something that you couldn't find out there.**☺3 I chose you because you needed this place as much as⑤ it needed you.

Kate: Why did you cross my name off of your wall?

Jacob: Because you became a mother. It's just a line of chalk in a cave. **The job is yours if you want it, Kate.**☺4

Jack: What is the job?

Jacob: There's a light at the center of the island. You have to make sure it never goes out⑥.

Season 6 历史改变众人获救 | Scene 3 保护岛屿的候选人

译文

雅各布：你们把他叫作怪物，但是对于他身上发生的事我负有责任，是我让他变成那样的。从那时起，他一直都在试图杀了我。他弄清如何下手只是时间问题，而且他已经做到了，所以必须有人替代我。这就是我把你们带到这里的原因。

詹姆斯：告诉我，雅各布，为什么我要因为你的错误受到惩罚？你凭什么觉得你可以插手我的生活？在你把我拉来这个岛上之前我活得好好的。

雅各布：不，你不是。你们没有人是。我并没有把你们从美好的生活中拽出来，你们的生活都是有缺陷的。我选择你们是因为你们像我一样，你们都是孤独的。你们都在寻找着某些你们找不到的东西，我选择你们是因为你们需要这座岛，就像它需要你们一样。

凯特：你为什么从墙上划掉了我的名字？

雅各布：因为你成了一个母亲。那只是山洞里的一道粉笔痕迹。你想要这个工作的话，你还是可以得到的，凯特。

杰克：这个工作是什么？

雅各布：岛的中心有一道亮光，你们要确保它永远不会熄灭。

知识点拨

1. figure out 的意思是"弄清，理解"，还可以表示"计算出，估计"的意思。

2. 由于美式口语的语速很快，经常会出现吞音或者变音现象，于是就出现了一些根据口语发音拼写的单词。如：gotta, wanna, wanta。gonna 的原形是 going to，表示"将要"的意思。

3. mess with 的意思是"搞乱，弄糟"，还可以表示"不恰当地对待（某人）；[军事]和（某人）一起用膳"的意思。

4. none 表示"三者及以上都不"；neither 表示"两者都不"，与 both 相对。none 用于指人或指物，可与 of 短语连用，none 指人时谓语可用复数，也可以用单数，none 指物时谓语用单数。

5. as much as 的意思是"和……一样，正如"，表示模糊的数量，有时 much 后可接被修饰的名词（不可数）。在表示具体的数量时，其后通常接有具体数量，意为"……之多，多达，整整"，强调"多"。

6. go out 的意思是"（灯、火等）熄灭；（发动机等）停止运转"，还可以表示"参加社交活动，出外交际（或娱乐）；出版，发刊，公布，（电台、电视台）广播；出国，移居（国外）"等意思。go out with sb. 可以表示"和某人约会"。

词汇加油站

replace [rɪ'pleɪs] *v.* 代替
rock [rɑːk] *n.* 岩石
existence [ɪɡ'zɪstəns] *n.* 生活
chalk [tʃɔːk] *n.* 用粉笔划的记号
drag [dræɡ] *v.* 拖曳
pluck [plʌk] *v.* 拉
flawed [flɔːd] *adj.* 有缺陷的
cave [keɪv] *n.* 洞穴

精彩抢先看：假洛克要离开岛屿；假洛克试图杀杰克等人；假洛克找维德莫

Scene 4 假洛克黑烟设法离开岛屿

时间： 第 2 集 00:31:37 ~ 00:33:24
地点： 岛上雕像内部
人物： 本杰明，假洛克
事件： 本杰明在看到洛克的尸体之后，知道了现在的洛克是黑烟变的。

精彩亮点

1. 本杰明意识到面前站的人并不是洛克，而是黑烟，就说假洛克就是那个怪物。而假洛克说不要纠结于名字了，没有什么意义。

2. 本杰明指责假洛克因为自己杀不了雅各布，就逼自己去杀了他。但是假洛克说他并没有逼本杰明做任何事，本杰明是自愿的。事实上本杰明是因为自己对雅各布的怨恨才杀了他的。

3. 黑烟对本杰明说在本杰明杀"他"的时候，"他"感到非常困惑。本杰明以为黑烟说的是雅各布，但是黑烟说的其实是洛克，本杰明在洛杉矶把洛克勒死了。

4. 当815航班坠毁到岛上的时候，洛克是唯一一个不想离开的。讽刺的是黑烟变成了洛克的样子，他想要的唯一一件东西却是当初洛克不想要的，就是离开这座岛。

Locke: Let's not resort to ① **name-calling.** ☺₁

Benjamin: You used me. You couldn't kill him yourself. So you made me do it.

Locke: I didn't make you do anything. ☺₂ You should know... he was very confused when you killed him.

Benjamin: I seriously ② doubt that Jacob was ever confused.

Locke: I'm not talking about ③ Jacob. **I'm talking about John Locke.** ☺₃ Do you wanna know what he was thinking while you... choked life out of him, Benjamin? What the last thought that ran through his head was? "I don't understand." Isn't that just the saddest thing you ever heard? But it's fitting in a way ④. Because when Locke first came to the island, he was a very sad man. A victim, shouting at the world for being told what he couldn't do— Even though ⑤ they were right. He was weak, and pathetic and irreparably broken. But despite all that, there was something admirable about him. **He was the only one of them who didn't want to leave.** ☺₄ The only one who realized how pitiful the life he'd left behind ⑥ actually was.

Season 6 历史改变众人获救 | Scene 4 假洛克黑烟设法离开岛屿

译文

假洛克：我们不要纠结于名字了。

本杰明：你利用了我。你自己杀不了他。所以你逼我杀了他。

假洛克：我没有逼你做任何事。你应该知道……你杀他的时候，他非常困惑。

本杰明：我很怀疑雅各布会有困惑的时候。

假洛克：我不是在说雅各布。我在说约翰·洛克。你想知道他在被你勒死的时候在想什么吗？本杰明。他临死前最后的一个想法是什么？"我不明白。"这难道不是听过的最悲哀的事吗？不过在某种意义上还是挺适合他。因为当约翰·洛克第一次来到岛上的时候，他就是一个非常难过的人。作为一个受害者，他不停地朝那个告诉他他不行的世界呐喊——即使他们是正确的。他软弱、可悲、心碎。但是尽管那样，他还是有令人钦佩之处。他是他们当中唯一一个不想离开的。他是唯一一个意识到他们抛下的生活是多么的可悲。

知识点拨

1. **resort to** 的意思是"诉诸"，还可以表示"依靠，求助于；常去"的意思。

2. **seriously** 的意思是"认真地，严重地，严肃地"，可以用来加强语气，表示"很，非常，极其"。单独使用的时候可以表示对别人的话的质疑，可以翻译成"你是认真的吗？"

3. **talk about** 的意思是"谈论，谈及，讨论"，还可以表示"议论，讲……的闲话；说起想……，考虑要……"的意思。

4. **in a way** 的意思是"在某种程度上，在某种意义上；有几分，有点儿"，也可以用 in a kind（或 sort）of way。

5. **even though** 的意思是"虽然，即使"，even though 和 even if 均可用于引导让步状语从句。even though 引导的从句内容往往是真实的，主要用于引出不利于主句情况的信息。

6. **leave behind** 的意思是"留下，丢下；忘记，忘记带走"，还可以表示"把……丢在后面；超过；留下（某人或某物）"的意思。

词汇加油站

choke [tʃoʊk] v. 使窒息
victim ['vɪktɪm] n. 受害人
irreparably [ɪ'repərəbli] adv. 不能恢复地
pitiful ['pɪtɪfl] adj. 可怜的
fit [fɪt] v. 与……相符
pathetic [pə'θetɪk] adj. 悲哀的
admirable ['ædmərəbl] adj. 令人钦佩的

精彩抢先看：假洛克要离开岛屿；假洛克试图杀杰克等人；假洛克找维德莫

片段二

时间： 第14集 00:28:30 ～ 00:29:22
地点： 潜艇内
人物： 杰克，萨伊德，詹姆斯，弗兰克
事件： 假洛克给杰克的包里偷放了一个炸弹，杰克将炸弹带进了潜艇。假洛克希望将他们杀死，这样自己就可以离开这个岛屿了。

精彩亮点

1
杰克等人已经登上了潜艇，正在向下潜入，但是发现了炸弹。炸弹上的定时器显示还有三分钟就要爆炸了，所以他们没有时间升上海面将炸弹扔出去了。

2
萨伊德说从技术上讲炸弹是可以拆除的，詹姆斯就问他"技术上吗？"意思就是说实际上能不能拆除是不确定的。

3
听到萨伊德的话，詹姆斯就让萨伊德让开，自己要把炸弹的电线拔出来，以此来拆除炸弹，但是杰克却阻止了他。

4
杰克认为假洛克是杀不了他们的，所以只要什么也不做就不会有事。相反，他们自己拔出电线反而会启动炸弹。杰克是对的，但是詹姆斯没有听他的，最终导致炸弹爆炸。

Frank: At least① five minutes.
James: We ain't got five minutes.☺1 What's it gonna be, Sayid?
Sayid: These wires— they're leads from the watch. If we disconnect them from the battery, technically speaking, the bomb should be inert.
James: "Technically"?☺2
Sayid: Yes, but you need to pull them out② simultaneously, and I'm not sure...
James: Step aside.
Jack: No, wait. Wait.☺3
James: What the hell are you doing, doc?
Jack: Nothing's gonna happen. Don't pull those wires out. We're okay.
James: If I don't pull these wires, Locke's gonna blow us to kingdom come③.
Jack: No, he's not! Locke can't kill us.☺4 This is what he wanted. This is what he's been waiting for.④ Everything that he has done has been to get us here. He wanted to get us all in the same place at the same time⑤, a nice enclosed space where we had no hopes of getting out of⑥.

Season 6 历史改变众人获救 | Scene 4 假洛克黑烟设法离开岛屿

译文

弗兰克：至少五分钟。

詹姆斯：我们没有五分钟了。怎么办，萨伊德？

萨伊德：这些导线，是连接手表的导线。要是把它们和电池切断，从技术上讲，炸弹应该就可以拆除了。

詹姆斯：技术上讲？

萨伊德：是的，但是需要同时将线拔出，而且我不确定……

詹姆斯：让开。

杰克：不，等等，等等。

詹姆斯：你要干什么，医生？

杰克：什么也不会发生的，不要拔出电线，不会有事的。

詹姆斯：我要是不拔这些电线的话，洛克就要把我们炸死了。

杰克：不，不会的。洛克杀不了我们，这就是他想要的，这就是他一直等的东西。他所做的所有事就是为了把我们带到这一步。他想要让我们在同一时间聚在一个地方，一个封闭的我们无法逃脱的空间。

知识点拨

1. at least 的意思是"最少，至少，起码"，也可以用作 at the very least，通常用于句首，口语中也可以被用在句尾。

2. pull out 的意思是"拉出，拔出；去掉，把……分开，可以被分开"，还可以表示"逃避责任，背约；撤退，撤走，退出"的意思。

3. kingdom 在宗教中可以表示"天国"的意思，kingdom come 的字面意思就是"天国来临"，就是表示"来世，天国"，常用来委婉地指死亡。

4. wait for 的意思是"等待，等候"，wait 是不及物动词，后面必须加上与这个动词搭配的介词才能接宾语，而与 wait 搭配的介词就是 for。

5. at the same time 在这里表示"同时，一齐"的意思，表示两者以上的动作同时开始或进行，主要强调某一片刻时间；还可以表示"但是，然而"的意思，主要用于意义的转折，对刚才提到的情况从某一方面加以说明。

6. 这里用 get out of，而不用 get out，是因为这是一个 where 引导的从句，a nice enclosed space 实际上是 get out of 的宾语。

词汇加油站

lead [liːd] *n.* 导线
technically [ˈteknɪkli] *adv.* 技术上
simultaneously [ˌsaɪmlˈteɪniəsli] *adv.* 同时地
disconnect [ˌdɪskəˈnekt] *v.* 断开
inert [ɪˈnɜːrt] *adj.* 无效的
enclosed [ɪnˈkloʊzd] *adj.* 与世隔绝的

精彩抢先看：假洛克要离开岛屿；假洛克试图杀杰克等人；假洛克找维德莫

时间： 第16集 00:17:54～00:20:31
地点： 本杰明岛上住处
人物： 维德莫，本杰明，迈尔斯，理查德，假洛克
事件： 本杰明和维德莫等人在本杰明的住处，维德莫的手下发现变成洛克样子的黑烟正在往这个地方来，于是大家都在想办法应对他。

1
在变成洛克的黑烟前往本杰明的住处的时候，维德莫主张藏起来，本杰明要去外面和假洛克做个了断。迈尔斯说："你们的办法都很好，但是我还是保命要紧"。意思就是你们爱怎么样怎么样，反正他要跑路了。

2
维德莫告诉本杰明如果他不躲起来，去到外面见到假洛克，假洛克一定会杀了他。本杰明表示自己的想法很坚定，那么这次见面就是他们的最后一面了。

3
理查德也表示要到外面去想办法带假洛克离开这里。理查德去了外面后被黑烟甩到不知道哪里去了。然后本杰明就坐在外面的椅子上等假洛克。

4
当假洛克承诺给本杰明好处的时候，本杰明转眼就把维德莫出卖了，告诉了假洛克维德莫在自己的密室里。

Widmore: There's no time.① Linus has a hidden room. Come on. What are you waiting for?

Benjamin: I'm not interested in hiding. He's gonna find me sooner or later anyway. I'd rather② have it over with.

Miles: These are both great plans, but I'm gonna go with surviving.☺₁ If you need us, we'll be running through③ the jungle.

Benjamin: Miles, wait. Give me your walkie-talkies. Thank you. In case④ I need you.

Widmore: He's gonna kill you. You know that.

Benjamin: Then I guess this is good-bye.☺₂ Care to⑤ join me outside while⑥ I wait for the inevitable?

Richard: I'm gonna talk to him. I know this man. All he wants is for me to join him, and if I can get him to leave with me, maybe that'll give the rest of you a chance.

Miles: Good luck with that.☺₃

Locke: Just the man I was looking for.

Benjamin: Well, you found me. Can I get you a glass of lemonade?

Locke: I need you… to kill some people for me, Ben.

Benjamin: And why would I do that?

Locke: Because once I leave this island, you can have it all to yourself.☺₄

Season 6 历史改变众人获救 | **Scene 4 假洛克黑烟设法离开岛屿**

译文

维德莫：没时间了。林纳斯有一间密室。来吧，你在等什么？

本杰明：我不想躲起来。不管怎么样，他迟早会找到我的。我宁愿来个了断。

迈尔斯：两个计划都很好，但我还是保命要紧。如果你需要我们的话，我们会穿过林子。

本杰明：迈尔斯，等一下。（对维德莫说）把你的对讲机给我。谢谢。（把对讲机给迈尔斯）以防万一我需要你。

维德莫：他会杀了你的，你知道的。

本杰明：那我想这就是永别了。（对理查德说）想要加入我，去外面等假洛克吗？

理查德：我去和他谈，我了解这个人。他想要的就是让我入伙，如果我能让他和我一起离开，也许可以给你们一个逃跑的机会。

迈尔斯：祝你好运。

假洛克：正是我要找的人。

本杰明：你找到我了。来杯柠檬水吗？

假洛克：我要你……帮我杀一些人，本。

本杰明：我为什么要那么做呢？

假洛克：因为我一旦离开了这座小岛，它就是你的了。

知识点拨

1. there be 句型的否定句有两种构成方式，一种是将否定副词 not 放在 be 之后，另一种是在主语前加上不定代词 no。there be no+ 名词单/复数/不可数名词皆可以，there be not+（a+ 名词单数）/复数/不可数名词。

2. would rather 意思是"宁愿，宁可，更，最好，还是为好"，后接动词原形，常省略为 'd rather。如果在两者中进行取舍，表示"宁愿……而不愿……，与其……宁可……"的意思时，则可用 would rather...than... 或 would...rather than... 的句型。

3. run through 的意思"跑着穿过"，还可以表示"贯穿，普遍存在；（使）刺穿，穿透；（使）流过；（往事等）萦绕于（脑中）"。

4. in case 的意思是"万一，以防，如果"，引导条件状语从句。in case of 的意思是"如果，万一"，后接名词、代词或动名词。

5. care to do 的意思是"喜欢，愿意"，在表示"关怀，照顾"的时候，要用 care for。在表示"介意，计较"等意思的时候，要用 care about，后面一般接表示事物的词。

6. while 强调同时性或某时间段内一种情况发生时另一种情况出现。与延续性动词连用；when 可与延续或非延续性动词连用，也可用于强调"当时"，"这时"之意；as 强调同时性，指"一边……一边……"，表示一件事情发生，另一件事情立刻发生。

 词汇加油站

hidden ['hɪdn] *adj.* 隐藏的
jungle ['dʒʌŋgl] *n.* 丛林
lemonade [ˌleməˈneɪd] *n.* 柠檬水
anyway ['eniweɪ] *adv.* 无论如何
inevitable [ɪnˈevɪtəbl] *adj.* 必然的
once [wʌns] *conj.* 一旦

精彩抢先看：黑烟试图杀雅各布；理查德杀雅各布未成功；雅各布和黑烟的谈话

Scene 5 黑烟与雅各布的纠葛

时间： 第9集 00:27:32～00:29:17
地点： 岛上
人物： 理查德，黑烟
事件： 1867年的时候，理查德的船来到了岛上。黑烟骗理查德说是雅各布带走了理查德的妻子，让理查德去杀了雅各布。

精彩亮点

1 理查德的船冲到了岛上的陆地。他被铁链锁着，黑烟拿出钥匙，说是在外面的船员身上找到的，应该可以打开理查德的锁链。

2 黑烟的意思是，只有理查德答应自己的要求，他才会给理查德解开锁链，很明显是在交换条件。

3 理查德已经很久没有吃东西了，所以身体很虚弱。黑烟把理查德扶起来之后，带他出去，给他弄了东西吃，理查德的体力才恢复了。

4 黑烟对于理查德的要求就是去杀了魔鬼，而他口中的魔鬼就是雅各布。因为他自己不能杀了雅各布，所以需要借别人之手。

Black Smoke: As luck would have it…① I found these on one of these officers outside.☺₁ I think they'll work. Before I try, I need to know that you will help me.☺₂

Richard: Yes. Yes. Of—of course.

Black Smoke: You'll do anything I ask?

Richard: Yes. Yes, anything. Yes, I promise.

Black Smoke: Then we're agreed. Of course, my friend. It's good to see② you out of these chains. Let's get you on your feet③. You're gonna need your strength if we're going to escape.☺₃

Richard: Escape?

Black Smoke: That's right. I'm afraid there's only one way to escape from hell. You're going to kill the devil.☺₄ When you're finished eating④, you'll walk due west. Once you get to the ocean, you'll able to see the statue.

Richard: The statue?

Black Smoke: Your ship smashed through it on its way⑤ inland, broke it into⑥ pieces.

Season 6 历史改变众人获救 | **Scene 5 黑烟与雅各布的纠葛**

译文

黑　烟：幸运的是，我在外面的一个船员身上发现了这些。我觉得可以把锁打开，但是开锁前，我需要知道你会不会帮我。

理查德：是的，是的。当然。

黑　烟：你会照我说的做？

理查德：是的，是的，任何事都照你说的做。是的，我保证。

黑　烟：那我们达成一致了。好的，朋友。很高兴看到你摆脱了这些枷锁，试着站起来，要逃离出去的话你要有体力。

理查德：逃离？

黑　烟：是的。要逃离地狱，恐怕只有一个办法，你必须要杀死魔鬼。你吃完以后，一直朝正西走。到达海边之后，你会看见一座雕像。

理查德：雕像？

黑　烟：你们的船上岸的时候把它撞碎了，撞得粉碎。

知识点拨

1. as luck would have it 是一个固定的短语，意思是"碰巧，真幸运，侥幸"，也可以表示"不巧，真倒霉"的意思。

2. it is +*adj.* +to do sth. 结构当中，it 是形式主语，真正的主语是动词不定式 to do sth.。如果把真正的主语放在前面，那么整个句子就显得头重脚轻。因此，就用 it 作为先行主语。

3. on your feet 的意思是"站起来"，经常用的短语有 think on your feet，表示"立刻作答，头脑反应很快，脑子很快，才思敏捷，行动迅速果断"。

4. 这句是 when 引导的时间状语从句。when 可以和延续性动词连用，也可以和短暂性动词连用；而 while 和 as 只能和延续性动词连用。when 引导的从句的谓语动词可以在主句谓语动作之前、之后或同时发生；while 和 as 引导的从句的谓语动作必须是和主句谓语动作同时发生。

5. on one's way 意思是"在路上，在途中，即将出发"，在口语中还可以表示"（胎儿）即将出生，怀孕"。

6. break into 在这里的意思是"打破"，这个短语也可以用来表示"闯入；破门而入；打断（谈话等）；打扰……"。

 词汇加油站

chain [tʃeɪn] *n.* 枷锁
due [duː] *adv.* 正（置于方位词前）
smash [smæʃ] *v.* 粉碎
escape [ɪˈskeɪp] *v.* 逃避
statue [ˈstætʃuː] *n.* 雕像
inland [ˌɪnˈlænd] *n.* 内陆

精彩抢先看：黑烟试图杀雅各布；理查德杀雅各布未成功；雅各布和黑烟的谈话

片段二

时间： 第9集 00:35:40～00:37:20
地点： 海滩
人物： 雅各布，理查德
事件： 理查德来到岛上，黑烟让他去杀雅各布。雅各布在和他谈话之后，让他做了自己的代表。

精彩亮点

1
雅各布说瓶子里面有各种不好的事物，一旦被放出来就会扩散，在这里应该指的是黑烟，而岛屿将黑烟困住不能扩散。

2
雅各布将这些人带到岛上的原因是因为和黑烟之间的纠葛，他是想向黑烟证明，人不都是堕落的。其实黑烟是雅各布的双胞胎兄弟，黑烟相信人性本恶，雅各布认为黑烟是错的。

3
雅各布说理查德的船是自己开到岛上的，还有其他很多人，但是他们都死了。理查德就说雅各布应该帮助他们，不能看着他们死掉。如果他不帮助他们的话，黑烟就会插手来到岛上的人的生活。

4
雅各布觉得理查德说的有道理。于是就让理查德做自己的代表，来和岛上的人沟通。作为回报他让理查德永远不死，从这时开始理查德就保持了现在的年龄和样貌。

Jacob: There's many other names for it, too. Malevolence, evil, darkness, and here it is, swirling around in the bottle, unable to get out①. **Because if it did, it would spread.** ☺₁ The cork… is this island. And it's the only thing keeping the darkness… where it belongs. That man who sent you to② kill me believes that everyone is corruptible because's in their very③ nature to sin. **I bring people here to prove him wrong.** ☺₂ And when they get here, their past doesn't matter.

Richard: Before you brought my ship, there were others?

Jacob: Yes, many. They're all dead.

Richard: But if you brought them here, why didn't you help them?

Jacob: Because I wanted them to help themselves④… To know the difference between right and wrong without me having to tell them. It's all meaningless if I have to force them to do⑤ anything. Why should I have to step in⑥?

Richard: If you don't, he will. ☺₃

Jacob: Do you want a job? **Well… If I don't want to step in, maybe you can do it for me.** ☺₄

Season 6 历史改变众人获救 | Scene 5 黑烟与雅各布的纠葛

译文

雅各布：它还有许多其他的名字。恶意，邪恶，黑暗，它在这里，在瓶子里打转，不能出来。如果它跑出来的话，就会扩散。瓶塞就是这个岛，这是唯一的可以将黑暗困在属于它的地方的东西。那个让你来杀我的人认为每个人都是堕落的，因为人性本恶。我将人带到岛上证明他是错的。当人们到达这儿的时候，他们的过去就不重要了。

理查德：在你把我的船带到这里之前，还有其他人吗？

雅各布：有，很多。他们都死了。

理查德：你把他们带到这个岛上，你为什么不帮助他们？

雅各布：因为我想让他们自己帮助自己……不用我告诉他们，我想让他们自己能分辨出对和错。如果我逼他们做任何事的话，这一切都没有意义了。我为什么要介入呢？

理查德：你不插手的话，黑烟他会插手。

雅各布：你想要一个工作吗？要是我不想插手的话，也许你可以帮我做。

知识点拨

1. get out 的意思是"(使)出来，(使)出去"，还可以表示"(使)下车；泄露；把……复印，出版，发行"的意思。

2. send sb. to do sth. 意思是"让某人去做某事"，这里 do sth. 是目的。send sb. doing sth. 意思是"让某人开始做某事"，这里 sth. 只是强调一个动作，并非目的。

3. 形容词 very 用来表示强调，意思是"最……的"，还可以表示"恰好的"。

4. themselves 是第三人称复数的反身代词，通过指代主语，使施动者把动作在形式上反射到施动者自己身上。

5. force sb. to do 和 force sb. into doing 意思一样，是"强迫某人做某事"，make sb. do 也有这样的意思，但 force 比 make 的强迫性大。

6. step in 的意思是"插手，介入，干涉"，还可以表示"走进，串门，登门造访；伸脚穿进"的意思。

malevolence [məˈlevələns] *n.* 恶意
bottle [ˈbɑːtl] *n.* 瓶子
corruptible [kəˈrʌptəbl] *adj.* 易堕落的
swirl [swɜːrl] *v.* 打旋
cork [kɔːrk] *n.* 瓶塞
meaningless [ˈmiːnɪŋləs] *adj.* 无意义的

精彩抢先看：黑烟试图杀雅各布；理查德杀雅各布未成功；雅各布和黑烟的谈话

时间： 第 15 集 00:22:16～00:24:11
地点： 岛上
人物： 雅各布，黑烟
事件： 雅各布来看黑烟，黑烟说他发现了可以离开岛屿的方法。

精彩亮点

1 雅各布到岛屿的另一端，站在高处看着黑烟等人的生活。黑烟就问雅各布为什么要观察他们，他在看什么？

2 黑烟和雅各布是双胞胎，他们的生母来到岛上生下他们，然后就被养母给杀了。他们十几岁的时候，黑烟发现了这件事，就离开了养母，和岛上另一边的人生活在了一起，这时他还没有变成黑烟，还是个正常人。

3 黑烟在小时候就想要知道岛外是不是还有另一番世界，不过他的生母告诉他岛外什么都没有，但是他一直都想要找到离开岛屿的办法。

4 黑烟说自己发现了离开岛屿的办法，但是雅各布的第一反应就是没有办法离开这个岛屿，其实是他自己不想离开。

Black Smoke: Then I'm sorry I asked about ① her. **Why do you watch us, Jacob?** ☺1

Jacob: I watch because... I wanna know if mother's right.

Black Smoke: Right about what?

Jacob: About them.

Black Smoke: Oh, you mean my people. You wanna know if they're bad. **That woman may be insane, but she's most definitely right about that.** ☺2

Jacob: I don't know. They don't seem so bad to me.

Black Smoke: Well, that's easy for you so say. Looking down ② at us from above ③. Trust me. I've lived among ④ them for 30 years. They're greedy, manipulative, untrustworthy... and selfish.

Jacob: Then why are you with them?

Black Smoke: They're means to an end.

Jacob: What end?

Black Smoke: I'm leaving, Jacob. **I found a way off the island.** ☺3

Jacob: **No, it's impossible.** ☺4 There is no way ⑤ off the island.

Black Smoke: There are very smart men among us... men who are curious about how things work. Together, we have discovered places all over ⑥ this island, where metal behaves strangely.

286

译文

黑　　烟：很抱歉提起她，你为什么要观察我们，雅各布?
雅各布：因为我想知道母亲是不是对的。
黑　　烟：什么是不是对的?
雅各布：他们。
黑　　烟：你的意思是我的人。你想知道他们是不是坏人。那个女人可能是个疯子，但是对于这一点她肯定是对的。
雅各布：我不知道，在我看来他们不是那么坏。
黑　　烟：你说得容易。妈妈从高处远远地看着我们，相信我。我在他们中间生活了30年，他们贪婪、狡诈、不可信任还自私。
雅各布：那你为什么还和他们待在一起。
黑　　烟：他们能帮我达到目的。
雅各布：什么目的?
黑　　烟：我要离开了，雅各布。我找到离开岛屿的方法了。
雅各布：不，不可能。是没有办法离开岛的。
黑　　烟：在我们当中有非常聪明的人，他们对事物的运作非常好奇。我们一起走遍了整座小岛，金属在有的地方表现得很奇怪。

知识点拨

1. ask about 的意思是"打听，询问，探询，问及，问到"。ask about sth. (sb.) 意为"询问有关某人或某事的情况"。ask for sth. 意为"要求得到某物或要求与某人见面"。ask sb. for sth. 即"向某人要某物或请某人给某物"。

2. look down 的意思是"朝下看"，还可以表示"俯瞰，俯视；用目光慑服某人；跌价，价格看跌"。

3. above 在这里的意思是"在……上方，高于"，与 below 相对。还可以表示在地位、级别、能力、资历、重要性等方面"超过，在……之上，比……强"。

4. among 用于三者或三者以上的"在……中间"，其宾语通常是一个表示笼统数量或具有复数（或集合）意义的名词或代词；而 between 主要指两者之间，其宾语往往是表示两者的名词或代词，或者是由 and 连接的两个人或物。

5. no way 的意思是"没有方法"，在口语中单独使用的时候，可以表示"不，无论如何不，决不"。

6. all over 的意思是"到处，遍及"，还可以表示"四处传播；在……所有部分，在……各地，在整个……，全身，浑身；在各个方面，无论从哪个方面"的意思。

词汇加油站

greedy [ˈgriːdi] *adj.* 贪婪的
untrustworthy [ʌnˈtrʌstwɜːrði] *adj.* 不能信赖的
metal [ˈmetl] *n.* 金属
manipulative [məˈnɪpjəleɪtɪv] *adj.* 操纵的
selfish [ˈselfɪʃ] *adj.* 自私的
behave [bɪˈheɪv] *v.* 表现

精彩抢先看：凯特逃跑卸掉手铐；克莱尔延缓生产；詹姆斯向迈尔斯撒谎

Scene 6 岛外世界众人的生活

时间：第 3 集 00:08:35 ~ 00:09:22
地点：汽车修理厂
人物：凯特，修理工
事件：凯特被警察从悉尼坐飞机押回洛杉矶，到达机场之后以上洗手间为由逃跑，然后来到一个汽车修理厂将手铐卸掉了。

精彩亮点

1 凯特戴着手铐持枪对着汽车修理工，问他轮胎锤在哪，要砸开手铐。修理工看见凯特的手铐，就说："看来你有麻烦啊。"即手上戴着手铐需要去掉。

2 凯特要找轮胎锤砸开手铐，修理工告诉她那样不行，得用冲压机弄开。本来他可以帮凯特，但是凯特一开始就用枪指着他，让他觉得很不舒服。所以凯特说给他 200 美元作为回报。

3 凯特说自己是犯了谋杀罪，所以被通缉戴上了手铐，修理工觉得很诧异，用疑惑的口气问"谋杀吗？"，他觉得凯特的样子不像一个杀人犯。

4 修理工帮助凯特将手铐去掉之后，凯特说"你不会碰巧也有地方让我换衣服吧？"意思是说遇到这个修理工可以帮她弄掉手铐，那就好人做到底，是不是也可以让她借地方换个衣服。

Repairman: You got a problem.☺₁
Kate: So do you.① Where's your tire hammer?
Repairman: Tire hammer'll just cut off② your wrists. Your problem is you need a punch press, and you're not gonna be able to use one of those and keep that gun pointed at me.
Kate: You volunteering?
Repairman: I got steady hands, but I kind feel like③ we got off on the wrong foot④.
Kate: I'll give you 200 dollars.☺₂
Repairman: Now hold still.
Kate: Thanks.
Repairman: So why the bracelets?
Kate: I'm wanted for⑤ murder.
Repairman: Murder?☺₃
Kate: You don't happen to⑥ have somewhere I could change,☺₄ do you?

288

Season 6 历史改变众人获救 | Scene 6 岛外世界众人的生活

译文

修理工：你有麻烦啊。
凯　特：你也是，你的轮胎锤在哪？
修理工：轮胎锤只会把你手腕弄断，你的麻烦得用冲压机解决，而且你用枪指着我是什么都做不了的。
凯　特：你愿意帮我？
修理工：我的手很稳，但是我觉得这种开局不太好吧。
凯　特：我给你 200 美元。
修理工：别动。
凯　特：谢谢。
修理工：你为什么戴着手铐？
凯　特：我因为谋杀被通缉。
修理工：谋杀？
凯　特：你不会碰巧也有地方让我换衣服吧，有吗？

知识点拨

1. so+do+ 主语，此句型为倒装结构，其主语与上文句子中的主语是不同的。so 代表上句中陈述的肯定内容，do 可以是连系动词、情态动词或助动词，且必须与上句中的谓语动词保持时态的一致，意思为"……也是如此"。

2. cut off 的意思是"切掉，割掉，砍掉，剪掉"，还可以表示"中断……的（电话）通话，打断；使夭折，使受重伤；使分离，使隔绝"。

3. feel like 的意思是"感觉好像"，feel like + 名词，意为"觉得好像……"；feel like + 物质名词，意为"摸上去像是……"；feel like + 名词/代词，意为"觉得想做……"；feel like + doing，意为"想做……"；feel like + 反身代词，意为"感到舒适；感觉身体好"，like 可省略。

4. on the wrong foot 的意思是"以不好的方式开始，出师不利"，前面衔接的词用 off, start 或者 catch 都可以。

5. 这里的 wanted 做的是形容词，表示的是"受通缉的"的意思，后面跟介词 for, for 后面跟通缉的原因。

6. happen to do sth. 的意思是"碰巧做某事，可巧做某事，凑巧做某事"，happen to sb. 的意思是"碰巧发生在某人身上"。

tire ['taɪər] n. 轮胎
wrist [rɪst] n. 手腕
volunteer [ˌvɑːlənˈtɪr] v. 自愿
bracelet ['breɪslət] n. 手镯

hammer ['hæmər] n. 铁锤
punch [pʌntʃ] n. 冲压机
steady ['stedi] adj. 稳定的

精彩抢先看：凯特逃跑卸掉手铐；克莱尔延缓生产；詹姆斯向迈尔斯撒谎

时间： 第3集 00:29:29～00:30:38
地点： 医院
人物： 克莱尔，医生
事件： 克莱尔来到洛杉矶寻找收养自己孩子的父母，结果他们已经不想要收养了，克莱尔受到刺激将要生产，被送到了医院，后来医生帮助她延缓了生产。

 精彩亮点

1　克莱尔要提前生产，医生觉得如果没有必要就不给她扎针，让她自然生产最好了。但是克莱尔没有准备好，因为这个孩子她本来就是要让别人收养的，结果别人变卦了，现在生下来她不知道该怎么办。

2　在给克莱尔做检查的时候，仪器突然显示胎儿没有心跳了。医生马上做检查，并告诉克莱尔可能只是孩子动了一下而已，胎儿非常健康。

3　克莱尔在情急之下喊出了自己腹中孩子的名字——亚伦，这个时候她应该还没有给孩子取名字，这个名字自然而然地冒了出来。其实这个名字正是克莱尔在岛上生产之后给孩子取的名字。

4　在做了检查之后，发现孩子只是动了一下，所以导致仪器显示心跳出现了问题。医生就开玩笑说，觉得这个孩子以后一定很顽皮。

Claire: If I want? So what, you mean—you mean you can stop it then?

Dr.: Maybe. However, to do that would require a number of① drugs.

Claire: Drugs? I mean, will that hurt the baby?

Dr.: No, they're perfectly safe. I just don't want to have to stick you with② needles if I don't have to. So it's up to③ you.

Claire: I'm—I'm not ready.①

Dr.: Okay. Let's get her started on④ the Nifedipine⑤ drip.

Claire: What is it?

Dr.: Margaret, let's do an ultrasound. I wanna get a picture of what's going on in there. **Ah, it—it could just mean the baby's out of position.**②

Claire: What are you saying? What's happening to my baby? Is my baby okay? **Is Aaron okay?**③

Dr.: See? There he is. Everything is just fine. Your boy just likes to move around, 140 B.P.M.⑥ Perfectly normal. **I'm having a feeling that Aaron is gonna be a handful.**④

Season 6 历史改变众人获救 | Scene 6 岛外世界众人的生活

译文

克莱尔：如果我愿意？那就是说，你可以阻止孩子出生？
医　生：有可能，但是得需要药物的帮助。
克莱尔：药？会伤到宝宝吗？
医　生：不，药物很安全。我只是觉得没必要的话就不用给你扎针了，所以取决于你。
克莱尔：我，我还没准备好。
医　生：好的。给她挂上硝苯地平点滴。
克莱尔：这是什么东西？
医　生：玛格利特，做个超声成像检查。我要看到子宫里面的画面。嗯，可能只是孩子挪了位置而已。
克莱尔：你在说什么？我的宝宝怎么了。我的宝宝还好吗？亚伦没事吧？
医　生：看到没？一切都很好。你儿子只是比较好动。心率140，完全正常。我有预感亚伦以后会很顽皮。

知识点拨

1. a number of 的意思是"若干"或"许多"，相当于 some 或 a lot of，和复数名词连用。必要时，unmber 前可以加上形容词 great, large, small, good 等。

2. 这里的 stick 的意思是"刺，戳"，stick 和 with 连用是一个短语，stick with 表示"坚持；继续做；保持联系"。

3. up to 的意思是"由……决定的"，还可以表示"多达；不多于，不迟于；可与某事物相比，比得上；有某种能力的，能胜任的"等意思。

4. start on 的意思是"开始（做某事），着手处理，从（做某事）为起点"，在英语口语中，还可以表示"用话攻击，找茬与……吵架"。

5. Nifedipine 的意思是"硝苯地平"，是第一代钙拮抗剂，为抗高血压、防治心绞痛药物，是20世纪80年代中期世界畅销的药物之一。

6. B.P.M. 是 Beat Per Minute 的缩写，意思是"每分钟的心跳次数"，健康成人的心率为60～100次/分，大多数为60～80次/分，女性稍快；3岁以下的儿童常在100次/分以上，老年人偏慢。

require [rɪˈkwaɪər] *v.* 需要
needle [ˈniːdl] *n.* 针
ultrasound [ˈʌltrəsaʊnd] *n.* 超音波
drug [drʌɡ] *n.* 药
drip [drɪp] *n.* 静脉滴注
move [muːv] *v.* 移动

精彩抢先看：凯特逃跑卸掉手铐；克莱尔延缓生产；詹姆斯向迈尔斯撒谎

时间： 第8集 00:07:26 ~ 00:08:37
地点： 警察局
人物： 詹姆斯，迈尔斯
事件： 詹姆斯在打电话找一个叫安东尼·库珀的人，迈尔斯问他是谁，詹姆斯撒了谎。

精彩亮点

1. 在历史改变后，詹姆斯和迈尔斯都是洛杉矶警察局的警察。詹姆斯在打电话找一个叫安东尼·库珀的人，看到迈尔斯过来，就把电话挂了。

2. 迈尔斯问安东尼·库珀是谁，其实这个人是詹姆斯的仇人，骗了他父亲的钱，导致他父亲开枪杀死他母亲后自杀。詹姆斯一直在找他，想要报仇。

3. 詹姆斯撒谎说安东尼·库珀是自己的一个老朋友，迈尔斯问他是不是在棕榈泉遇到的，詹姆斯没反应过来，因为实际上他上周末根本没去棕榈泉，而是去了澳大利亚，坐大洋航班815返回的。

4. 迈尔斯给詹姆斯安排了一场约会，女方在博物馆工作，其实就是夏洛特，后来詹姆斯去了。但是在岛上的时候，詹姆斯和夏洛特并没有什么暧昧关系。

James: Hello. Is this Anthony Cooper? Hi, Mr. Cooper. This is detective James Ford, L.A.P.D.① Yeah, we've discovered some unclaimed property that might belong to you. Can you verify you were in Alabama② in 1976? Okay, thanks. Sorry to have taken up your time. Bye-bye. Can I speak with Anthony Cooper? Sorry. I'm gonna have to call you back.☺₁

Miles: Who's Anthony Cooper?☺₂

James: Old buddy I ran into. Said he could hook me up with some Laker③ tickets.

Miles: That's cool. What, did you—you see him in Palm Springs④?

James: What?

Miles: Palm Springs? Your trip last weekend?

James: Yeah. It's a blur.☺₃ Too much sunshine. Too many mai tais⑤.

Miles: Well, get it together⑥, because you got a date tonight, pal.

James: Date with who?

Miles: Friend of mine, works with my dad at the museum.☺₄ She's great.

James: Well, if she's so great, why don't you go out with her?

Miles: Hey, I got a girlfriend. What is your deal, Jim? Do you wanna die alone?

292

Season 6 历史改变众人获救 | Scene 6 岛外世界众人的生活

译文

詹姆斯：你好。是安东尼·库珀吗？你好，库珀先生。我是洛杉矶警察局的警官詹姆斯·福特。我们发现一些无人认领的财物可能是属于你的。1976年的时候你在亚拉巴马州吗？好的，谢谢。抱歉占用您的时间。拜拜。（重新再打电话）我找安东尼·库珀。不好意思，我再打给您。

迈尔斯：谁是安东尼·库珀？

詹姆斯：我遇到的一个老朋友，他说可以帮我弄到几张湖人队的票。

迈尔斯：不错嘛，你在棕榈泉遇到他的？

詹姆斯：什么？

迈尔斯：棕榈泉？你上周末去旅行的。

詹姆斯：是啊，晕晕乎乎的。太多阳光，太多迈泰。

迈尔斯：好吧，打起精神来，因为你今天晚上有一个约会，兄弟。

詹姆斯：和谁啊？

迈尔斯：我的一个朋友，和我爸一起在博物馆工作，挺不错的。

詹姆斯：既然她这么好，你为什么不和她出去约会？

迈尔斯：嗯，我有女朋友了。你怎么了，吉姆？你想孤独终老吗？

知识点拨

1. L.A.P.D. 是 Los Angeles Police Department 的简称，意思是"洛杉矶警察局"。在电视剧和电影中经常可以看到这个词。
2. Alabama 是亚拉巴马州，州名来自印第安语，意为"我开辟了这一块荒林地区"。北接田纳西州，东接佐治亚州，南邻佛罗利达州，濒临墨西哥湾。
3. Laker 的意思是"湖人队"，是一支位于美国加利福尼亚州洛杉矶的篮球俱乐部，湖人这个名字来源于明尼阿波利斯的别称——千湖之地，指在美国东北五大湖工作或者居住的人。
4. Palm Springs 的意思是"棕榈泉"，棕榈泉市靠近洛杉矶东南方大约120英里。位于科罗拉多沙漠的山谷以内，是沙漠旁的绿洲城市。
5. mai tais 的意思是"迈泰鸡尾酒"，指的是来自加勒比海的一种饮料。
6. get it together 在口语中经常表示"圆满地处理（或组织）某事；振作；集中精力；调和精神，调和身心状态"。

词汇加油站

unclaimed [ˌʌnˈkleɪmd] *adj.* 无人认领的
verify [ˈverɪfaɪ] *v.* 核实
hook [hʊk] *v.* 钩住
pal [pæl] *n.* 朋友
property [ˈprɑːpərti] *n.* 财产
buddy [ˈbʌdi] *n.* 密友
date [deɪt] *n.* 约会

精彩抢先看：维德莫把德斯蒙德放进电磁场；假洛克绑架德斯蒙德；德斯蒙德使最后一招

Scene 7 德斯蒙德之神秘作用

时间： 第 11 集 00:03:43 ～ 00:06:22
地点： 岛上实验室
人物： 德斯蒙德，维德莫，佐伊，工作人员 1，工作人员 2，工作人员 3
事件： 维德莫要对德斯蒙德做测试，看他是否能在强大的电磁场中活下来。

精彩亮点

1 维德莫要对德斯蒙德做测试，于是手下人开始准备。这里的 Angstrom 是一只兔子，要先把兔子放进电磁场做一下实验。

2 西蒙斯去电磁场的屋子做检查了，开电源的工作人员不知道，就把电源打开了。然后大家冲过来看西蒙斯的时候，他已经被烧焦了，死了。

3 大家都看见了烧焦的尸体，但是维德莫还是把德斯蒙德扔进了电磁场。虽然看起来这样会弄死德斯蒙德，但是维德莫还是要做测试，看德斯蒙德能否在强大的电磁场中活下来，这样就会有很大的作用。

4 德斯蒙德被扔进了强大的磁场中，工作人员问他身上有没有金属类的东西，比如钥匙和硬币等。

Worker 1: Guess what, Angstrom①? You're going in there next.①₁

Worker 2: Found it! It's a bad breaker on the genny. Bringing it back online now.

Zoe: No. No.

Worker 1: Turn it off②! Turn it off!

Zoe: Oh, my God.②₂

Widmore: Zoe, are we ready? Stop. You can take him now. Thank you. Put him inside.

Desmond: No! Hey! What the hell are you doing?

Widmore: I know how this looks, Desmond.③₃ But if everything I've been told③ about you is true, you'll be perfectly fine.

Worker 3: You don't have any metal on you, do you? Keys? Change?④₄

Widmore: Of course he doesn't, you idiot. I hate to ④ resort to forcing this upon ⑤ you, Desmond... but once it's over, I'm going to ask you to make a sacrifice. And I hope, for all our sakes ⑥, you'll help me.

Season 6 历史改变众人获救 | Scene 7 德斯蒙德之神秘作用

译文

工作人员1：你猜怎么着，埃斯特伦。下一个进去的就是你。

工作人员2：找到了。发电机的断路器坏了。马上启动。

佐　　伊：不。不。

工作人员1：关掉！关掉！

佐　　伊：天呐！

维　德　莫：佐伊，准备好了吗？停下来。你们现在可以把他带走了。谢谢！把他带进去。

德斯蒙德：不！你们到底要干什么？

维　德　莫：我知道这看起来很危险，德斯蒙德，但是如果我得知的关于你的事是真的，你就不会有事的。

工作人员3：你身上没有金属物品吧？钥匙？硬币？

维　德　莫：他当然没有了，傻子。我不想强迫你，德斯蒙德……但是一旦这个结束了，我需要请你做一些牺牲。我希望为了我们着想，你可以帮我。

知识点拨

1. 埃斯特伦，是用来做实验的兔子的名字。

2. turn off 意思是"关掉"，是个固定短语，可以表达"关闭，关掉，关上（水源、煤气、电源等）；突然（或无意识地）收敛（或停止）（笑容）"等意思。

3. 是一个现在完成时的被动语态，由"have/has+been+ 过去分词"构成，意思是"我被告知"。

4. hate to do 强调某一次的行为，具体的一次或者特指。hate doing 表示"一直都讨厌的"。

5. force sth. upon sb. 的意思是"强加于，强迫……接受"，等同于 force on。用 force into 也可以表达"迫使（某人）（做某事）；迫使（某人）进入"的意思。

6. for the sake of 的意思是"为了，为了……的利益"，sake 的意思是"利益"。

词汇加油站

guess [ges] *v.* 猜测
genny [ˈdʒini] *n.* 发电机
perfectly [ˈpɜːfɪktli] *adv.* 完美地
breaker [ˈbreɪkər] *n.* 断路器
hell [hel] *n.* 究竟
sacrifice [ˈsækrɪfaɪs] *n.* 牺牲

精彩抢先看：维德莫把德斯蒙德放进电磁场；假洛克绑架德斯蒙德；德斯蒙德使最后一招

时间： 第12集 00:16:20～00:17:30
地点： 岛上
人物： 假洛克，德斯蒙德，萨伊德
事件： 萨伊德将德斯蒙德从维德莫那里弄了出来，带回到了假洛克那里，于是假洛克问德斯蒙德为什么维德莫把他带回岛上。

精彩亮点

1. 萨伊德将德斯蒙德绑在树上，防止他逃跑。这时萨伊德被感染了，心智有些迷失，很听假洛克的话，所以就把德斯蒙德弄来了。

2. 德斯蒙德在被电磁波击晕的时候，看到了815航班没有坠毁情况下人们的生活，在另一个世界中他们都很好。假洛克觉得德斯蒙德不逃跑的理由非常合理，于是就给德斯蒙德松绑了。

3. 假洛克回过头看萨伊德，意思是问他可以想办法逼问维德莫吗？萨伊德回答说，维德莫有警卫，意思就是不可以。

4. 假洛克害怕德斯蒙德不跟他说实话，就问他知不知道他是谁。德斯蒙德说"当然"的时候，假洛克有些惊讶，但是在听到德斯蒙德说自己是约翰·洛克的时候，就放心了。

Desmond: Although as ① I explained to him before he left, **I have nowhere to run, brother.** ☺₁

Locke: Well, if that's not the best argument against captivity that I've heard, **I don't know what is.** ☺₂ Do you mind if I ask you a couple questions, Desmond?

Desmond: Not at all ②.

Locke: Why did Charles Widmore bring you back ③ to the island?

Desmond: Considering ④ I was kidnapped, you'd have to ⑤ ask him.

Sayid: **They had him under armed guard.** ☺₃

Desmond: He threw me into a wood shack and blasted me with a massive amount of electromagnetism.

Locke: If you don't mind my asking, Desmond, how can you be sure what it was that he blasted you with?

Desmond: Experience.

Locke: Do you know who I am? ⑥

Desmond: Of course, **you're John Locke.** ☺₄

Season 6 历史改变众人获救 | Scene 7 德斯蒙德之神秘作用

译文

德斯蒙德：虽然在他离开之前我跟他解释过，我无处可去啊，兄弟。

假洛克：如果这不是反对囚禁最好的理由的话，我就不知道还有什么是了。介意我问你几个问题吗？德斯蒙德。

德斯蒙德：问吧。

假洛克：为什么查尔斯·维德莫把你带回这个岛上？

德斯蒙德：鉴于我是被绑架的，所以你得问他（维德莫）了。

萨伊德：他被武装保护着。

德斯蒙德：他把我扔进一个木屋，然后用大量的电磁波轰了我一番。

假洛克：如果不介意，问一下，德斯蒙德，你怎么能确定那是电磁波？

德斯蒙德：经验吧。

假洛克：你知道我是谁吗？

德斯蒙德：当然，你是约翰·洛克。

知识点拨

1. although 在这里做连接词，意思是"尽管，虽然"，引导状语从句。as 在这里的意思是"当……时"。这句话的意思是"虽然在他离开之前我跟他解释过"。

2. not at all 的意思是"根本不，完全不，一点儿也不"，可以用来回答 thank you，表示"没什么，别客气，哪儿话，不用谢"。

3. bring back 的意思是"把……带回来，拿回来，使（某人）回来，归还"，还可以表示"使被忆起，使被想起，使回忆起，使记起；使康复，使复原，使恢复原来状态（to）"的意思。

4. considering 经常用在句首，表示"考虑到，就……而论"，还可以用 by considering 来表达"通过综合考虑"。

5. have to 的意思是"必须，不得不，只好"，在这个意义上与 must 很接近，但 must 表示的是说话人的主观看法，而 have to 表示的却是客观需要。

6. know 是动词，后面 who 引导的是一个宾语从句，宾语从句要用陈述语序，连接代词/副词＋主语＋谓语＋其他成分，所以在这里用的是 who I am。

argument [ˈɑːrɡjumənt] *n.* 论证
kidnap [ˈkɪdnæp] *v.* 绑架
blast [blæst] *v.* 爆炸
captivity [kæpˈtɪvəti] *n.* 囚禁
shack [ʃæk] *n.* 棚屋
massive [ˈmæsɪv] *adj.* 大量的

精彩抢先看：维德莫把德斯蒙德放进电磁场；假洛克绑架德斯蒙德；德斯蒙德使最后一招

时间：第 16 集 00:24:54 ～ 00:26:42
地点：本杰明住处密室
人物：假洛克，维德莫，本杰明
事件：假洛克来到本杰明的住处，本杰明告诉了他维德莫藏在了自己的密室里，于是假洛克来到密室问维德莫为什么回到岛上。

精彩亮点

1. 假洛克想知道维德莫来岛上的目的是什么，但是维德莫不怕死，就不能用死来威胁他，所以假洛克就说要杀了维德莫的女儿。

2. 假洛克威胁维德莫要杀了他的女儿，来让维德莫说出来到岛上的原因。他跟维德莫保证只要说出来他就不会杀维德莫的女儿。但是维德莫表示空口无凭，他凭什么要相信假洛克。

3. 维德莫派马丁来到岛上抓本杰明，马丁用本杰明的女儿威胁他，后来把他的女儿杀了。本杰明将这笔账算在了维德莫的头上，非常恨维德莫。

4. 本杰明突然拔枪杀了维德莫，假洛克说看在维德莫已经把该说的都说了的份上，就不跟本杰明计较了。

Locke: Now, Charles, it's clear you're not afraid to die.☺₁ So there's only one way to motivate you to tell me what I want to know. Soon, this will all be over. I'll get what I want. And I'll finally leave this island. And when I do, the first thing I'm going to do is kill your daughter, Penny.

Widmore: You'll kill her whether I talk to you or not①.

Locke: No, I won't. I give you my word②.

Widmore: And I'm supposed to take your word?☺₂

Locke: You tell me why you came back here, and I won't hurt your daughter.

Widmore: I brought Desmond Hume back here because of③ his unique resistance to electromagnetism. He was a measure of last resort.

Locke: What do you mean, last resort?

Widmore: I'm not saying any more④ in front of him.

Locke: Well, then whisper to me.

Benjamin: He doesn't get to save his daughter.☺₃

Locke: Ben... you never cease to⑤ amaze me. Fortunately⑥, he had already told me what I needed to know. So... no harm done.☺₄

Season 6 历史改变众人获救 | **Scene 7 德斯蒙德之神秘作用**

译文

假洛克：现在，查尔斯，很明显你不害怕死。所以只有一个办法让你告诉我我想知道的事了。很快，这一切就会结束。我会得到我想要的，我最终会离开这个岛屿。一旦我离开了，我做的第一件事就是杀了你的女儿，潘妮。

维德莫：我说不说你都会杀了她。

假洛克：不，我不会，我跟你保证。

维德莫：那我就能相信你了吗？

假洛克：你告诉我你为什么回来，我就不会伤害你的女儿。

维德莫：我把德斯蒙德·休姆带回岛上，因为他对电磁有独特的抵抗力。他是最后的手段。

假洛克：什么叫最后的手段？

维德莫：我不会当着他的面再说什么了。

假洛克：好吧，小声告诉我。

本杰明：他不能救他的女儿。

假洛克：本……你总是让我惊喜。幸运的是，他已经告诉了我我需要知道的事了。所以，大家都平安无事。

知识点拨

1. whether... or not 的意思是"是……或者否"，可以表示"不管怎样，无论如何"。whether 可以和 or not 连在一起使用。

2. give my word 在口语中比较常见，相当于 I promise，意思是"我保证，我承诺"。

3. because of 和 because 的意思都是"因为，由于"，because of 是复合介词，其后可接名词或代词、动名词以及由关系代词型的 what 引导的从句等（但不能接 that 从句），because 后加从句。

4. not any more 的意思是"不再；不比……多"，等于 no more，强调程度和数量。not any longer 的意思也是"不再"，等于 no longer，但是强调的是时间。

5. cease to do sth. 的意思是"停止做某事"，有一句俗语是"Cease to struggle and you cease to live."，意思是"生命不止，奋斗不息"。

6. fortunately 的意思是"幸运地"，是副词在句首做状语。反义词 unfortunately 也可以这样使用。

词汇加油站

motivate ['moutɪveɪt] v. 激发……的积极性
measure ['meʒər] n. 措施
whisper ['wɪspər] v. 耳语
resistance [rɪ'zɪstəns] n. 抵抗力
resort [rɪ'zɔːrt] n. 手段
amaze [ə'meɪz] v. 使吃惊

精彩抢先看：假洛克要摧毁岛屿；雅各布的候选人要保护岛屿；假洛克需要德斯蒙德

Scene 8 摧毁与保护岛屿的争夺

时间： 第 16 集 00:41:15 ～ 00:42:34
地点： 岛上
人物： 假洛克，本杰明
事件： 假洛克和本杰明来找德斯蒙德，发现他已经被人救走了。

精彩亮点

1. 黑烟变成了洛克的样子，像正常人一样行走。本杰明就问他为什么不变成黑烟，这样就不用走路了。黑烟说脚在地上的感觉让他想起自己曾经是人。

2. 本杰明跟着假洛克走，看到假洛克往一口井那里走去，就问他是不是渴了要找水喝，其实假洛克是去找德斯蒙德的。

3. 假洛克曾经派萨伊德来到井这里将德斯蒙德杀掉，但是很明显萨伊德没有那么做，因为井里面并没有德斯蒙德的尸体。

4. 假洛克对本杰明说德斯蒙德是对付自己的最后一招，雅各布利用德斯蒙德来让自己不能离开岛屿。但是假洛克对于德斯蒙德没有死还感到很高兴，这让本杰明很奇怪。

Benjamin: If you can turn yourself into① smoke whenever you want, why do you bother walking?②

Locke: I like the feel of my feet on the ground. Reminds me that I was human.☺1 We're here.

Benjamin: Are you thirsty?☺2

Locke: This is the well I threw Desmond Hume into.

Benjamin: What's the matter?

Locke: I sent Sayid to kill Desmond. Obviously, he didn't.☺3

Benjamin: Looks like someone helped him out③.

Locke: No, Ben. Someone helped me out.③

Benjamin: What did Widmore say to you?

Locke: He said Desmond was a fail-safe. Jacob's last resort in case. God forbid.④ I managed to⑤ kill all of his beloved candidates—One final way to make sure⑥ that I never leave this place.

Benjamin: Then... why are you happy that he's still alive?☺4

Locke: Because I'm gonna find Desmond.

Season 6 历史改变众人获救 | **Scene 8 摧毁与保护岛屿的争夺**

译文

本杰明：要是你随时都可以变成黑烟，那为什么还要费劲走路？

假洛克：我喜欢脚走在地上的感觉，让我想起我曾经是人。我们到了。

本杰明：你渴了吗？

假洛克：这是我把德斯蒙德·休姆扔进去的那口井。

本杰明：怎么回事？

假洛克：我让萨伊德去杀掉德斯蒙德。很明显，他没有。

本杰明：看起来有人帮他了。

假洛克：不，本。是有人帮了我。

本杰明：维德莫跟你说了什么？

假洛克：他说德斯蒙德是最后的保障，是雅各布以防万一的最后一招。上帝保佑，我如果能成功地杀掉他所有的候选人——这是他阻止我离开岛屿的最后一个办法。

本杰明：那为什么他活着你还高兴呢？

假洛克：因为我要找到德斯蒙德。

知识点拨

1. turn into 的意思是"（使）成为，（使）变为，转变为"，还可以表示"（风）从……方向吹来；拐入，进入，走进，驶入"的意思。

2. bother (about) doing sth. 和 bother to do sth. 意思都是"费心做某事"，bother sb. with (about) sth. 意为"用某事麻烦某人"。go to the bother of doing sth. 即"费心做某事"。

3. help out 的意思是"帮助，帮助……解决困难，帮助……对付"，可以用 help sb. out 的结构。

4. God forbid (that) 是一个表达强烈愿望的否定句型，即"但愿上帝保佑某件坏事不要发生"，使用时需注意 that 后面不可再用否定句，以免出现双重否定的错误。

5. manage to do sth. 的意思是"设法做某事"，等于 succeed in doing sth.。

6. make sure 的意思是"确信，证实"，make sure to do sth. 就是 sure 后面跟动词不定式，有表示将来时的意味。

词汇加油站

ground [graʊnd] *n.* 地面
obviously [ˈɒbviəsli] *adv.* 明显地
beloved [bɪˈlʌvɪd] *adj.* 心爱的
matter [ˈmætər] *n.* 事件
fail-safe [ˈfeɪlseɪf] *n.* 自动防故障装置
final [ˈfaɪnl] *adj.* 最终的

301

精彩抢先看：假洛克要摧毁岛屿；雅各布的候选人要保护岛屿；假洛克需要德斯蒙德

时间： 第17集 00:06:46～00:07:30
地点： 岛上
人物： 杰克，詹姆斯，凯特，雨果
事件： 杰克自愿做了雅各布的接替者来保护岛屿，他告诉了詹姆斯等人雅各布让他们去保护岛屿心脏的亮光。

精彩亮点

1 最终杰克做了岛屿的保护者，雅各布让他去找岛屿中心的亮光。

2 雨果问如果黑烟把亮光熄灭会发生什么事，杰克回答："那就是我们的终点了。"意思就是光熄灭了，他们的生活也就到了尽头，就会死了。

3 凯特觉得假洛克要去熄灭光的话，为什么不早点儿去，还要等到现在。詹姆斯的猜测是正确的，假洛克自己做不到。

4 詹姆斯表示雅各布对于什么事都不说话，事实上也是这样的。雅各布总是让他们自己去摸索，自己去选择。而他们就像无头苍蝇一样到处乱撞，雅各布很少帮上什么忙。

Jack: He said I'd find the place that we need to① protect.

Kate: This place—what is it?

Jack: He called it the heart of island.☺1 All he said was that it's… It's a light.

Hugo: And that Locke smoke thing wants to put it out②?

Jack: Something like that, yeah.

Hugo: So what if he does?

Jack: Then that's it for all of us.☺2

Kate: But… but if Locke wants to put it out, then why hasn't he?☺3

James: Cause he ain't③ got what he needs. I'm guessing that'd be Desmond. That's where we were headed④ before your inauguration. Sayid said Locke tossed him in a well.

Jack: Jacob didn't say anything to me about Desmond.

James: Doesn't sound like he said anything about anything.☺4

Hugo: That's kinda true, dude. He's worse than⑤ Yoda⑥.

Season 6 历史改变众人获救 | Scene 8 摧毁与保护岛屿的争夺

译文

杰　克：他说我们会找到那个我们需要保护的地方。
凯　特：这个地方是什么？
杰　克：他把它叫作岛屿的心脏。他只是说那儿……会发光。
雨　果：变作洛克的黑烟想要把亮光熄灭？
杰　克：差不多。
雨　果：所以如果他做到了呢？
杰　克：那我们也就死定了。
凯　特：但是……如果洛克想要把它熄灭，为什么他没行动呢？
詹姆斯：因为他没有得到他想要的，我猜他想要的是德斯蒙德。在你的就职典礼之前我们正朝那儿走，萨伊德说洛克把他扔到了一口井里。
杰　克：雅各布没说关于德斯蒙德的任何事。
詹姆斯：听起来他什么事都没说过。
雨　果：真的，老兄。他比尤达都糟。

知识点拨

1. need to 是指"需要做"，to 后面可以直接加动词原形。当主语为某件事时，need 的用法就变成了 sth. need doing 或者是 sth. need to be done，表达的是一种被动的意义。

2. put out 的意思是"熄灭，扑灭；关掉"，还可以表示"花钱；贷（款）给某人；撵走，赶走，逐，开除，使（球员等）退场；使发怒，使不高兴；使不安，使担忧，使迷惑，使困惑"的意思。

3. ain't 原本是美国南部一帮粗人（但非原住民）说的话，现在趋于普遍，并且已经收入到了各类词典当中。最开始它是 am not 的缩写，最初写作 amn't，后由于发音连读问题变成了 ain't。

4. 这里的 where 引导的是表语从句，is 是系动词，where 在后面的表语从句中做地点状语。

5. worse 是 bad 的比较级，这个词比较特殊，不是在词的后面加 er。

6. Yoda 指的是"尤达"，电影《星球大战》系列中的人物，绝地委员会大师，隐居在行星达戈巴的沼泽中度过了他的余生。

词汇加油站

light [laɪt] *n.* 光
toss [tɔːs] *v.* 投掷
anything ['enɪθɪŋ] *pron.* 任何事
inauguration [ɪˌnɔːɡjə'reɪʃn] *n.* 就职典礼
well [wel] *n.* 井
true [truː] *adj.* 真实的

精彩抢先看：假洛克要摧毁岛屿；雅各布的候选人要保护岛屿；假洛克需要德斯蒙德

时间： 第17集 00:11:54～00:12:53
地点： 岛上
片段三
人物： 本杰明，假洛克，詹姆斯
事件： 詹姆斯来到井这里准备救德斯蒙德，但是遇到了假洛克和本杰明，然后发现德斯蒙德已经被别的人救走了。

精彩亮点

1 这句话的字面意思是，"你想和船一起沉下去吗？"詹姆斯的意思是如果岛屿被摧毁了，黑烟也会随着岛一起消失的，所以黑烟为什么要那么做？

2 假洛克说自己才不会跟岛屿一起沉落到海里去的，就是自己不会死。但是雅各布的候选人会。

3 詹姆斯说自己已经不再是雅各布的候选人了，因为杰克已经接替了雅各布，已经有了最终的人选，他们自然就不再是候选人了。然后他就抢了本杰明的枪走了。

4 假洛克曾经答应本杰明让他掌管这座岛，但是现在岛都要沉了，还掌管什么？不过假洛克依然表示和本杰明是一伙的，岛沉了本杰明可以和他一起走。

James: Looks like somebody beat us both to the punch①. Oh, well.

Locke: Do you know why I'm here?

James: I'm guessing you need Desmond to destroy the island.

Locke: That's absolutely right.

James: Then what, Smokey? You going down with the ship?☺1 Suicide doesn't seem like your style.

Locke: I'm not going down with anything. But you and the rest of Jacob's little candidates absolutely are.☺2

James: We're not candidates anymore.☺3 I'll be seein'ya②.

Benjamin: You're not gonna go after③ him?

Locke: I don't need to.

Benjamin: When you said you were gonna destroy the island, I thought you were speaking figuratively.

Locke: Because I said I'd leave you in charge④ once I was gone? I'm sorry if I left out⑤ the part about the island being on the bottom of⑥ the ocean. That being said, you're welcome to join me on my boat.☺4

译文

詹姆斯：看来有人比我们俩都抢先一步了。好极了。

假洛克：你知道我来这儿做什么吗?

詹姆斯：我猜你需要德斯蒙德来摧毁岛屿。

假洛克：十分正确。

詹姆斯：然后呢，黑烟？你想一起沉下去吗？自杀不像是你的风格。

假洛克：我不会和任何东西一起沉下去的。但是你和其他的雅各布的所谓的候选人绝对会。

詹姆斯：我们不再是候选人了，再见。

本杰明：你不去追他？

假洛克：用不着追他。

本杰明：当你说你要毁掉这座岛时，我以为你只是象征性地说一下。

假洛克：因为我说过我走后你可以掌管这座岛吗？抱歉我没有说这座岛会沉到海底去。也就是说，你可以跟我一起走。

知识点拨

1. beat to the punch 的意思是"捷足先登，先发制人，抢先下手"，还可以表示"先拔剑，先拔枪，比（对方）抢先拔出手枪，抢在（对方）之前拔出武器"。

2. see ya 就等于 see you，意思是"再见"。

3. go after 的意思是"追捕，追赶"，还可以表示"追求（某人）；努力赢得（某物）；谋求，力争"的意思。

4. in charge 的意思是"负责，主管，掌管，看管"，还可以表示"在拘留中，被关押，在……看管之下"的意思。

5. leave out 的意思是"省去，略去，删掉"，还可以表示"忽略，不加考虑；漏掉，遗漏；把……留在露天"的意思。

6. on the bottom of 意为"底下（如杯子外侧的底部）"，at the bottom of 即"底端（如在每一页的底部）"，in the bottom of "物体本身的底部（如杯子内侧的底部）"。

词汇加油站

absolutely [ˈæbsəluːtli] *adv.* 绝对地
suicide [ˈsuːɪsaɪd] *n.* 自杀
figuratively [ˈfɪɡjərətɪvli] *adv.* 象征性地
smokey [ˈsmoʊki] *adj.* 多烟的
speak [spiːk] *v.* 说话
ocean [ˈoʊʃn] *n.* 海洋

精彩抢先看：德斯蒙德寻回孤岛记忆；洛克寻回孤岛记忆；詹姆斯和朱丽叶寻回孤岛记忆

Scene 9 所有人寻回孤岛记忆

片段一

时间： 第 11 集 00:40:10～00:41:47
地点： 体育馆
人物： 德斯蒙德，潘妮，乔治
事件： 德斯蒙德来到体育馆找到潘妮，在和她握手的时候晕倒了，醒来之后就记起了岛上发生的事。

精彩亮点

1 德斯蒙德在和潘妮握手的时候晕倒了，潘妮开玩笑说，"一定是我的影响力太大，你才晕倒的。"德斯蒙德回答她说，"是的。"

2 潘妮问德斯蒙德他们之前是不是见过，但是德斯蒙德回答说，见过的话应该会记得，但是不记得有这回事，所以应该没见过。

3 德斯蒙德约潘妮出去喝咖啡，但是潘妮刚在体育馆跑完步，浑身是汗，觉得不方便。德斯蒙德表示他都在潘妮面前晕倒了，他自己也很尴尬，所以就当他们扯平了。

4 德斯蒙德确实找到了他想要的东西，潘妮和他握手的时候，他想起了岛上发生的一切，想起了他和潘妮的事情。

Penny: Well, I shook your hand, and then you fainted. I must have quite① an effect on you②.
Desmond: Aye③. Aye, you must have.☺₁
Penny: Have we met before?
Desmond: I think we'd remember it if we had.☺₂
Penny: Yeah. Well, as long as④ you're sure you're all right…
Desmond: Yeah, I'm fine. Hey, listen. Um… would you like to go for a coffee?
Penny: What, now? I'm a sweaty mess.
Desmond: I just fainted in front of you. I'd say we're even.☺₃
Penny: There's a coffee shop on the corner of Sweetzer and Melrose. I'll meet you there in an hour⑤.
Desmond: Absolutely.☺₄
Penny: OK.
George: So. Did you find what you're looking for⑥?

译文

潘　　妮：嗯,我跟你握了下手,你就晕倒了。我一定对你产生了很大的影响。

德斯蒙德：是,是的,你一定是的。

潘　　妮：我们之前见过吗?

德斯蒙德：我想如果我们见过的话应该会记得的。

潘　　妮：是。嗯,只要你确定你没事……

德斯蒙德：是的,我很好。嗯,等等。嗯,听着,能请你一起喝杯咖啡吗?

潘　　妮：什么,现在?我全身是汗。

德斯蒙德：我刚在你面前晕倒了,我们扯平了。

潘　　妮：在斯威策街道和梅尔罗斯街道的拐角有一个咖啡店,一小时后在那儿见。

德斯蒙德：不见不散。

潘　　妮：好的。

乔　　治：怎么样,找到你要找的东西了吗?

知识点拨

1. quite 的意思是"相当; 完全地",是一个副词,它不但能修饰动词、形容词、副词、分词,还能修饰名词、介词短语等。当名词前没有形容词修饰时,quite 要放在冠词前。

2. have an effect on 的意思是"对……有影响",还可以表示"对……起作用,产生效果"的意思。

3. aye 是古英语,现在在爱尔兰、苏格兰还常用,aye 在英语国家海军船舰上还在沿用,因在风浪中说 yes 听不清,就用 aye。

4. as long as 的意思是"只要",还可以表示"既然,由于; 只要, 如果; 在……的时候,在……的情形下; 长达,达……之久"的意思。

5. in 意为"在……之后",表示在一段时间以后。可以根据时态判别 in 表示的含义。一般来说如果一个句子中含有将来时,再加一段时间,那么就翻译为"在一段时间之后"。

6. look for 的意思是"寻找,寻求",还可以表示"期待,指望",look for trouble 可以表示"招惹"的意思。

词汇加油站

shake [ʃeɪk] *v.* 握手
sweaty ['sweti] *adj.* 出汗的
front [frʌnt] *n.* 前面

faint [feɪnt] *v.* 昏倒
mess [mes] *n.* 混乱

精彩抢先看：德斯蒙德寻回孤岛记忆；洛克寻回孤岛记忆；詹姆斯和朱丽叶寻回孤岛记忆

时间： 第18集 04:31 ～ 00:06:17
地点： 医院病房
人物： 杰克，洛克，护士
事件： 杰克给洛克做完手术后，洛克的腿有了知觉，并且记起了岛上发生的一切。

精彩亮点

1 在飞机没有失事的这一版中，洛克的腿有残疾。这时候杰克刚给他做完手术，洛克醒来就说手术成功了，杰克以为是洛克太急切，刚做完手术还得再观察才能知道结果怎么样。

2 杰克觉得洛克的腿有知觉了不太可能。但是说话的时候却看到了洛克的脚动了。

3 洛克在脚能动了以后，记起了在岛上的时候他的脚恢复知觉的画面，然后所有的记忆都向他涌来，他的脑海中回忆起了岛上的片段。然后他问杰克是不是也看到了岛上的画面。

4 杰克并没有找回记忆，于是就很茫然地问洛克看到了什么？

Jack: Okay, he's stable. I'm gonna hop in the shower and see if I can catch up with ① David before the concert's over ②. So just give me a call if you need anything.

Nurse: Dr. Shephard? He's waking up ③. I watched the anesthesiologist. He got the full dosage.

Jack: Okay. I'll take it from here. Mr. Locke? Can you hear me? John, are you awake? You just had major surgery ④. So I need you to try not to move ⑤ and just relax, okay?

Locke: It worked.

Jack: Well, it went well. ☺₁ But we won't know how well you responded to ⑥ the surgery for…

Locke: No, Dr. Shephard. It worked. I can feel my legs.

Jack: John, it's highly unlikely that you would regain sensation that quickly. So let's just take it… ☺₂

Locke: Did you see that? ☺₃

Jack: See what? ☺₄

Locke: You don't remember?

Jack: Mr. Locke, please, just, uh, just relax. What we need to do…

Season 6 历史改变众人获救 | Scene 9 所有人寻回孤岛记忆

译文

杰克： 好的，他稳定了。我去洗个澡，看能不能在音乐会结束之前去接大卫，所以有事的话给我打电话。

护士： 谢帕德医生。他醒了，我看到麻醉师给他注射了足量的麻醉剂。

杰克： 好的。这里交给我吧。洛克先生？能听到我说话吗？约翰，你醒着吗？你刚做过了大手术，所以你放松，尽量不要动好吗？

洛克： 手术起作用了。

杰克： 手术很顺利，但是我们不知道手术效果怎样……

洛克： 不，谢帕德医生，手术起作用了，我能感觉到我的腿了。

杰克： 约翰，这么快恢复知觉一般是不太可能的。所以我们还是……

洛克： 你看到了吗？

杰克： 看到什么？

洛克： 你不记得了？

杰克： 洛克先生，请你放松下来。我们得……

知识点拨

1. catch up 和 catch up with 都是"赶上"的意思（尤其指功课、进度等），catch up with 后面可以接人，表示"赶上某人"的意思。

2. 这是一个由 before 引导的时间状语从句，before 所引导的时间状语从句，如果强调主句的动作发生在前，主句谓语要用过去完成时，before 引导的从句用一般过去时。如果不强调动作的先后，主句和从句均用一般过去时。

3. wake up 在这里的意思是"醒来，唤醒，叫醒，弄醒"，还可以表示"开始警觉，开始了解真相"。

4. major surgery 的意思是"大手术"，major 表示"重要的"，相对的就是 minor surgery，意思是"小手术"。

5. 如果是 try not to do，就翻译为"尽量别去做某事"，这里否定的是动词 do。如果是 not try to do，就翻译为"不要试图做某事（想都别想）"，这里否定的是动词 try。

6. respond to 的意思是"响应，回答"，相当于 reply to，但是 reply 较正式，指较为正式或经过考虑的答复，后面连用 to，表示回答旁人的问题（话语、信件、祝贺、攻击等）。

词汇加油站

stable ['steɪbl] *adj.* 稳定的
anesthesiologist [ˌænəsˌθiːziˈɑːlədʒɪst] *n.* 麻醉师
unlikely [ʌnˈlaɪkli] *adj.* 不太可能的
sensation [senˈseɪʃn] *n.* 感觉
hop [hɑːp] *v.* 单足跳跃
dosage [ˈdoʊsɪdʒ] *n.* 剂量
regain [rɪˈɡeɪn] *v.* 恢复

精彩抢先看：德斯蒙德寻回孤岛记忆；洛克寻回孤岛记忆；詹姆斯和朱丽叶寻回孤岛记忆

时间： 第18集 00:14:06~00:15:48
地点： 医院
人物： 詹姆斯，朱丽叶，杰克
事件： 詹姆斯来到医院遇到了杰克，但是没有认出他。后来遇到了朱丽叶，两个人都记起了岛上的事。

精彩亮点

1 詹姆斯来医院办事，遇到杰克，问他哪里可以买到吃的。在这个时空当中，詹姆斯和杰克还是不认识的，但是在说过话之后，都感觉有点儿异样。

2 詹姆斯在自动售货机买东西，结果机器把食物卡住了。于是他就把手从食物的出口处伸进去，试图把吃的弄出来，这时恰巧朱丽叶看见了，他的样子看起来好像在偷机器里面的吃的东西一样。

3 詹姆斯在机器里面掏吃的，朱丽叶就开玩笑说，既然詹姆斯是警察，那么在这么对待机器之前应该给它宣读一下它的权利。

4 朱丽叶把吃的拿给他，当他们的手触碰到对方时，他们脑海里出现了岛上的一些画面，他们都寻回了孤岛的记忆。

James: Hey, you know where I can get some grub around here?
Jack: Uh, the cafeteria's closed, but there's a vending machine down the hallway.
James: Thanks, doc.☺₁
Juliet: Yeah, no problem①.
James: Oh, come on.☺₂ Unbelievable②.
Juliet: Can I help you?
James: It's okay. I'm a… I'm a cop.
Juliet: Mm. Maybe you should read the machine its rights.☺₃
James: That' funny.
Juliet: Mm. Can I tell you a secret?
James: Please.
Juliet: If you unplug it, and then you plug it back in③ again, the candy just drops right down④.
James: Is that right?
Juliet: Yeah, and it's technically⑤ legal.
James: I'll give that a shot.⑥
Juliet: It worked.☺₄

Season 6 历史改变众人获救 | Scene 9 所有人寻回孤岛记忆

译文

詹姆斯：嘿，你知道哪里可以搞到吃的吗？
杰　克：自助餐厅已经关了，但是在走廊尽头有自动售货机。
詹姆斯：谢谢，医生。
杰　克：不客气。
詹姆斯：不会吧，真是的。
朱丽叶：需要帮助吗？
詹姆斯：没事，我……我是个警察。
朱丽叶：嗯。也许你应该给机器宣读一下它的权利。
詹姆斯：很幽默。
朱丽叶：嗯。我可以告诉你一个秘密吗？
詹姆斯：请说。
朱丽叶：如果你把插头拔掉，然后再插上，糖就会掉下来。
詹姆斯：是吗？
朱丽叶：是的，而且技术上说也是合法的。
詹姆斯：我试一下。
朱丽叶：好了。

知识点拨

1. **no problem** 的意思随着场景变化而变化，使用非常广泛。可以表示"不用谢"，回答别人对你的感谢。可以表示"没关系"，回答别人的道歉。可以表示"没问题"，就跟中文的"没问题"字面上一个意思，表示"很轻松"或者"很容易解决"或者"可以这么做"。

2. **unbelievable** 的意思是"令人难以置信的，不可相信的"，可以表示褒义，这个人或者事太棒了，令人非常惊奇。也可以表示贬义，说这个人或者事令人无法忍受，不能相信这个人会做那样的事。

3. **plug in** 的意思是"插上（电器的）插头（以接通电源），（电器）被插在插座上接通电源"。

4. **drop down** 的意思是"（使）落下，（使）掉下"，还可以表示"突然倒下；迅速低下身子；偶然访问，顺便走访"的意思。

5. **technically** 的本义是"技术上，专门地，学术上，工艺上"，但是一般表示"严格意义上地"，比如technically speaking，意思是"严格意义上讲"。

6. **give a shot** 的意思是"试一试"，give someone a shot 的意思是"给某人一个机会"或"给某人打针"。

词汇加油站

grub [grʌb] *n.* 食物
vend [vend] *v.* 出售
hallway ['hɔːlweɪ] *n.* 走廊
unplug [ˌʌn'plʌg] *v.* 拔去……的塞子或插头
cafeteria [ˌkæfə'tɪriə] *n.* 自助餐厅
machine [mə'ʃiːn] *n.* 机器
cop [kɑːp] *n.* 警官

311